ALOISIANA

27

NEI LEGAMI DEL VANGELO

L'analogia nel pensiero di Eberhard Jüngel

Collana diretta da   Cesare Giraudo

con la collaborazione di   Enrico Cattaneo, Luigi Di Pinto
Paolo Gamberini e Domenico Marafioti

ALOISIANA

PUBBLICAZIONI DELLA PONTIFICIA FACOLTÀ TEOLOGICA
DELL'ITALIA MERIDIONALE - SEZIONE «SAN LUIGI»
NAPOLI

27

PAOLO GAMBERINI

NEI LEGAMI DEL VANGELO

L'analogia nel pensiero di Eberhard Jüngel

GREGORIAN UNIVERSITY PRESS   MORCELLIANA

Vidimus et approbamus
Phil. - theologische Hochschule Sankt Georgen
Frankfurt a. M., die 26 Septembris 1994
Erhard Kunz S.J.
Werner Löser S.J.

IMPRIMI POTEST

Neapoli, die 2 octobris 1994

P. GIANGIACOMO ROTELLI S.J.
Vice-Magnus Cancellarius
Pontificiæ Facultatis Theologicæ
Italiæ Meridionalis

IMPRIMATUR

Neapoli, die 28 octobris 1994

✠ CIRIACO SCANZILLO
Vicarius Generalis

Ai miei genitori

PREFAZIONE

Questo studio è stato presentato presso la Philosophisch-theologische Hochschule Sankt Georgen a Francoforte come tesi di Dottorato in teologia, discussa nell'ottobre 1992. Viene ora pubblicato dopo essere stato rielaborato in alcuni punti.

Esprimo la mia gratitudine al Prof. Erhard Kunz S.J., Direttore della tesi, per l'attenzione con cui ha seguito il lavoro e al Prof. Werner Löser S.J. per aver accettato di esaminarlo come secondo lettore. Ma il ringraziamento più grande va al Prof. Eberhard Jüngel, che ho potuto incontrare e di cui ho avuto modo di seguire le lezioni nel semestre di permanenza a Tubinga (1989-1990). Oltre a lui desidero ringraziare tutti coloro che, a diverso titolo, hanno contribuito alla realizzazione del presente lavoro, e in particolare i Proff. Gian Luigi Brena S.J., Carlo Greco S.J. e Luigi Di Pinto S.J.

Esprimo infine la mia riconoscenza al comitato di Aloisiana, per avere accolto il volume nella Collana e per averne curato la stampa.

Napoli, ottobre 1994

Paolo Gamberini S.J.

ABBREVIAZIONI E SIGLE

INDICE GENERALE

INTRODUZIONE

1. Cenni biografici e bibliografici

Eberhard Jüngel è nato a Magdeburgo il 5 dicembre 1934. Si formò a Naumburg an der Saale e a Berlino est; durante gli anni di studio a Zurigo ha seguito le lezioni di Gerhard Ebeling, così come ha partecipato a Basilea alla *Sozietät* guidata dall'allora famoso teologo riformato Karl Barth[1]. Allievo sia di Gerhard Ebeling sia di Karl Barth, tentò di conciliare la tradizione riformata nella sua versione barthiana con la tradizione luterana, rappresentata dalla scuola della cosiddetta «nuova ermeneutica» che aveva in Ernst Fuchs uno dei suoi principali esponenti: con lui Jüngel si laureò in teologia. Certamente l'influsso di Barth è stato determinante nella formazione e nella maturazione teologica del nostro Autore; tuttavia, più che la persona di Barth sono stati determinanti i motivi ispiratori del teologo riformato ad incidere nell'opera teologica di Jüngel.

Dopo aver insegnato «Nuovo Testamento» e «Dogmatica» presso la *Kirchliche Hochschule* di Berlino est dal 1961 al 1966, della quale fu anche rettore, divenne professore di teologia sistematica all'Università di Zurigo. Nel 1969 si trasferì all'Università di Tubinga, dove divenne ordinario di «Teologia Sistematica» e di «Filosofia della Religione» presso la Facoltà evangelica: dal 1987 è «eforo» della fondazione evangelica (*Evangelisches Stift*) di questa stessa università. È direttore della rivista «Zeitschrift für Theologie und Kirche» e dell'Istituto di Ermeneutica. Oltre ad essere membro della Facoltà di Filosofia, fa

---

[1] Cf R. GARAVENTA, «L'esito della teologia: Dio è altro dall'uomo. (Intervista con il teologo protestante Eberhard Jüngel)», in *Il Regno*, 32 (1987), 38-41.

parte dell'Accademia delle Scienze di Heidelberg e di quella norvege-
se di Oslo. Nel 1985 ha ricevuto il dottorato *honoris causa* all'Università di Aberdeen. Coinvolto nel gruppo di lavoro ecumenico dei teologi
evangelici e cattolici, Jüngel ha lavorato intensamente – in qualità di
presidente – all'interno della commissione teologica dell'EKU (*Evangelische Kirche der Union*). La Chiesa dell'Unione costituisce
un'unione organica tra comunità luterane e riformate, per cui rappresenta a livello ecclesiologico quella riconciliazione che il teologo di
Magdeburgo ha perseguito nella sua riflessione teologica.

A differenza di Wolfhart Pannenberg, anch'egli luterano e
docente di Teologia sistematica a Monaco di Baviera, Jüngel è poco conosciuto al pubblico italiano[2]. In lingua italiana sono stati
pubblicati sinora i seguenti testi: *Il battesimo nel pensiero di Karl
Barth*, Torino 1971; *Morte*, Brescia 1972; *Paolo e Gesù. Alle origini della cristologia*, Brescia 1978; «Verità metaforica», in P. RI-
COEUR – E. JÜNGEL (edd.), *Dire Dio. Per un'ermeneutica del linguaggio religioso*, Brescia 1978; *Dio mistero del mondo*, Brescia
1982; *L'essenza della pace*, Brescia 1984; *La pazienza di Dio e
dell'uomo*, Brescia 1985; *L'Essere di Dio è nel divenire. Due studi sulla teologia di Karl Barth*, Casale Monferrato 1986; «La rilevanza dogmatica del problema del Gesù storico», in G. PIROLA –
F. COPPELLOTTI (edd.), *Il «Gesù storico»*. Problemi della modernità, a cura di G. e F. Coppellotti, Casale Monferrato 1988; «Il
rapporto tra rivelazione e nascondimento di Dio. Dialogo critico
con Lutero e Barth», in *La Teologia in discussione*, Napoli 1991.
Tra le opere fondamentali non ancora tradotte dal tedesco ricordiamo: *Unterwegs zur Sache: Theologische Bemerkungen* (1972);
*Entsprechungen: Gott – Wahrheit – Mensch. Theologische Erörte-
rungen (1980)*; *Barth-Studien* (1982); *Wertlose Wahrheit. Zur
Identität und Relevanz des christlichen Glaubens. Theologische
Erörterungen III*, (1990). Poiché la maggior parte della produzio-
ne teologica di Jüngel è consegnata in articoli piuttosto che in
opere sistematiche, risulta ancor più difficile per il pubblico ita-

---

[2] Recentemente è stata pubblicata per il pubblico italiano una pregevole presentazione del pensiero teologico di Eberhard Jüngel: A. CISLAGHI, *Interruzione e corrispondenza. Il pensiero teologico di Eberhard Jüngel*, Brescia 1994. Questo libro costituisce
un primo e serio tentativo di presentare in Italia l'opera teologica del nostro Autore.

liano accostarsi all'originalità del suo pensiero. Ci sembra dunque opportuno in un primo momento offrire una breve sintesi della teologia di Jüngel.

2. La teologia di E. Jüngel

In un saggio intitolato «"Meine Theologie" – kurz gefaβt» (*La mia teologia brevemente esposta*), Jüngel riassume per sommi capi gli aspetti salienti della sua opera teologica[3]. Come scrive F. Schleiermacher, una dogmatica evangelica non può limitarsi ad essere elaborazione sistematica del deposito di fede, ma deve risultare capace di comunicare quello stesso vissuto che la fede informa ed alimenta. Per questo la teologia non può fermarsi ad essere glossa di testi, ma è chiamata a divenire biografia teologica. Quando Jüngel parla di «mia» teologia, l'aggettivo possessivo non sta ad indicare una chiusura intellettuale verso altre teologie o peggio ancora una pretesa di esaustività nei confronti del mistero di Dio. L'originalità di una teologia non proviene, infatti, dall'estro di un teologo, ma dall'origine stessa di quella verità che è Dio. Tuttavia, questa verità afferra talmente la persona del teologo da conferire alla sua prospettiva teologica tratti del tutto personali e singolari.

Se consideriamo la teologia di Jüngel dal punto di vista formale, emerge con marcata evidenza la sua vicinanza con la filosofia di M. Heidegger, di cui frequentò le lezioni. Il teologo luterano ne riprende l'interpretazione data dei presocratici, in particolare di Parmenide e di Eraclito, e fa propria la critica che il secondo Heidegger rivolse alla costituzione onto-teo-logica della metafisica. È da notare che il primo articolo pubblicato in assoluto da Jüngel, prima ancora della dissertazione del 1962, è dedicato ad un'analisi del pensiero di Heidegger[4]. In questo testo si mette in evidenza come il concetto di analogia, nel senso di «corrispondenza» (*Entsprechung*), sia al centro della riflessione heideggeriana. In successivi articoli, il nostro Auto-

---

[3] Cf E. JÜNGEL, «"Meine Theologie" - kurz gefaβt», in ID., *Wertlose Wahrheit. Zur Identität und Relevanz des christlichen Glaubens. Theologische Erörterungen III*, München 1990, 1-15.

[4] Cf ID, «Der Schritt zurück. Eine Auseinandersetzung mit der Heidegger-Deutung Heinrich Otts», in *ZThK* 58 (1961), 104-122.

re preciserà in che senso il pensiero fenomenologico abbia rilevanza teologica[5]. Se da un lato ha ragione Heidegger nell'affermare che è impossibile identificare con il nome «Dio» ciò che la filosofia definisce come *causa sui*; dall'altro lato, la teologia cristiana non può chiudersi in un silenzio, tale da non permetterle più di dire qualcosa su Dio. Proprio perché Dio ha parlato, è possibile parlare su Dio e perciò pensare il Dio divino. «Ho creduto, perciò ho parlato» (2Cor 4,13).

Anche se Heidegger fu all'inizio teologo e attento studioso di Lutero e Meister Eckhart – come riferisce Jüngel da una confessione personale del filosofo esistenzialista – è necessario andare oltre Heidegger, perché la teologia cristiana raggiunga la sua specificità. A tale scopo il nostro Autore si serve della tradizione luterana e del pensiero riformato di Barth[6]. Decisivo è anche l'apporto della «nuova ermeneutica»: Jüngel si laureò con Ernst Fuchs e a Zurigo studiò con Gerhard Ebeling, entrambi esponenti della scuola postbultmanniana. Per il nostro teologo l'istanza fondamentale di Bultmann, cioè la questione della rilevanza antropologica della parola di Dio, deve essere coniugata con l'esigenza di Barth di riportare al centro della teologia il discorso sull'essere stesso di Dio. Questa mediazione tra le due prospettive teologiche emerge nella premessa alla prima edizione della dissertazione del 1962, dedicata alle

---

[5] Cf ID., «Gott entsprechendes Schweigen? Theologie in der Nachbarschaft des Denkens von Martin Heidegger», in *Martin Heidegger. Fragen an sein Werk. Ein Symposion*, Stuttgart 1977, 37-45; già in *Frankfurter Allgemeine Zeitung*, 25.05.1977, 25; E. JÜNGEL - M. TROWITZSCH, «Provozierendes Denken. Bemerkungen zur theologischen Anstößigkeit der Denkwege Martin Heideggers», in *NHP*, 23 (1984), 59-74.

[6] Anche se non si definisce discepolo di Barth, certamente Jüngel è uno dei pochi teologi che hanno capito il pensiero barthiano dall'interno scavalcando *clichées* e semplificazioni affrettate. «Barth costituisce un evento centrale nella storia della teologia del '900 ed è il più importante nella storia della teologia evangelica dopo Schleiermacher. Va da sé quindi che ogni teologo serio, sia egli evangelico o cattolico, non può oggi esistere senza fare i conti in qualche modo con l'eredità di Barth» (R. GARAVENTA, «L'esito della teologia: Dio è altro dall'uomo», 38). Il primo saggio dedicato al teologo riformato ha come tema l'interpretazione che Barth dà dell'analogia: «Die Möglichkeit theologischer Anthropologie auf dem Grunde der Analogie. Eine Untersuchung zum Analogieverständnis Karl Barths», in ID., *Barth-Studien*, Zürich / Köln / Gütersloh 1982, 210-232 (già in *EvTh* 22 (1962), 535-557). Nel 1964 pubblica uno studio interpretativo su alcune linee di pensiero della *Kirchliche Dogmatik* di Barth: *Gottes Sein ist im Werden. Verantwortliche Rede vom Sein Gottes bei Karl Barth*, Tübingen 1986 (*L'essere di Dio è nel divenire*, Casale Monferrato 1986). Altri saggi sul teologo riformato vennero raccolti in seguito in una serie di studi (*Barth-Studien*).

origini della cristologia (*Paolo e Gesù. Alle origini della cristologia*)[7].
La tesi centrale della nuova ermeneutica consiste nella convinzione che il
linguaggio è il luogo originario in cui è disvelato l'essere della realtà.
«Nel linguaggio il reale è condotto alla sua *verità*; solo nel linguaggio appare la verità della realtà»[8]. Ne segue che la fede si dà essenzialmente come evento linguistico (*Sprachereignis*): credendo alla parola di Dio, non
solo l'uomo è rivelato a se stesso (*Bultmann*), ma all'interno di questo disvelamento è rivelato all'uomo l'essere di Dio (*Barth*). Alla domanda di
Heidegger: «come entra Dio nella filosofia?», si deve rispondere dunque
che Dio si fa presente originariamente nel linguaggio di fede, per cui la
parola «Dio» acquista il suo significato proprio nell'orizzonte dischiuso
dal Vangelo. Rifacendosi ad un'espressione di Blaise Pascal, Jüngel ripete
con insistenza che solamente *Dieu parle bien de Dieu*[9]. «La teologia infatti parla in primo luogo di Dio, ne parla all'inizio e alla fine, e solo nella
misura in cui parla di Dio, parla anche dell'uomo, del suo mondo, del suo
agire e quindi dell'impegno politico»[10]. Il compito della teologia deve essere quello di custodire e ripensare sempre daccapo l'originarietà e la singolarità della parola «Dio». Con Fuchs si può definire la teologia una
«grammatica della fede» che cerca di riflettere (*nachdenken*) su quel-
l'esperienza fondamentale, incomparabile con tutte le altre esperienze che
l'uomo possa fare, che è l'esperienza di fede. Secondo un'espressione
fortunata di Jüngel e di Ebeling l'esperienza di fede è un'*esperienza con
l'esperienza*, nella quale le relazioni che l'uomo ha con sé, col mondo e
con Dio vengono *semplicemente* interrotte e *nuovamente* localizzate nella
realtà di Dio[11].

---

[7] *Paulus und Jesus*. Eine Untersuchung zur Präzisierung der Frage nach dem Ursprung der Christologie, Tübingen 1962 (*Paolo e Gesù. Alle origini della cristologia*,
Brescia 1978).

[8] E. FUCHS, *Ermeneutica*, Milano 1974, 205 (= *Hermeneutik*, Tübingen 1979⁴).

[9] Cf E. JÜNGEL, *Dio mistero del mondo*. Per una fondazione della teologia del Crocifisso nella disputa fra teismo e ateismo, Brescia 1982, 210 (= *Gott als Geheimnis der
Welt*. Zur Begründung der Theologie des Gekreuzigten im Streit zwischen Theismus
und Atheismus, Tübingen 1986⁵). Ci permettiamo di rivedere la traduzione italiana di
Franco Camera, ogni volta lo richiedano lo stile della lingua italiana e la fedeltà all'originale tedesco.

[10] R. GARAVENTA, «L'esito della teologia: Dio è altro dall'uomo», 39.

[11] Cf E. JÜNGEL, *Dio mistero del mondo*, 8, 51s, 141, 223s, 242, 365, 489; ID., *Unterwegs zur Sache*. Theologische Bemerkungen (BEvTh 61), München 1972, 8; G. EBE-
LING, «Die Klage über das Erfahrungsdefizit in der Theologie als Frage nach ihrer Sache», in ID, *Wort und Glaube*. Beiträge zur Fundamentaltheologie, Soteriologie und
Ekklesiologie, Bd. 3, Tübingen 1975, 3-28.

In quanto *quaerens intellectum* la fede non è alla ricerca di Dio, ma avendolo trovato cerca sempre più di comprenderlo. La ragione entrerebbe in contrasto con la fede, se pretendesse di prescrivere alla fede come Dio debba essere pensato. Il rapporto tra fede e ragione non può essere compreso alla luce della troppo semplicistica contrapposizione tra il *Dio dei filosofi* e il *Dio di Abramo, d'Isacco e di Giacobbe*. Bisogna invece riconoscere dignità epistemica alla fede: «il Dio di Abramo deve essere pensato in modo che il concetto teologico di Dio che ne deriva possa essere compreso (*nachvollziehbar*) anche dai filosofi»[12]. La teologia non può mutuare perciò il concetto di Dio dalla filosofia, ma deve pensare il Dio di Abramo e di Gesù, in modo tale che anche il filosofo scopra che Dio è una realtà interessante di per sé. «Solo così si può instaurare un rapporto positivo tra teologia e filosofia. In questo modo, invece di una mistura teologico-filosofica, avremmo di fronte due grandezze che, se pur distinte, non sarebbero totalmente eterogenee ed estranee tra loro»[13]. Il rischio della razionalità occidentale è stato, invece, di aver identificato la ragione con l'attività totalizzante ed autocertificante del soggetto conoscente. Questo ha fatto sì che in *ontologia*, per esempio, si venisse ad affermare il primato del reale sul possibile e la dipendenza della categoria di relazione da quella di sostanza; in *epistemologia*, si privilegiasse il pensare al sentire; in *semantica* si affermasse il concetto di verità come adeguazione, subordinando la dimensione allocutoria del linguaggio a quella assertiva.

Questo modello di razionalità ha segnato il destino della teologia. Dio è stato pensato secondo il triplice assioma dell'*assolutezza*, dell'*immutabilità* e dell'*impassibilità*[14]. Secondo questo tipo di ragione teologica si giunge a identificare Dio come *ens necessarium*, partendo dalla dimostrazione della contingenza del mondo. Secondo

---

[12] R. GARAVENTA, «L'esito della teologia: Dio è altro dall'uomo», 39.

[13] *Ib*. Per ulteriori approfondimenti sulla tematica «fede e ragione» si possono consultare le riflessioni di A. Cislaghi in *Interruzione e corrispondenza*: in particolare pp. 13-31.

[14] Questo triplice assioma è sottoposto a critica nell'attuale dottrina teologica. La letteratura a riguardo è molto estesa, rimandiamo perciò alla bibliografia contenuta in F. MEESSEN, *Unveränderlichkeit und Menschwerdung Gottes. Eine theologiegeschichtlich-systematische Untersuchung*, Freiburg/Basel/Wien 1989: in particolare le pp. 534-561.

Jüngel, la tesi che «Dio è necessario» non salvaguarda la libertà di Dio e concepisce il divino prescindendo dal suo rapporto con il mondo. Riprendendo quanto Hegel dice nella III parte delle *Lezioni sulla filosofia della religione* dedicata alla religione assoluta, il nostro Autore definisce Dio come essenzialmente creatore. «Dio è il creatore del mondo, appartiene al suo essere, alla sua essenza, di essere creatore, è concepito manchevolmente se non è creatore»[15]. Secondo Jüngel, infatti, la creazione è l'atto originario, in cui Dio limitando se stesso espone se stesso al nulla (*eksiste*): *a se in nihilum eksistere*. In questo modo la divinità di Dio non è più pensata a partire dalla negazione del non essere del divenire, ma dalla relazione creatrice che Dio ha verso il non essere. Specialmente in merito alla questione del divenire e della morte di Dio, Jüngel si ricollega alle riflessioni di Hegel. «"Dio stesso è morto" si dice in un canto luterano. Con ciò è espressa la coscienza che l'uomo, il finito, ciò che è fragile, la debolezza, il negativo sono pure un momento divino, che tutto ciò che è in Dio, che la finitezza, la negatività, l'alterità non sono fuori di Dio e che l'alterità non è uno ostacolo per l'unità con Dio. E l'alterità, il negativo, è conosciuto come momento della sua stessa natura divina»[16]. La filosofia hegeliana rappresenta – secondo il nostro teologo – il primo tentativo di riconoscere dignità teoretica a quella verità *dimenticata* dai teologi, che è la morte di Dio in croce, anche se tale discorso sulla morte di Dio assumerà aspetti antiteologici[17].

Nella morte di Gesù Cristo, l'umano, il finito, l'alterità «è un momento in [Dio] stesso; ma, in verità, il momento che svanisce»[18]. La dialettica della *negatio negationis* corrisponde ad una resurrezione *dalla* morte e dal limite, piuttosto che a una dialettica *creativa*. L'autoidentificazione di Dio nella morte di Gesù non è il venir meno e il dissolversi dell'*alterità*, dell'*umano* e del *finito*: piuttosto ne è

---

[15] G. W. F. HEGEL, *Lezioni sulla Filosofia della Religione*. III. La Religione assoluta, Bari 1983, 64 (= *Vorlesungen über die Philosophie der Religion*, Teil 3. Die absolute Religion, Stuttgart 1965).

[16] *Ib.*, 154; cf ID., «Fede e Sapere», in *Primi Scritti critici*, Milano 1971, 252s (= «Glauben und Wissen», in *Aufsätze aus dem kritischen Journal der Philosophie*, Stuttgart 1965); ID., *Fenomenologia dello spirito*, Firenze 1973⁴, vol. II, 287s (= *Phänomenologie des Geistes*, Stuttgart 1964).

[17] Cf E. JÜNGEL, *Dio mistero del mondo*, 124.

[18] G. W. F. HEGEL, *Lezioni sulla Filosofia della Religione*, 155.

l'affermazione. Dio si fa uomo in Gesù Cristo non tanto perché Dio abbia bisogno dell'uomo e l'uomo voglia diventare divino. Dio diventa uomo, per distinguersi definitivamente dall'uomo: questa è la *summa* non solo del pensiero di Lutero, ma secondo Jüngel della stessa fede cristiana, «che difende l'uomo dal diventare Dio e lo libera affinché sia uomo e null'altro che uomo»[19]. In questo modo si riconosce, innanzitutto, dignità ontologica alla contingenza e Dio non è più concepito come una realtà necessaria per il mondo, ma un evento *più-che-necessario*. Nell'eterno venire a se stesso da se stesso, Dio si afferma come ricchezza di relazioni: Padre, Figlio e Spirito Santo. Nell'essenza trinitaria, che è comunità di esseri in relazione l'uno con l'altro, Dio è disposto ad assumere in sé l'irrelazionalità del peccato e della morte. Dio è *capax mortis*, poiché fin dall'eternità è un *Dio per noi*; nell'unità di vita e di morte, a favore della vita, Dio e uomo si distinguono nel segno della corrispondenza piuttosto che della contrapposizione. «Pensare il rapporto tra Dio e uomo come un rapporto di corrispondenza, come un rapporto analogico, significa pensarlo nel senso di una sempre maggiore somiglianza, vicinanza e confidenza tra uomo e Dio, pur nella loro diversità, lontananza e estraneità»[20]. La croce di Gesù Cristo ci costringe a pensare, quindi, la differenza tra Dio e mondo non più come distanza insuperabile di un Dio che è sempre più grande (*deus semper maior*), ma come prossimità di un Dio che è vicino al mondo più di quanto questo possa avvicinarsi a se stesso. «*Niente è così piccolo, Dio è ancor più piccolo, Niente è così grande, Dio è ancor più grande*»[21].

La relazione originaria tra Dio e mondo è esprimibile a livello logico-linguistico in virtù di un'analogia che sappia sempre affermare, in una così grande dissomiglianza tra Dio e mondo, una somiglianza ancora più grande. La struttura logica di questa analogia corrisponde a quella ontologica dell'essere stesso di Dio: una comunione trinitaria di reciproca alterità che afferma se stessa in una sempre maggiore donazione di sé. Il tipo di discorso che corrisponde maggiormente a questa struttura analogica è il linguaggio metaforico, per

---

[19] E. Jüngel, *Dio mistero del mondo*, 130.

[20] R. Garaventa, «L'esito della teologia: Dio è altro dall'uomo», 41.

[21] M. Luther, *Vom Abendmahl Christi. Bekenntnis. 1528*, WA 26, 339,39s = BoA III, 404,33s.

cui se il discorso proprio su Dio è possibile in virtù dell'analogia, la verità del linguaggio di fede non potrà non essere metaforica: allocutoria e narrativa. Affidandosi al linguaggio metaforico della fede, Jüngel affronta le sfide che il pensiero contemporaneo presenta alla teologia.

3. La prospettiva teologica di Jüngel: tra modernità e postmodernità

La crisi attuale della teologia e il disinteresse che il discorso su Dio riscuote tra le scienze sono fenomeni che denotano una crisi ben più profonda di quella della fede in Dio: la fine della razionalità moderna. Con ragione moderna intendiamo quel paradigma filosofico che riconosce nel soggetto umano il proprio punto di riferimento. L'utopia o meglio ancora il mito della ragione moderna consiste nel credere che sia possibile determinare una totalità assoluta, entro cui comprendere l'uomo e il suo mondo. Tra i maggiori rappresentanti di tale paradigma filosofico ricordiamo Cartesio, Kant, Hegel e Husserl.

Il paradigma della modernità, tuttavia, è sottoposto ai duri colpi della ragione *postmoderna*. Ormai i miti totalizzanti della modernità non valgono più e all'uomo non resta altro che l'infinito mare del nulla e la libertà radicale di determinarlo. «Il nichilismo compiuto [...] ci chiama ad un'esperienza fabulizzata della realtà che è la nostra unica possibilità di libertà»[22]. Con *postmoderno* intendiamo quel paradigma filosofico in cui il soggetto umano e il mondo, di cui è artefice, non è altro che l'insieme delle sue relazioni storico-mondane. La verità non è decisa a partire da una totalità data a priori, ma dalla comunicazione interagente dei vari soggetti e quindi delle loro varie ragioni. Tra i maggiori rappresentanti di questo nuovo orientamento filosofico troviamo fin dagli inizi Nietzsche e Heidegger, precursori del postmoderno, e ai nostri tempi: Lyotard, Foucault, Eco e Vattimo.

La crisi della modernità non poteva non coinvolgere anche le sorti della teologia. Già presso i presocratici il destino del «Dio» faceva tutt'uno con le sorti della ragione (λόγος); anche nell'età moderna tale legame inscindibile venne affermato come reciproca ap-

---

[22] G. VATTIMO, *La fine della modernità. Nichilismo ed ermeneutica nella cultura contemporanea*, Milano 1985, 38.

partenenza tra Dio e Soggetto (*Cartesio, Kant e Hegel*). Solo con i cosiddetti maestri del sospetto (*Marx, Nietzsche e Freud*) iniziò a rompersi questo vincolo essenziale, fino a spezzarsi del tutto con la critica che Heidegger mosse alla metafisica. Il nesso tra ragione e Dio è venuto così a perdersi. Tuttavia, rimane ancora nel secondo Heidegger un qualche accenno alla venuta di un misterioso ultimo Dio (*der letzte Gott*)[23].

In questa epoca postmetafisica la teologia contemporanea è chiamata a rimettere in discussione il proprio paradigma di riferimento e chiedersi con quali categorie intenda elaborare il discorso su Dio[24]. Nell'attuale panorama teologico ci sembra che le proposte di Jüngel e di Pannenberg rappresentino due tentativi significativi di recupero del discorso teologico[25]. Ciò che li distingue, tuttavia, è un diverso approccio al fenomeno della modernità. Pannenberg affronta la questione di Dio lavorando con le categorie della modernità, esaminando «con onestà intellettuale le critiche e gli interrogativi che hanno portato da tempo a escludere la religione dalla pubblica attenzione»[26]. Come afferma G. Brena, la teologia di Pannenberg nasce nel segno della riconciliazione con la ragione moderna, la quale non si oppone tanto alla fede cristiana, ma solamente a quelle «categorie immutabili veicolate dalla tradizione greca e medievale, e dominanti anche nelle chiese e nelle teologie moderne»[27]. Affinché filosofia e teologia ritornino a dialogare, Pannenberg fa proprie alcune delle esigenze della ragione: l'esigenza di un concetto universale di Dio, che svolga una funzione critica all'interno di ogni esperienza religiosa, e l'esigenza di un concetto di totalità, che determini il senso della

---

[23] «Dunque anche il pensiero è capace, come originario di altro inizio, di venire nella lontana vicinanza dell'ultimo Dio» (M. HEIDEGGER, «Das Wesen des Seyns», in ID., *Beiträge zur Philosophie*, Frankfurt am Main 1989, 262).

[24] Per una bibliografia dettagliata sul dibattito «modernità-postmodernità» rinviamo all'articolo di THOMAS FREYER, *Theologische Rationalität im Kontext postmoderner Vernunftkritik*, in *Catholica*, 47 (1993), 241-276: in particolare la nota 13. Per il pubblico italiano segnaliamo la bibliografia e gli studi contenuti sulla rivista *Com(I)*, 110 (1990), dedicato al postmoderno.

[25] Per confrontare in modo più dettagliato l'opera teologica di W. Pannenberg e di E. Jüngel si può far riferimento allo studio di J.A. MARTÍNEZ CAMINO, *Recibir la libertad. Dos propuestas de fundamentación de la teología en la modernidad: W. Pannenberg y E. Jüngel*, Madrid 1992.

[26] G. L. BRENA, *La Teologia di Pannenberg. Cristianesimo e modernità*, Casale Monferrato 1993, 7.

[27] *Ib.*, 9.

storia. In ambedue i casi la molteplicità, la singolarità e la concretezza dei fenomeni, vengono risolte nell'orizzonte onnicompresivo di un'unità più grande e più universale[28].

In un saggio dedicato all'opera sistematica di Pannenberg, Jüngel si chiede innanzitutto se l'assunzione della categoria di *totalità*, per comprendere la storia, non finisca per misconoscere il carattere contingente della coscienza storica. «Non crescono forse la coscienza dei nessi e delle "necessità" storiche e il sapere della contingenza di questa coscienza in modo indirettamente proporzionale, anziché direttamente proporzionale, dato che con ogni conoscenza dei nessi storici si intensifica anche il sapere del proprio non-sapere?»[29]. Perché si deve assumere come postulato della ragione che il fine della storia debba costituire un tutto e non invece somme di parti, che non vogliono affatto dar vita ad una totalità? Non è necessario *pre*supporre come data a priori l'unità, affinché le parti non si dissolvano; l'unità può essere data anche a posteriori come un dono gratuito, che eccede tanto le singole parti che la loro somma. La Bibbia chiama questa totalità donata «shalom» e si distingue dal concetto onnicomprensivo di totalità, per il fatto che qui ogni singola parte non è costretta ad integrarsi col tutto (*pars pro toto*), ma a ciascuna è dato il dono di rapportarsi l'una all'altra.

La critica di Jüngel all'impostazione di Pannenberg è rivolta in particolar modo a quella forma di travisamento o commistione tra fede e ragione, che è la teologia naturale. Come fa ben notare A. Cislaghi, «Jüngel scredita ogni tipo di teologia naturale, convinto del suo inevitabile esito fallimentare; a riprova di questo fatto egli osserva, con la sottile ironia che lo contraddistingue, come nonostante i numerosi e ostentati agganci ai "neutrali presupposti antropologici" né Rahner, né tantomeno Pannenberg abbiano mai convinto qualche filosofo»[30]. Il pericolo maggiore della teologia naturale consiste nel fatto che essa riconosce come irrilevante il contesto esperienziale, in cui viene usata la parola «Dio». Questa parola rischia così di diventa-

---

[28] Cf. W. Pannenberg, *Teologia sistematica*, vol.1, Brescia 1990, 124 (= *Systematische Theologie*, Göttingen 1988); Id., *Metafisica e idea di Dio*, Casale Monferrato 1991 (*Metaphysik und Gottesgedanke*, Göttingen 1988).

[29] E. Jüngel, «Nihil divinitatis, ubi non fides. Ist christliche Dogmatik in rein theoretischer Perspektive möglich? Bemerkungen zu einem theologischen Entwurf von Rang», in *ZThK*, 86 (1989), 230s.

[30] A. Cislaghi, *Interruzione e corrispondenza*, 88.

re insignificante, anzi superflua: al suo posto si potrebbe parlare di
«senso», «totalità» o «fondamento» della storia e del mondo. Sebbene la fede cristiana desuma la parola «Dio» dal linguaggio umano, il
suo referente non è né la totalità storica (*Pannenberg*), né l'esperienza trascendentale (*Rahner*). Non è il concetto di mistero assoluto che
assicura il minimo di razionalità a questa parola e all'esperienza a cui
essa fa riferimento. Il discorso cristiano su Dio rimanda ad un'esperienza singolare e concreta, nella quale ogni altra esperienza umana,
mondana e religiosa che sia, viene *nuovamente* esperita. In questo
modo il discorso teologico non rischia la deriva, poiché la funzione
che ha la parola «Dio» nel nostro linguaggio diventa univoca ed incommutabile, «tale da non poter essere dunque sostituita da nessuna
funzione di un'altra parola, cosicché nel nostro mondo nessun'altra
funzione può assumere la funzione, che è significata nel nostro mondo dalla parola "Dio"»[31]. Con la parola «Dio», la teologia cristiana
vuole riferirsi a quell'evento unico ed irrepetibile, in cui Dio si è
identificato *come Dio*: l'evento di Gesù Cristo. Quindi la razionalità
della fede cristiana non è affidata ad un concetto universale, ma al
racconto della croce di Gesù Cristo. Quanto più è singolare ed unico
l'evento a cui fa riferimento la parola «Dio», tanto più è universale la
sua rilevanza, dato che riguarda ogni uomo[32].

La razionalità della fede cristiana non è affidata, perciò, ad una
ragione fondativa e totalizzante, ma è affidata ad una fondazione ermeneutica, le cui condizioni di possibilità non sono determinate
astrattamente, ma a partire da quell'esperienza singolare e concreta
che è l'esperienza di fede. Nella prefazione alla terza edizione di *Dio
mistero del mondo* Jüngel afferma, infatti, che troppi e non troppo
pochi sono gli argomenti a favore della razionalità della fede in Dio.
Lo scandalo non sta comunque nel fatto che la fede sia troppo poco
razionale, ma nell'evento di croce. «*Dio si è fatto uomo*. Perché si

---

[31] E. JÜNGEL, «Gott - als Wort unserer Sprache», in ID., *Unterwegs zur Sache.
Theologische Bemerkungen* (Theologische Erörterungen I), München 1972, 94.

[32] Come nell'evento di Pentecoste ciascuno sentiva annunciare le grandi opere di
Dio nella propria lingua nativa e non tanto in una sola lingua con le stesse parole, così la
comunicazione e la rilevanza della fede cristiana sono mediate non da un concetto o da
un linguaggio universale, ma dalla grandezza e dalla portata universale di quell'unico e
singolare evento di salvezza, che si fa carne e linguaggio per ogni uomo e per ogni lingua nativa.

possa credere *questo* in modo serio, qualsiasi fondazione di questo fatto che venga prima della fede giunge troppo tardi, in modo da sconfessare l'intero procedimento»[33].

Dalle critiche mosse a Pannenberg risulta evidente che l'interlocutore della teologia ormai non può essere più la razionalità moderna, ma la postmodernità. Sullo scandalo della croce è necessario fondare il «pensiero *debole*» della fede cristiana. L'insistenza sul tema del linguaggio e il rifiuto di una fondazione filosofica, temi questi cari al postmoderno, non impediscono a Jüngel di tracciare, tuttavia, delle linee *forti* di pensiero e quindi un'ontologia capace di esplicitare ciò che è implicito nel discorso teologico[34].

C'è una connessione intrinseca tra problematica ermeneutica (analogia come *evento linguistico*) e domanda ontologica (analogia come *evento di Dio*). Se per Bultmann il *discorso su Dio* è il vero e proprio *thema probandum*, per Barth il discorso teologico verte sull'*essere di Dio*. Nell'intreccio di queste due questioni ha una funzione fondamentale l'analogia. «Senza analogia non ci sarebbe discorso responsabile su Dio»[35]. Nella prefazione, in cui sono raccolti sotto la chiave di lettura di «corrispondenze» (*Entsprechungen*), vari saggi dedicati a *Dio*, alla *verità* e all'*uomo*, Jüngel così afferma: «Senza analogia nessuna teologia! Senza di essa, il discorso corrispondente a Dio non sarebbe in alcun modo pensabile così come non lo sarebbe l'essere corrispondente a Dio»[36]. La singolarità della prospettiva teologica di Jüngel consiste appunto nell'aver fatto ruotare intorno al tema dell'analogia non solo la sua opera teologica, ma soprattutto il suo pensare teologico. «Proprio la riflessione sull'analogia, non come figura retorica o artificio metafisico, ma come strumento speculativo capace di coniugare storia e ontologia, si annuncia come una delle tematiche proposte dal lavoro di Jüngel che merita maggior approfondimento»[37].

---

[33] ID., *Dio mistero del mondo*, 6.

[34] Interessanti a riguardo le analisi di Jüngel sulla caducità e sul primato del possibile (cf *Dio mistero del mondo*, 277-296; «Die Welt als Möglichkeit und Wirklichkeit. Zum ontologischen Ansatz der Rechtfertigungslehre», in ID., *Unterwegs zur Sache*, 206-233; cf anche il capitolo III dedicato all'*ontologia della croce* in A. CISLAGHI, *Interruzione e corrispondenza*, 50-92).

[35] E. JÜNGEL, *Dio mistero del mondo*, 367.

[36] ID., «Vorwort», in ID., *Entsprechungen: Gott - Wahrheit - Mensch* (Theologische Erörterungen II), München 1980, 7.

[37] A. CISLAGHI, *Interruzione e corrispondenza*, 218.

4. La questione dell'analogia nel pensiero di Jüngel

Platone definisce l'analogia il più bello di tutti i legami: «δεσμῶν δε κάλλιστος» (*Timeo* 31 c). Secondo Jüngel questi legami non sono tanto i vincoli della necessità, ma dell'amore: sono quelle catene del Vangelo (ἐν τοῖς δεσμοῖς τοῦ εὐαγγελίου), di cui parla l'apostolo Paolo nella lettera a Filemone. L'analogia è prima di tutto ciò che nel più profondo tiene unito insieme il mondo. «La realtà rischierebbe di sfaldarsi, se le sue opposte e divergenti tendenze non fossero tenute insieme in movimento attraverso un'analogia che le collega in mezzo alla loro contrapposizione»[38]. Questo legame e vincolo dell'analogia, oltre che a tenere-insieme (λέγειν) la realtà, sostiene e struttura lo stesso modo di pensare.

L'interesse di questo nostro lavoro è rivolto, in tal senso, a far emergere la struttura analogica dell'*intellectus theologicus* di Jüngel; piuttosto che un'*analisi* del concetto di analogia, vogliamo *comprendere* il fenomeno analogico all'interno della sua opera. Con le stesse parole usate da Jüngel per illustrare il modo con cui ha voluto comprendere l'analogia in Barth, possiamo anche noi dire che ogni altro modo di intendere l'analogia nella teologia di Jüngel conduce necessariamente ad una radicale critica dell'autore e con ciò degli stessi fondamenti di tutta la sua opera[39]. Per capire perché la morte di Gesù di Nazaret ha un ruolo così decisivo nella dottrina su Dio; perché il concetto di creazione dal nulla fonda tutto il discorso ontologico; o perché l'identità di Dio include l'umanità, è necessario tener presente il tipo di concezione che Jüngel ha dell'analogia e da qui interpretare la sua teologia[40].

---

[38] E. JÜNGEL, «Vorwort», 7.

[39] Cf E. JÜNGEL, «Die Möglichkeit theologischer Anthropologie», 230.

[40] Per comprendere adeguatamente il pensiero di E. Jüngel nel dibattito sull'analogia non è sufficiente - secondo noi - confrontare la posizione del nostro Autore con quella di E. Przywara, K. Barth e H. Urs von Balthasar, mettendo in evidenza consonanze e dissonanze (cf S. CANNISTRÀ, «La posizione di E. Jüngel nel dibattito sull'analogia», in *ScC*, 122 (1994), 413-446). L'originalità della concezione di Jüngel consiste piuttosto nell'aver coniugato insieme la dimensione puramente linguistica dell'analogia e quindi la questione del discorso su Dio (cf *Bultmann*) con la domanda ontologica sull'essere di Dio (cf *Barth*): in questo il teologo luterano si riallaccia a tutta la tradizione presocratica che aveva compreso l'analogia come corrispondenza teo-onto-logica.

Con il termine «analogia» la tradizione filosofica ha inteso nel senso più generale una somiglianza, una corrispondenza tra grandezze o relazioni diverse. Se con Platone ed Aristotele l'analogia aveva prevalentemente una rilevanza logico-epistemologica, con la scolastica del XIII secolo assume un significato decisamente metafisico. L'analogia è quel procedimento discorsivo che permette di riconoscere una partecipazione metafisica tra Dio e il creato. Questa dimensione ontologica dell'analogia venne chiamata da Caetano «analogia entis» e in base a questa dottrina dell'essere la scolastica tomistica ha determinato l'interpretazione di Tommaso d'Aquino[41]. Nella recente discussione teologica questo tipo di analogia è diventato il *principio-forma* del cattolicesimo. Secondo E. Przywara l'*analogia entis* determina una «metafisica della creaturalità»: le relazioni degli enti tra di loro e la relazione tra Dio e il creato[42]. La teologia del Przywara è un commento alla definizione conciliare del Lateranense IV, che afferma una grande somiglianza tra creatore e creatura in una differenza ancora più grande. L'analogia è intesa dal teologo gesuita come un movimento originario che ha origine dal creatore e va alla creatura, per risalire dalla creatura e ritornare così al creatore. In virtù di questo movimento, il rischio che la differenza ontologica tra Dio e mondo si dissolva nell'identità non sussiste; la differenza ontologica è anzi affermata nell'ulteriorità mai adeguata del mistero di Dio: «deus semper maior». Per i suoi studi sull'analogia, Jüngel ha fatto riferimento più volte all'opera del Przywara, giudicandone il pensiero tanto ricco quanto quello di Barth[43].

L'*analogia entis* non è a fondamento solo della metafisica, ma determina come principio formale la comprensione stessa della rivelazione, per cui ad essa è subordinata l'*analogia fidei*[44]. K. Barth si opporrà a questa cattività babilonese dell'analogia e ribalterà la prospettiva di Przywara, ritenendo l'*analogia entis* «un'invenzione dell'Anticristo»[45]. La relazione tra Dio e mondo non è originariamen-

---

[41] Cf J. TRACK, «Analogie», in *TRE*, Bd.2, Berlin/New York 1978, 625-650.

[42] E. PRZYWARA, «Analogia entis», vol.3, in ID., *Schriften*, Einsiedeln 1962, 8.

[43] R. GARAVENTA, «L'esito della teologia: Dio è altro dall'uomo», 38.

[44] Cf J. GREISCH, «*Analogia entis* et *analogia fidei*: une controverse théologique et ses enjeux philosophiques (K. Barth et E. Przywara)», in *EPh*, juillet-décembre 1989, 475-496.

[45] K. BARTH, *KD*, I/1, Zürich 1947, VIII.

te fondata in una somiglianza ontologica, tale da rendere possibile sul piano noetico una conoscenza naturale di Dio e tale da porre la via dell'uomo verso Dio (*filosofia*) e la via di Dio verso l'uomo (*teologia*) come due cammini complementari. Se l'analogia viene concepita così, c'è il rischio di perdere o quanto meno di concepire astrattamente la differenza specifica tra Dio e mondo; ma quel che è peggio si nega il primato di Dio tanto nell'*ordo essendi* che nell'*ordo cognoscendi*. I due movimenti dell'analogia (ἄνω – κάτω) non si equivalgono, per cui non si può procedere indistintamente da Dio all'uomo e dall'uomo a Dio. Solo l'*analogia fidei seu relationis* riconosce, sia a livello formale che a livello materiale, l'origine di ogni corrispondenza nell'essere trinitario di Dio e nell'alleanza eterna tra Dio e Gesù. Solo all'interno del cammino che parte da Dio e ritorna a Dio, è possibile parlare del mondo e dell'uomo.

Precisando che in teologia ci sono diversi modelli di analogia, Jüngel prosegue sul sentiero tracciato dal suo maestro Barth. Anche per lui l'analogia non è solo un principio conoscitivo astratto, ma l'evento che rende possibile la creatura. «L'agire creativo di Dio è analogico. Il Dio, che "nella creazione agisce esprimendo la sua intima essenza", dice "sì, non solo a se stesso, ma anche ad un altro"»[46].

Inizieremo il nostro studio con l'analisi storica della *quaestio de analogia*, così come viene affrontata da Jüngel in autori quali Aristotele, S. Tommaso e Kant. Questa concezione dell'analogia trova la sua formulazione dogmatica nella definizione del Lateranense IV: «quia inter creatorem et creaturam non potest similitudo notari, quin inter eos maior sit dissimilitudo notanda» (DS 806). Tale definizione lascia però irrisolto il problema dell'inconoscibilità di Dio. A questo punto sarà necessario far emerge la rilevanza linguistica dell'analogia. Riandremo così ad uno studio dedicato all'origine dell'analogia nei presocratici: *Zum Ursprung der Analogie bei Parmenides und Heraklit*[47]. Questo saggio ci permetterà di evidenziare gli elementi costitutivi dell'analogia: la corrispondenza (*Entsprechung*) tra pensiero ed essere, il ruolo determinante della *parola* nel movimento analogico e il significato teologico dell'analogia. Come ha fatto notare A. Cislaghi nella sua presentazione dell'opera teologica di Jüngel,

---

[46] E. JÜNGEL, «Die Möglichkeit theologischer Anthropologie», 219.
[47] Cf ID, *Entsprechungen*, 52-102.

potremmo dire che la parola di Dio interrompe le ovvietà del dire e del pensare, affinché il pensiero, in ascolto del Dio-che-viene, corrisponda all'essere di Dio. La corrispondenza tra pensiero ed essere è concepita non più a partire dal pensiero, ma da Dio: è Dio che istituisce la sua *pensabilità* attraverso la parola.

Nel corso del nostro studio su Jüngel apparirà in modo sempre più chiaro come la dimensione logico-linguistica dell'analogia esprima una determinata visione ontologica. Come alla visione classica dell'essere corrisponde un modello di analogia, così alla fede cristiana ne corrisponde un altro. Sebbene la teologia non sia ontologia e non s'interroghi sull'essere in quanto tale, tuttavia si pone la domanda sull'essere di Dio, dell'uomo e del mondo. Con questo non s'intende subordinare l'*analogia fidei* ad un'*analogia entis*, riproponendo così la soluzione di Przywara. La priorità deve essere riconosciuta sempre alla realtà materiale dell'evento escatologico, che è *ratio essendi et cognoscendi* di ciò che si vuole successivamente formalizzare. L'*analogia fidei* ci permetterà di comprendere l'essere di Dio alla luce di quell'evento in cui Dio ha affermato se stesso in una sempre maggiore dimenticanza di sé (*eine inmitten noch so großer Selbstbezogenheit immer noch größere Selbstlosigkeit*): la croce di Gesù Cristo. In questo evento Dio si è relazionato a Gesù di Nazaret (*Selbstlosigkeit*), poiché in se stesso è relazione trinitaria (*Selbstbezogenheit*). Dio corrisponde a se stesso, consegnando se stesso al non-essere della morte[48]. L'evento escatologico della croce rende così possibile la definitiva analogia tra Dio e uomo. Gesù Cristo è *analogia dei*.

Se la relazione tra Dio e uomo trova il suo fondamento nell'essere trinitario di Dio e non tanto in un'*unità* onnicomprensiva, l'analogia che esprime questa relazione non sarà più quella di una somiglianza in una dissomiglianza ancora maggiore, ma di una dissomiglianza in una somiglianza sempre più grande (*eine inmitten noch so großer Unähnlichkeit immer noch größere Ähnlichkeit*). Partendo da questa ridefinizione dell'analogia, tanto la concezione cattolica sull'analogia, specialmente quella elaborata dalla recente teologia dogmatica, quanto quella evangelica, non sono più irriconciliabili tra

---

[48] Cf E. JÜNGEL, «Leben aus Gerechtigkeit. Gottes Handeln - menschliches Tun», in ID., *Wertlose Wahrheit*, 346-364.

loro. H. U. von Balthasar aveva fatto notare che il giudizio di Barth nei confronti dell'*analogia entis* non corrisponde a quanto Przywara intendeva con il suo principio-forma. Per il Barth dialettico era importante salvaguardare quella radicale differenza tra Dio e uomo, che l'*analogia entis* voleva colmare prometeicamente: questa preoccupazione di Barth – annota Jüngel – si trasformò durante il lavoro sulla dogmatica ecclesiale. «È vero che Barth continuò a mirare alla differenza tra Dio e uomo come solo raramente un teologo ha fatto dopo Lutero. Ma a differenza dell'usuale polemica protestante, il "tardo" Barth temeva che la cosiddetta *analogia entis* non cogliesse la differenza tra Dio e uomo trascurando la *vicinanza* di Dio»[49]. Se il protestantesimo si caratterizzasse unicamente per l'affermazione del totalmente Altro, niente sarebbe più adatto della concezione laterana dell'analogia, che dissolve in una diversità sempre maggiore l'affinità tra Dio e uomo. Ma l'analogia così compresa sfocia nell'ineffabile e lascia in sospeso la relazione tra creatore e creatura; il simbolo di questa analogia sarebbe la *notte*. A partire dal Vangelo, invece, si tratta di sviluppare una comprensione dell'analogia, la cui metafora sia la *luce* nascente del nuovo giorno: «la luce in cui la civetta di Minerva cede il posto alla colomba dello Spirito santo»[50].

---

[49] ID., *Dio mistero del mondo*, 369.
[50] *Ib.*, 372.

CAPITOLO I

ANALOGIA

1. Analogia e ragione filosofica

L'espressione «analogia» (ἀναλογία) compare per la prima volta tra i circoli pitagorici come termine della matematica, per indicare un'*eguaglianza di rapporti*[1]. Questo non significa che l'analogia non fosse precedentemente conosciuta; nei frammenti dei presocratici possiamo individuare *in actu exercito* il fenomeno dell'analogia già presente, per esempio in Parmenide e in Eraclito[2]. Il mondo classico è stato sempre attento alla rilevazione di rapporti di somiglianza e di proporzione, sia nella natura che nell'arte. Non è un caso che l'analogia è connessa strettamente con l'armonia: a partire dall'ordine cosmico Socrate ha cercato di dimostrare, attraverso il procedimento analogico, l'esistenza di uno spirito intelligente. Con l'analogia sono messe a confronto realtà diverse e attraverso un processo di astrazione si mette in luce ciò che è predicato di queste realtà. Poiché l'analogia interessa varie dimensioni della realtà – *linguistica, epistemologica* e *cosmologica* –, essa si presenta come un fenomeno quanto mai complesso.

Platone approfondì la dimensione epistemologica dell'analogia: sotto questo aspetto, l'analogia costituisce il criterio per astrarre l'universale dal particolare. L'analogia come rapporto di proporzioni strut-

---

[1] Cf J. TRACK, «Analogie»; A. GUZZO e V. MATHIEU, «Analogia», in *Enciclopedia filosofica*, Firenze 1967; E. CORETH e E. PRZYWARA, «Analogia entis (Analogie)», in *LThK*, Bd. 1, Freiburg 1957; P. SEQUERI, «Analogia», in *Dizionario Teologico Interdisciplinare*, vol. 1, Torino 1977.

[2] Cf E. JÜNGEL, «Zum Ursprung der Analogie», 54.

tura, inoltre, la teoria conoscitiva (*mito della caverna*) e l'intera visione filosofica di Platone. La dottrina platonica dell'analogia presuppone l'esistenza di una somiglianza, anzi di una dipendenza, delle cose sensibili dalle idee, le quali costituiscono la causalità esemplare del mondo materiale. «Questo è il contributo originale, e destinato ad avere enorme fortuna, portato da Platone alla dottrina dell'analogia»[3]. Nel dialogo del *Timeo* Platone affronta in particolare l'aspetto cosmologico del fenomeno analogico: la molteplicità degli elementi del mondo sono collegati insieme tra loro nel vincolo dell'analogia. «Non è possibile che due cose sole si combinino bene senza una terza. In mezzo alle due bisogna che vi sia un qualche legame che le congiunga entrambe. Ora il più bello dei legami è quello che, per quanto è possibile, faccia di sé e delle cose legate una cosa sola: ed a far questo nel modo più bello è di sua natura adatta l'analogia» (31c)[4]. L'analogia platonica è concepita in modo piramidale, per cui la corrispondenza tra mondo sensibile e sovrasensibile culmina nella proporzione tra l'idea di Dio e l'idea dell'Uno, ovvero del Bene che viene identificato con l'Essere stesso (αὐτὸ τὸ ὄν), «la cui essenza non poteva essere costituita da altro che dallo stesso essere»[5]. La dottrina della partecipazione delle cose sensibili alle idee ha privilegiato l'analogia di attribuzione su quella di proporzionalità, cosicché la prima è divenuta criterio d'interpretazione e fondamento della seconda. Perciò, Platone è considerato «il precursore del neoplatonismo e di ogni metafisica di tipo derivazionistico»[6].

Aristotele distinguerà nettamente la figura logico-semantica dell'analogia da quella metafisica. L'analogia serve alla metafisica come metodo per conoscere e nominare la realtà; quando lo Stagirita tratta dell'analogia non fa riferimento all'essere, ma alla corrispondenza tra le diverse categorie dell'essere[7]. Retrocede così il significato ontologico dell'analogia.

---

[3] E. BERTI, «L'analogia dell'essere nella tradizione aristotelico-tomistica», in *Metafore dell'invisibile. Ricerche sull'analogia contributi al XXXIII Convegno del Centro di Studi filosofici di Gallarate. Aprile 1983*, Brescia 1984, 24.

[4] PLATONE, «Timeo», in *Opere complete*, vol. 6, Bari 1981.

[5] E. BERTI, «L'analogia nella tradizione aristotelico-tomistica», 24.

[6] *Ib.*

[7] Cf P. AUBENQUE, «Sur la naissance de la doctrine pseudoaristotélicienne de l'analogie de l'être», in *EPh*, juillet-décembre 1989, 291-304.

1.1. L'analogia in Aristotele

Aristotele affronta il problema dell'analogia nella *Poetica* e in particolar modo analizzando il fenomeno della *metafora*. Come la metafora è una figura retorica, che permette di trasportare un nome da un contesto proprio ad uno improprio, così l'analogia permette di trasferire (μεταφορεῖν) un termine da un contesto all'altro in base ad un'uguaglianza di rapporti tra cose diverse. «Si ha poi la metafora per analogia quando, di quattro termini, il secondo, B, sta al primo, A, nello stesso rapporto che il quarto, D, sta al terzo, C; perché allora, invece del secondo termine, B, si potrà usare il quarto, D, oppure invece del quarto, D, si potrà usare il secondo, B»[8]. Questo tipo di analogia è chiamato *analogia della proporzione* e viene resa con la seguente espressione matematica: *(a:b) = (c:d)*. La relazione tra *a* e *b* e tra *c* e *d* è dunque identica. La condizione di possibilità, perché si dia questo tipo di analogia, è che si conoscano entrambe le relazioni. Per affermare una proporzione tra *la vecchiaia e la vita* da un lato e *la sera e il giorno* dall'altro si deve presupporre come familiare il rapporto tra vecchiaia e vita, così come il rapporto tra sera e giorno.

Accanto a questo tipo di analogia, Aristotele ne elenca un altro: l'*analogia della denominazione*[9]. Se il primo tipo di analogia è un caso determinato della metafora, questo secondo tipo interessa la logica. È *univoco* quel termine che ha un solo significato. Per esempio: il concetto di animale è un concetto con un determinato significato, a cui corrisponde uno e un solo significato. È *equivoco* invece quel termine a cui corrispondono diversi significati: per esempio, il termine «orsa» può indicare sia l'animale che la costellazione. Infine è *analogo* quel termine a cui corrispondono vari contenuti, con significato in parte identico e in parte diverso. L'esempio tradizionale è quello di *sano* predicato sia della medicina, dell'urina e del colore del viso: abbiamo qui un'identico significato, che viene usato in modo diverso. Sapendo innanzitutto cos'è la salute, può essere chiamato sano il cor-

---

[8] ARISTOTELE, «Poetica», 21, 1457b, 16ss, in *Opere*, vol. 4, Roma – Bari 1973.
[9] E' quanto mai discussa la questione della presenza o meno in Aristotele di questo secondo tipo di analogia. Anche Jüngel precisa che solo successivamente l'analogia di denominazione fu chiamata *analogia di attribuzione* (cf E. JÜNGEL, *Dio mistero del mondo*, 350).

po umano, la medicina e l'urina. In questa unità di relazione *ad unum* la tradizione scolastica individuerà la struttura logica e ontologica dell'analogia di *attribuzione*.

In ambedue i modelli di analogia, di proporzione e di denominazione, si ha a che fare con *relazioni*. Nel *primo modello* si confrontano rapporti identici tra cose differenti; nel *secondo modello*, invece, rapporti diversi tra cose differenti sono posti in relazione con una cosa comune. L'analogia di proporzione consiste perciò in un rapporto di rapporti *(a:b) = (c:d)*. «Si parla perciò di una *analogia della proporzionalità*, di una *analogia (proportio) proportionalitatis*»[10]. Nell'analogia della proporzionalità la relazione è intrinseca ai vari *relata*.

Nell'analogia di denominazione, invece, abbiamo una relazione di cose differenti ad una cosa comune. Questo secondo tipo di analogia viene chiamato *analogia della proporzione (analogia proportionis)* o anche *analogia dell'attribuzione*; qui la relazione tra i vari *relata* non è più intrinseca ma estrinseca. «L'analogia di attribuzione non mi dice un carattere *intrinseco* degli analogati secondari, ma solo una denominazione estrinseca, cioè una relazione con qualche cosa d'altro (con l'analogato principale). Quando dico che le patate sono sane (come cibo) non dico nulla della natura delle patate, dico solo un rapporto che esse hanno con la salute dell'uomo»[11]. Questa denominazione estrinseca esprime un rapporto di *dipendenza*[12].

Pur ammettendo l'esistenza di questo secondo tipo di analogia in Aristotele, è necessario sottolineare – come fa E. Berti – che lo Stagirita rifiuta di intendere l'analogia di attribuzione in senso gradazionistico ed esemplaristico. Non abbiamo a che fare con un'essenza comune tra le diverse categorie, tale da compromettere la molteplicità degli enti a favore dell'univocità dell'essere. Purtroppo questo sarà il rischio latente nella rilettura neoplatonica di Aristotele, avvenuta nella scolastica, dove la dipendenza ermeneutica delle molteplici significazioni dell'essere dall'unità semantica (πρὸς ἕν) è stata

---

[10] *Ib.*, 353.

[11] S. VANNI ROVIGHI, *Elementi di filosofia*, vol. 2, Brescia 1964, 18.

[12] «In questo senso l'*analogia attributionis* si chiama anche *analogia dell'ordine*, e bisogna pensare in primo luogo all'ordine ermeneutico consistente nel fatto che questa analogia viene costituita mediante un *analogans* da cui di volta in volta dipende ciò che è denominato da esso come *analogatum*» (E. JÜNGEL, *Dio mistero del mondo*, 354s).

estesa al piano ontologico. L'*analogans* acquista perciò una priorità non solo nell'ordine semantico, ma anche in quello dell'essere sugli *analogata*. «Ciò che è primo dal punto di vista ermeneutico appare come l'originario dal punto di vista ontologico, che eventualmente può essere pensato anche come il causante dal punto di vista ontico»[13]. Questo pericolo non sussiste in Aristotele, in quanto il rapporto di «dipendenza» nell'analogia di denominazione non è semantizzato come rapporto di causalità esemplare o efficiente.

1.2. L'analogia in S. Tommaso

Per affrontare il problema dell'analogia in S. Tommaso, Jüngel analizza la questione 13 nella prima parte della *Somma Teologica* e alcuni testi della *Somma contro i Gentili*. La questione che si pone S. Tommaso è come si possa dar ragione della originaria struttura assertoria della fede. Come è possibile parlare «positivamente» di Dio, senza confondere la creatura con il creatore (*univocità*) e senza cadere in una semantica puramente nominale, e quindi senza sfociare nel presupposto teologico dell'inconoscibilità di Dio?

Come già per i filosofi presocratici, anche per S. Tommaso il termine «analogia» sta ad indicare una proporzione, un'ordine: «Analogia idest proportio»[14]. Nel commento alla metafisica di Aristotele, Tommaso riprende la distinzione tra *analogia proportionalitatis* e *analogia attributionis*. L'analogia di proporzionalità è definita come un'identica proporzione di due cose con cose diverse (*eadem proportio duorum ad diversa*); nell'analogia di attribuzione, invece, due cose si trovano diversamente in relazione con una stessa cosa (*aliqua duo habent diversas habitudines ad unum*).

Nella questione 13 della *Somma teologica*, S. Tommaso distingue, dal punto di vista ermeneutico, l'analogia di attribuzione in due modi diversi. «Primo, mediante il riferimento di più cose a un'unica realtà [...]. Secondo, nel caso in cui l'ordine, o la relazione di due co-

---

[13] *Ib*, 355.
[14] S. Tommaso, *La Somma Teologica* [= *STh*], I, q.13, a.5, traduzione e commento a cura dei domenicani italiani. Testo latino dell'edizione leonina, Roma 1950-1972.

se non si riferisce a una terza, ma a una di esse»[15]. Nel primo caso si dice sana sia la medicina che il cibo in riferimento ad un terzo: la salute. Nel secondo caso invece, si predica l'essere sia della sostanza che dell'accidente in riferimento non tanto ad un terzo, ma alla sostanza: l'accidente è infatti un ente solamente in relazione alla sostanza. In questo secondo caso dell'*analogia attributionis*, la proporzione è riferita tra un *unum* e un *alterum*: «quod unum habet proportionem ad alterum»[16]. Come esempio di questa proporzione S. Tommaso fa riferimento al rapporto tra medicina e salute dell'animale. «*Sano* si dice della medicina e dell'animale, in quanto la medicina è causa della sanità che è nell'animale»[17].

La medicina costituisce nell'ordine dell'essere il *primum* dal punto di vista ermeneutico: la medicina è causa della salute del corpo. Nell'*ordine del conoscere* è invece la salute del corpo a costituire il *primum*: la medicina e il corpo sono sani, perché riferiti alla salute del corpo. La medicina è detta quindi sana solo posteriormente, a partire dall'effetto causato, cioè dalla salute dell'animale. «La virtù di risanare, p.es., che si riscontra nelle medicine, per natura è prima della sanità che si produce nell'animale, come la causa è anteriore all'effetto; ma poiché codesta virtù si conosce dall'effetto, è dall'effetto che la denominiamo. Ecco perché i mezzi *sanitari* sono anteriori nell'ordine reale, ma il termine *sano* quanto al valore semantico appartiene prima di tutto all'animale»[18].

Questa interpretazione della proporzione in termini di causalità viene contestata da Jüngel, in quanto sia nell'ordine del conoscere che in quello dell'essere la salute rimane pur sempre il *primum* ermeneutico: «se la denominazione analogica si orienta secondo l'ordine del conoscere, la medicina non può propriamente essere addotta come causa del fatto che sia essa che il corpo possano essere chiamati *sani*»[19]. Causa della sanità, tanto della medicina quanto del corpo, è infatti la salute stessa. Il valore semantico di «sano» non è derivato

---

[15] ID., *Somma contro i Gentili*. A cura di TITO S. CENTI, Torino 1975, Libro Primo, Cap. XXXIV, 136-137.

[16] *STh*, I, q.13, a.5.

[17] *Ib.*

[18] ID., *Somma contro Gentili*, Libro Primo, Cap. XXXIV, 137.

[19] E. JÜNGEL, *Dio mistero del mondo*, 358.

dalla conoscenza della salute dell'animale, ma è presupposto a questa stessa. Jüngel giudica indebita l'identificazione della medicina con la causa della salute nell'animale. Ciò che rende sana la medicina è sempre la salute e non la medicina stessa: questo vale tanto nell'ordine ontologico che nell'ordine gnoseologico. Ma è proprio in questa identificazione che emerge il principio ermeneutico di S. Tommaso, secondo cui l'ordine della conoscenza precede quello della significazione. Richiamandosi ad Aristotele, così S. Tommaso afferma. «Come dice Aristotele le parole sono segni dei concetti, e i concetti sono immagini delle cose. Di qui appare chiaro che le parole si riferiscono alle cose indicate, mediante [però] il concetto della mente. Sicché noi possiamo nominare una cosa a seconda della conoscenza intellettuale che ne abbiamo»[20]. Jüngel ribalta questo principio: non è tanto l'ordine della conoscenza a precedere quello della significazione, quanto è l'ordine dell'intellezione a seguire quello semantico. Infatti, per identificare come «sano» l'effetto della medicina, si deve presupporre pur sempre il valore semantico della parola «sano».

1.2.1. Il discorso analogico di Dio in S.Tommaso

Nel libro primo della *Somma contro i Gentili* a partire dal cap. 30 fino al cap. 36, S. Tommaso si interroga su quali siano i nomi che si possono usare per parlare di Dio. A questo punto l'Aquinate fa riferimento al *secondo* tipo dell'analogia di attribuzione. Se nel primo tipo di analogia di attribuzione Dio sarebbe pensato dipendente da un *unum* che gli sarebbe necessariamente maggiore, nel secondo tipo invece Dio non sarebbe tanto riferito ad un terzo, quanto lui stesso sarebbe quell'*unum* a cui l'altro si riferisce. Poiché Dio s'identifica con ciò-che-è-comune (*unum*) a tutte le cose, egli viene a rapportarsi a questo *unum* come causa, «in modo tale da essere identico a esso»[21]. Dio è così causa di se stesso, in quanto è l'*unum*; allo stesso tempo Dio è causa di tutte le cose, in quanto tutte le cose hanno l'*unum* in modo derivato e quindi meno perfetto. «"Avere" significa qui allora necessariamente anche "essere", poiché l'*unum* ha quella cosa comune allo stesso modo in

---

[20] *STh*, I, q.13, a.1.
[21] E. JÜNGEL, *Dio mistero del mondo*, 360.

cui fa se stesso»[22]. Nel secondo caso dell'analogia di attribuzione la cosa (terza cosa) si rapporta a se stessa e solo in questa misura anche all'altra (oppure questa ad essa). «Perciò solo il secondo caso può essere il caso *teologicamente* rilevante all'interno del secondo modello dell'analogia. Infatti Dio a motivo della sua divinità non può essere correlato ad un'altra cosa che lo porrebbe ermeneuticamente allo stesso livello di altre cose»[23].

S. Tommaso precisa che Dio non è buono, perché è *causa* della bontà nelle creature, ma che Dio è *essenzialmente* buono e solo per questo è causa anche della bontà nelle creature. *La creatura è buona, perché Dio è buono.* Dio costituisce infatti il *primum* ermeneutico a livello ontologico. «[Tali] nomi non si dicono di Dio soltanto in ragione della sua causalità, ma anche della sua essenza, perché quando si dice che Dio è *buono*, oppure è *sapiente*, non solo si vuol dire che egli è causa della sapienza o della bontà, ma che e bontà e sapienza preesistono in lui in modo più eminente»[24]. Secondo l'*ordo essendi* bontà e sapienza sono quindi da predicarsi originariamente di Dio, perché in lui si identificano. Secondo l'*ordo cognoscendi*, invece, la bontà di Dio è conosciuta a partire dalla bontà delle creature.

Siccome arriviamo alla conoscenza di Dio partendo dalle cose create, il contenuto dei termini attribuiti a Dio e alle cose si trova originariamente in lui prima che nelle cose, anche se il significato di questi attributi viene applicato solo successivamente a Dio. Ecco perché si dice che Dio viene denominato dai suoi effetti[25]. Questa priorità di Dio sulle creature viene specificata nell'ordine ontologico attraverso la categoria di causalità. Le creature sono buone e sapienti in modo derivato e quindi meno perfetto, perché lo sono nel modo dell'essere-causate. Dio, invece, è perfetto in modo originario[26]. L'al-

---

[22] *Ib.* «La vera e propria analogia teologica della denominazione si ha secondo Tommaso solo quando l'*unum*, che è, in quanto comune a cose diverse, il fondamento ermeneutico dell'analogia della denominazione, sussiste dapprima in Dio stesso e *perciò* anche nelle creature causate da Dio» (*Ib*, 359).

[23] *Ib*, 359, nota 50.

[24] *STh*, I, q.13, a.6.

[25] Cf ID., *Somma contro i Gentili*, Libro Primo, Cap. XXXIV, 137.

[26] «Solo nella misura in cui Dio stesso ad esempio *ha* la perfezione dell'essere in modo originario egli come causa delle creature trasmette questa perfezione anche a loro, che l'hanno poi nel loro proprio modo d'essere dell'essere-causati, così che noi possiamo *conoscere* e *denominare* a partire da loro ciò che pure ha il proprio *essere originario* in Dio stesso» (E. JÜNGEL, *Dio mistero del mondo*, 359).

terum, a cui fa riferimento l'*unum*, è compreso quindi come *causa-tum*; in quanto causato l'altro si differenzia dall'*unum*. L'altro è deri-vato e quindi meno perfetto dell'uno; tuttavia, l'*unum* rimane sempre *comune*, tanto a se stesso quanto all'altro. Il significato di *buono* e *sapiente* è presupposto come identico (*unum*) tanto in Dio quanto nelle creature. Successivamente bontà e sapienza vengono identifica-te con Dio stesso (*unum*). Questa comprensione della relazione tra l'*unum* e l'*alterum* in termini di causalità evidenzia da un lato che S. Tommaso comprende l'*analogia proportionalitatis* alla luce dell'*analogia attributionis*[27]; dall'altro lato, come l'Aquinate venga a presupporre, senza metterla appositamente in luce, un'analogia dell'essere, determinata dalla partecipazione e dalla causalità[28].

1.2.2. *Res significata* e *modus significandi*

Come causa *assoluta* Dio è totalmente *differente* da tutto ciò che è creato. «[Dio] non è [formalmente] niente di quanto è causato da lui»[29]. La differenza tra Dio e le creature è compresa in termini di ec-cedenza (*superexcedit*): «[le cose create] vanno escluse da lui non già perché egli sia mancante di qualche cosa, ma perché tutte le supera»[30]. Poiché Dio è al di là di tutto il creato, l'essere di Dio rima-ne inconoscibile in se stesso; questo significa che il rapporto tra Dio e creatura, letto come rapporto di causalità, si traspone sul piano lin-guistico nella dottrina tomistica dell'analogia.

Affrontando nell'articolo 6 la questione se i nomi si dicano delle creature prima che di Dio, S. Tommaso viene a distinguere il signifi-cato (*res significata*) dal modo di significare (*modus significandi*). «[Se] si considera il significato intrinseco dei termini, essi si applica-no a Dio prima che alle creature: perché quelle perfezioni [indicate dai nomi] provengono alle creature da Dio. Però, se si considera la loro origine, tutti i nomi si attribuiscono primieramente alle creature, che si conoscono per prime. Perciò anche il modo di significare [dei

---

[27] Cf *Ib.*, 360.
[28] Cf *Ib*, 358.
[29] *STh*, I, q.12, a.12.
[30] *Ib.*

nomi] è quello caratteristico delle creature»[31]. Il significato di buono e sapiente è predicato dunque in maniera propria di Dio e non in modo metaforico. Nella metafora, infatti, tanto il modo quanto il significato stesso dei termini dipendono dall'applicazione che se ne fa alle creature.

Quando nel Salmo 23, per esempio, si dice che Dio "mi *conduce* ad acque tranquille", il termine *condurre* applicato a Dio ha un significato e un *modus significandi* tutto diverso, se applicato al pastore. S. Tommaso parla di una somiglianza di proporzioni. Dio (x) si rapporta alla vita dell'uomo (a) *come* un pastore (b) con le sue pecore (c): $(x{:}a) = (b{:}c)$. Nell'analogia di denominazione, invece, i nomi designano l'essenza di Dio *absolute et adfirmative*: «tali nomi significano [...] la divina sostanza e si attribuiscano all'essenza di Dio»[32]. Tuttavia, il modo di significare di questi nomi rimane pur sempre quello caratteristico delle creature. Ne segue che Dio rimane sempre più grande di ogni pensiero umano ed ogni parola risulta insufficiente ed inadeguata ad esprimerlo[33]. Questo non è dovuto a delle premesse epistemologiche, quanto all'essere stesso di Dio che è sempre più perfetto di ogni creatura[34].

L'imperfezione del modo di significare è dovuto al fatto che il significato dei termini predicati di Dio è stato conosciuto primariamente *e rebus creatis*. Per superare questa imperfezione la via *adfirmativa* deve sfociare in quella *eminentiae*, passando per la via *negativa*. Negando attraverso un processo di negazioni o di rimozione (*via negativa*) quanto d'imperfetto e contingente vi è nel modo di significare la sapienza e la bontà, si arriva a predicare in modo eccellente questi attributi di Dio (*via eminentiae*)[35]. Questo è

---

[31] *STh*, I, q.13, a.6.

[32] *Ib*, a.2.

[33] «Ogni avvicinamento del linguaggio a Dio, per quanto grande, implica proprio per questo un allontanamento ancora più grande. L'ermeneutica dell'inesprimibilità di Dio tutela, sembra, l'essenza di Dio come *mistero*. La teologia, parlando di Dio, lo tace ancor di più» (E. JÜNGEL, *Dio mistero del mondo*, 321).

[34] «Tommaso ha dunque assoggettato anche i nomi di Dio che lo esprimono in modo assoluto e affermativo alla sua ermeneutica della differenza sempre più grande fra Dio e la parola che lo esprime. Anche i nomi che esprimono la perfezione di Dio definiscono solo imperfettamente la perfezione di Dio e fanno così comprendere Dio come colui che è sempre ancora più perfetto. *Deus semper maior*» (*Ib.*, 320).

[35] Cf S. VANNI ROVIGHI, *Elementi*, 170.

l'ordine con cui S. Tommaso pensa il movimento della conoscenza analogica di Dio:

VIA ADFIRMATIVA ⇒ VIA NEGATIVA ⇒ VIA EMINENTIAE

La *via adfirmativa* è stata denominata anche *via causalitatis*, in quanto Dio è conosciuto positivamente come causa prima a partire dagli effetti mondani. «[Noi] possiamo nominare una cosa a seconda della conoscenza intellettuale che ne abbiamo. Ora, si è già dimostrato che Dio non può essere veduto da noi in questa vita nella sua essenza, ma che è da noi conosciuto mediante le creature per via di causalità, di eminenza e di rimozione. Conseguentemente può essere nominato da noi [con termini desunti] dalle creature; non però in maniera tale che il nome, da cui è indicato, esprima la essenza di Dio quale essa è [...]»[36]. Per questo S. Tommaso dirà che di Dio conosciamo quello che *non è* e non tanto quello che è. «La realtà divina infatti sorpassa con la sua immensità qualsiasi idea che l'intelletto nostro sia capace di raggiungere: e quindi non siamo in grado di apprenderla così da conoscerne la natura. Ma ne abbiamo una certa nozione, conoscendo "quello che non è". E tanto più noi ci avviciniamo alla sua nozione, quanto più numerose sono le cose che possiamo escludere da Dio col nostro intelletto. [...] e così progressivamente con codeste negazioni arriviamo a distinguerlo da tutto ciò che non è lui; e allora si avrà una considerazione appropriata della realtà divina, quando conosceremo Dio come diverso da tutte le cose. Ma non sarà una conoscenza perfetta; perché non conosceremo quello che egli è in se stesso»[37]. Identificare Dio con *quello che non è* significa alla fine, come sarà anche per Kant, non poter affermare nulla su Dio. Dio non ha nome ed è al di sopra di ogni denominazione, «perché la sua essenza è al disopra di tutto ciò che noi possiamo concepire o esprimere a parole»[38].

---

[36] *STh*, I, q.13, a.1.
[37] ID., *Somma contro i Gentili*, Libro Primo, Cap. XIV, 92.
[38] *STh*, I, q.13, a.1, ad primum.

1.3. L'analogia in Kant

Prima di affrontare una valutazione della lettura che Jüngel fa di
S. Tommaso, seguiamo il nostro Autore lungo il sentiero della sua riflessione sull'analogia che dalla scolastica conduce a Kant. L'opera
kantiana affronta il tema dell'analogia prevalentemente nell'ambito
del discorso teologico. Parlando delle condizioni necessarie per
l'esperienza, Kant afferma che Dio rappresenta l'idea di quell'incondizionato, che sta a fondamento di ogni realtà condizionata (*omnitu-
do realitatis*). L'Io penso, infatti, come capacità sintetica ed unifica-
trice trova in questa idea un punto di convergenza, nel quale unifica-
re la molteplicità del reale. Jüngel identifica questa capacità unifica-
trice con il procedimento analogico dell'Io penso trascendentale. Se
tutto è condizionato e causato, deve esserci qualcosa di incondizionato ed incausato; in quanto condizione d'esperienza, Dio non potrà
mai essere oggetto di esperienza e quindi rappresentato. Tuttavia se
ne parliamo, dobbiamo farcene una certa rappresentazione. Attraverso il procedimento analogico il pensiero si serve dei concetti speri-
mentali, per elaborare un qualsiasi concetto delle cose intelligibili,
«delle quali in se stesse non abbiamo la minima conoscenza»[39].

Per determinare il concetto di Dio, Kant non utilizza l'analogia
di attribuzione ma quella di proporzionalità, cioè quel tipo di analogia che stabilisce rapporti tra relazioni somiglianti fra cose del tutto
dissimili[40]. Come l'intelletto e la volontà umane sono in relazione alla loro opera, così parliamo dell'intelletto e della volontà divine in
rapporto al mondo. Con questo tipo di analogia Kant vuole evitare –
come avviene invece nell'antropomorfismo *dogmatico* – di trasportare «dei predicati tratti dal mondo sensibile ad un essere del tutto differente dal mondo»[41]. Egli elabora così un antropomorfismo *simbolico*, col quale non si attribuiscono all'Essere supremo *in sé* quelle proprietà, con le quali pensiamo gli oggetti di esperienza, ma predichia-

---

[39] I. KANT, *Critica della ragion pura*, vol. 2, Bari 1975, 451 (= «Kritik der reinen
Vernunft», in A. GÖLAND (HRSG.), *Immanuel Kants Werke*, Bd. III, Berlin 1973).

[40] Cf ID., *Prolegomeni ad ogni futura metafisica che si presenterà come scienza*,
Bari 1979, 126 (= «Prolegomena zu einer jeden künftigen Metaphysik, die als Wissen-
schaft wird auftreten können», in A. BUDAUER – E. CASSIRER, *Immanuel Kants Werke*,
Berlin 1973).

[41] *Ib.*, 127.

mo di lui delle «semplici categorie che certo non dànno un concetto determinato, ma appunto perciò non ne dànno neppure uno che sia confinato entro le condizioni della sensitività»[42].

Questo tipo di conoscenza analogica di Dio può essere espresso in questo modo: *(x:a) = (b:c)*. Dio (*x*) si rapporta al mondo (*a*) come un orologiaio (*b*) al suo orologio (*c*). Come abbiamo già visto in Aristotele e più chiaramente in S. Tommaso, anche Kant specifica questo rapporto in termini di *dipendenza*. In questo modo, però, l'analogia di proporzionalità è interpretata di nuovo a partire da quella di attribuzione. Il mondo *dipende* da Dio come un orologio dal suo orologiaio. Kant indica questa dipendenza come rapporto di «causalità razionale», da non predicarsi di Dio in sé, «ma soltanto per analogia, cioè in quanto questa espressione indica soltanto il rapporto che questa suprema causa a noi sconosciuta ha col mondo, per determinar tutto razionalmente al più alto grado possibile»[43]. Per questo Kant viene a dire che «l'Essere supremo è per noi del tutto imperscrutabile in ciò che esso è in sé, e che Egli è persino impensabile *in una maniera determinata*»[44]. L'analogia di attribuzione evidenzia così *come* ignoto quel Dio affermato nell'*analogia proportionalitatis*.

L'antropomorfismo simbolico di Kant sembrerebbe confermare quanto S. Tommaso dice a proposito della nostra conoscenza imperfetta di Dio: ciò che di Dio conosciamo è quello che Dio non è, ma non quello che egli è in se stesso. L'interpretazione di Jüngel non mette nel dovuto risalto la differenza tra la concezione tomista e la kantiana, per quanto riguarda il modo con cui la categoria di causalità ci consente una conoscenza di Dio. A differenza di Kant, per cui la causalità della causa suprema non mi fa conoscere la natura della causa suprema ma è solamente frutto di un paragone, per S. Tommaso la causalità ci permette di conoscere la relazione reale tra il mondo e Dio; in tal senso ci viene data una conoscenza *vera* su Dio, anche se l'essenza di Dio rimane ignota. Alla domanda cosa possiamo sapere su Dio, S. Tommaso risponde ricorrendo agli *effetti*; dagli effetti possiamo conoscere qualcosa di Dio. In questo la teologia è veramente *scienza* teologica, poiché la regola generale della teoria scien-

---

[42] *Ib.*
[43] *Ib.*, 128.
[44] *Ib.*

tifica è conoscere *per causas*. «La teologia è dunque in ogni caso discorso su Dio. Ma essa lo è solo nel porre l'essenza di Dio come causa di un *effectus*. Solo parlando dell'effetto di questa causa essa può dare voce a Dio stesso»[45].

1.4. Conclusioni

Ogni concezione dell'analogia comporta un modo specifico di articolare tra loro essere-parola-pensiero. A. Milano parla di una pericoresi e di una circolarità tra questi tre elementi, la cui determinazione non è mai neutrale, ma si fonda su una particolare visione del mondo. «E questo vale per la riflessione antica e medioevale come per quella moderna e contemporanea. Non a caso l'analogia scrutata all'interno dell'onto-teo-logia greca è stata costretta a delle modifiche ed adattamenti una volta che si è trapiantata sul suolo dell'onto-teo-logia cristiana»[46]. Secondo Jüngel, le ragioni dell'incapacità di dire propriamente «Dio» nella riflessione tomista consistono nel principio ermeneutico di S. Tommaso, secondo cui l'ordine di significazione segue quello della conoscenza.

Per il dottore Angelico, infatti, non è tanto la parola che fa corrispondere l'essere al conoscere, ma è l'intuizione intellettiva all'origine della nostra dizione teologica[47]. Nel caso della conoscenza di Dio, i nomi usati per Dio corrispondono al suo essere solo indirettamente o successivamente. «Il parlare di Dio è un *denominare* umano che trae il proprio diritto da una precedente conoscenza di ciò che è da denominare. Anche in rapporto a Dio vale il principio ermeneutico generale che una qualsiasi cosa può essere denominata solo nella misura in cui è stata conosciuta»[48]. Le perfezioni predicate di Dio sono innanzitutto *conosciute* a partire dalle creature. «Infatti noi non possiamo parlare di Dio se non partendo dalle creature, come più sopra abbiamo dimostrato. E così, qualunque termine si dica di Dio e delle

---

[45] E. Jüngel, *Dio mistero del mondo*, 311.
[46] A. Milano, «Analogia Christi. Sul parlare intorno a Dio in una teologia cristiana», in *RT*, 1 (1990), 56.
[47] S. Tommaso, *Somma contro i Gentili*, Libro Primo, Cap. XXXIV, 137.
[48] E. Jüngel, *Dio mistero del mondo*, 317.

creature, si dice per il rapporto che le creature hanno con Dio, come a principio o causa, nella quale preesistono in modo eccellente tutte le perfezioni delle cose»[49].

Questa priorità dell'ordine di intellezione su quello di significazione esprime una determinata visione teologica di Dio e del suo rapporto col mondo. In S. Tommaso troviamo un originale intreccio del tema platonico della partecipazione con quello aristotelico della causalità. L'Aquinate assunse la dottrina della derivazione emanazionistica degli enti dall'essere di Dio (*méthexis* o *metálēpsis*), correggendola con la dottrina delle quattro causalità di Aristotele: *causa formale*, *causa materiale*, *causa efficiente* o motrice, *causa finale*. «Nell'onto-teo-logia aristotelica il mondo non partecipa di Dio, poiché Dio non è né il predicato né la causa formale del mondo, ma la causa motrice e finale. In questo modo, escludendo cioè dal rapporto tra Dio e il mondo qualsiasi partecipazione e causalità formale, Aristotele stabilisce pure, a suo modo, la trascendenza di Dio sul mondo»[50]. Questa trascendenza sembrerebbe invece minacciata, qualora si concepisca il rapporto tra Dio e mondo in termini di causalità formale e quindi di partecipazione ontologica. «Nell'onto-teo-logia neoplatonica il mondo è emanato in modo necessario dal principio divino, sicché questo stesso principio non può stare senza mondo e pertanto, da un certo punto di vista, non potrebbe dirsi propriamente trascendente»[51]. Se l'analogia di proporzionalità è più adeguata ad una concezione aristotelica della realtà, l'analogia di attribuzione corrisponde di più alla dottrina della derivazione ontologica degli enti da Dio.

La tradizione cristiana sostituirà alla derivazione necessaria della causalità formale la creazione libera e volontaria del mondo da parte di Dio come causa efficiente; in tal modo platonismo e aristotelismo verranno coniugati insieme per dar ragione del creazionismo biblico. L'opera teologica di S. Tommaso costituisce la sintesi di questa *contaminatio* tra creazionismo biblico ed emanatismo neoplatonico[52]. Sullo

---

[49] *STh*, I, q.13, a.5.
[50] A. MILANO, «Analogia Christi», 42.
[51] *Ib.*, 43.
[52] Cf C. TRESMONTANT, *La métaphysique du christianisme et la naissance de la philosophie chrétienne*, Paris 1961; L. SCHEFFCZYK, *Schöpfung und Versöhnung* (HDG, II/2a), Freiburg i.Br 1962; G. MAY, *Schöpfung aus dem Nichts*, Berlin 1978.

sfondo dell'analogia platonica S. Tommaso interpreta l'analogia aristotelica, cosicché l'analogia di attribuzione viene riconosciuta a fondamento dell'analogia di proporzionalità.

L'interpretazione di Jüngel su questo aspetto della dottrina analogica di S. Tommaso non è sufficientemente articolata. Il discorso
dell'analogia nel dottore Angelico, così come nei suoi commentatori
(Caetano e Suarez), è molto più diversificato e complesso del modo
con cui Jüngel lo presenta[53]. Nelle opere giovanili di S. Tommaso (*De
principiis naturae, De ente et essentia, Commento alle Sentenze*) viene
difeso il valore dell'analogia di attribuzione come «ordo unius ad alterum», riconoscendo una gradazione esistente tra gli enti. In queste prime opere ritroviamo un certo tipo di concezione neoplatonica dell'essere di Dio come causa esemplare e formale di ogni ente[54].

Nelle opere posteriori (*De Veritate*) il primato viene affermato,
invece, dell'analogia di proporzionalità. Tra Dio e mondo non è più
riconosciuto un rapporto gerarchico nell'essere, che da Dio *summum
ens* si partecipa in vari modi e in vari gradi agli enti, ma si nega che
tra Dio e mondo ci sia qualsiasi proporzione e commensurabilità.
«Ciò che induce [S. Tommaso] a questo è la scoperta della tesi aristotelica secondo cui "l'infinito non sta in alcun rapporto col finito" (τὸ
γὰρ ἄπειρον πρὸς τὸ πεπερασμένον ἐν οὐδενι λόγῳ ἐστίν), resa in latino come "finiti ad infinitum nulla est proportio"»[55]. L'analogia di
proporzionalità tutelerebbe maggiormente la trascendenza di Dio, in
quanto non viene affermata una somiglianza diretta tra Dio e mondo,
ma una somiglianza solamente indiretta a scapito dell'affinità con le
creature[56].

Nelle opere più tarde (*Summa contra Gentiles, Summa theolo-
giae, Commento alla Metafisica*) ritorna l'analogia di attribuzione e
si consolida il primato di questa sull'analogia di proporzionalità. Tut-

---

[53] Sono pertinenti le critiche che G. Rémy fa alla concezione analogica di Jüngel,
specialmente in merito all'analogia tomista. Tuttavia, poiché Rémy non è riuscito a cogliere i pericoli e le aporie della sintesi tomista, non ha compreso sufficientemente la critica e la novità della concezione di Jüngel sull'analogia (cf G. RÉMY, «L'analogie selon
E. Jüngel remarques critiques. L'enjeu d'un débat», in *RHPR*, 66 (1986), 147-177).

[54] E. BERTI, «L'analogia nella tradizione aristotelico-tomistica», 19.

[55] *Ib.*, 20.

[56] Cf S. TOMMASO, «Quaestiones disputatae. De veritate», q.7, a.11, in R. BUSA
(ED.), *Aquinatis Opera Omnia*. Indicis Thomistici Supplementum, vol. 3, Stuttgart 1980.

tavia la partecipazione non viene vista più in termini di causalità esemplare o formale, ma essenzialmente come causalità efficiente o motrice, sebbene rimanga ancora una visione gradazionistica dell'essere (cf la «quarta via» nella dimostrazione dell'esistenza di Dio). Anche se l'essere viene concepito come *actus essendi* e la causalità divina s'identifica con quella efficiente, c'è da chiedersi però se la visione gerarchica dell'essere garantisca la trascendenza dell'*Ipsum esse subsistens*. Dove esistono *gradi* dell'essere si suppone la presenza di un «aliquid commune» tra Dio, che è l'essere per essenza, e la creatura che di questo essere partecipa. «E se Dio è quest'essere per essenza, egli non è più rigorosamente trascendente, ma è presente, appunto in vari gradi, nelle creature. L'analogia di attribuzione, insomma, comporta diversi rapporti ad un termine unico, il quale funge, più che da causa trascendente, da elemento immanente, cioè da massimo comun divisore, da unità di misura»[57]. Poiché il rapporto analogico di Dio col mondo è fondato sulla causalità divina come partecipazione dell'essere, in ogni ente è presente Dio, in virtù dell'«actus essendi» partecipato; benché non sia principio formale di tutte le cose, tra Dio e creatura sussiste una qualche somiglianza, dato che «causatum [est] *aliqualiter simile* causae»[58]. L'essere di Dio costituisce a motivo della causalità quanto di più intimo vi è nella creatura.

Se l'analogia di attribuzione permette a S. Tommaso di dar ragione delle *somiglianze* tra Dio e mondo, l'analogia di proporzionalità garantisce la *dissomiglianza* tra queste due realtà, affermando un'infinita differenza qualitativa e una distanza infinita di Dio dal mondo. «Da una parte si dà una profonda intimità tra Creatore e creatura sul piano dell'essere, dall'altra rimane sempre una loro insormontabile "differenza ontologica" sul piano della natura»[59]. La relazione di somiglianza tra Dio e mondo non è dunque reciproca e di perfetta analogia: se così fosse, Dio si risolverebbe nel mondo. Questo significa che è il mondo ad essere analogo a Dio e non viceversa. «[È] più esatto dire che la creatura è simile a Dio che viceversa. Si

---

[57] E. BERTI, «L'analogia nella tradizione aristotelico-tomistica», 22.
[58] S. TOMMASO, «De Potentia», q.7, a.7, in R. BUSA (ED.), *Aquinatis Opera Omnia. Indicis Thomistici Supplementum*, vol. 3.
[59] A. MILANO, «Analogia Christi», 53.

dice infatti che una cosa è simile a quella realtà di cui possiede, o una qualità, o la forma. Ora poiché quanto in Dio si trova allo stato perfetto, si riscontra nelle altre cose per una partecipazione imperfetta, la cosa da cui si desume la somiglianza in modo assoluto appartiene a Dio e non alla creatura. Quindi la creatura possiede ciò che a Dio appartiene; perciò è giusto affermare che è simile. Ma non si può dire che Dio possiede ciò che appartiene alla creatura. Perciò non è giusto affermare che Dio è simile alla creatura: come non diciamo che un uomo è simile alla propria immagine, sebbene sia giusto dire che la sua immagine è simile a lui. Molto meno si può poi giustificare l'affermazione che Dio *si assomiglia* alla creatura. Poiché codesto verbo implica un moto verso la somiglianza, e quindi assomigliare spetta alla cosa che riceve da altri l'elemento di somiglianza. Ora, la creatura riceve codesto elemento da Dio, e non viceversa. Perciò non Dio si assomiglia alla creatura, ma viceversa»[60].

Questa dottrina tomista dell'analogia fu assai dibattuta nella tradizione scolastica dei secoli successivi; basta accennare a commentatori come Caetano e Suarez nei secoli XV-XVI, divisi su quale delle due analogie, di attribuzione o di proporzionalità, sia a fondamento della dottrina analogica dell'Aquinate. Il rapporto tra queste due forme di analogie è ancora discussa nei continuatori odierni della dottrina tomistica dell'analogia. La dogmatica cattolica ha formalizzato queste forme di analogia nella famosa definizione del Concilio Lateranense IV (1215) che afferma: *Quia inter creatorem et creaturam non potest similitudo notari, quin inter eos maior sit dissimilitudo notanda* (DS 806). Tra creatore e creatura non può essere notata una somiglianza, senza dover notare tra loro una dissomiglianza maggiore. Ma se Dio non è analogo al mondo, commenta A. Milano, significa che l'essere di Dio non è affatto *analogico*. «Il movimento dell'analogia ha dunque una direzione unica e irreversibile: dal mondo verso Dio, non al contrario, e si svolge lungo la traiettoria di una relazione, per così dire, ascendente dal mondo a Dio, che non corrisponde perfettamente all'altra relazione, quella discendente da Dio al mondo»[61].

---

[60] S. TOMMASO, *Somma contro i Gentili*, Libro Primo, Cap. XXIX, 129.
[61] A. MILANO, «Analogia Christi», 57.

La critica che Jüngel farà alla concezione tomista dell'analogia è motivata appunto dalla necessità di ripensare la *quaestio de analogia* non più a partire dalla visione ontocentrica della grecità classica, ma alla luce della *descensio dei* avvenuta in Gesù Cristo e che la fede cristiana annuncia «come caso unico ma insuperabile dell'affinità ancora maggiore fra Dio e uomo che emerge nella non affinità pur così grande»[62]. Nel discorso evangelico si realizza così la «corrispondenza» tra il movimento *anabatico* (dal mondo a Dio) e quello *catabatico* (da Dio al mondo): questi due momenti della corrispondenza costituiscono il movimento originario dell'analogia. Questa rilettura dell'analogia a partire dalla parola evangelica comporta non solo un'articolazione diversa del trinomio «essere-pensiero-parola», ma anche una diversa comprensione di Dio. Se la dottrina classica dell'analogia era venuta ad affermare che l'essere di Dio non è analogico, la fede cristiana rivela che l'essere di Dio è il mistero di una sempre maggiore donazione di sé in un riferimento trinitario a sé pur così grande (*das Geheimnis einer inmitten noch so großer trinitarischer Selbstbezogenheit immer noch größeren Selbstlosigkeit*)[63].

2. I presupposti della ragione fondativa

L'analisi compiuta sulla questione 13 della *Somma Teologica* ci ha mostrato che non è dato un nome, che possa esprimere l'essere di Dio in quanto tale, poiché ogni nome predicato di Dio esprime solamente il rapporto che le creature hanno con Dio e non l'essenza di Dio. Il mondo dipende totalmente e necessariamente dall'immutabile e dall'indivenibile, in quanto principio e causa dell'essere (*ordo creaturae ad Deum*). Compreso in se stesso, il divenire del mondo sarebbe contraddittorio; questo significa che il mondo dipende necessariamente da Dio. Nel negare questa dipendenza s'incorre perciò in una contraddizione, dato che il mondo non sarebbe senza Dio. Dio è la realtà causante e il mondo la realtà causata; Dio è l'Essere perfettissimo e il mondo è l'essere imperfetto. L'essere del mondo non può

---

[62] E. JÜNGEL, *Dio mistero del mondo*, 376.
[63] ID., «"Meine Theologie" – kurz gefaßt», in ID., *Wertlose Wahrheit*, 6.

darsi senza l'essere di Dio, così come l'imperfezione non è possibile senza la perfezione. Se il mondo non ci può essere senza Dio, significa che Dio è costitutivo dell'essere mondano in quanto suo fondamento. La categoria che esprime in modo adeguato la relazione tra creatura e Dio, è dunque quella di causalità. La tesi che «Dio è necessario» afferma – secondo Jüngel – che il divino appartiene necessariamente al mondo, perché il mondo esista nel suo essere e sia pensato come tale.

2.1. Dio come l'incontraddittorio

Il presupposto onto-teo-logico, su cui è fondata la necessità dell'essere di Dio, è la tesi dell'incontraddittorietà dell'ente. Se qualcosa c'è, ciò non può non essere incontraddittorio. Se fosse contraddittorio, non esisterebbe: se esiste qualcosa, dunque, è incontraddittorio. L'esperienza del divenire attesta, tuttavia, la presenza di essere e di non essere; se l'esperienza mondana fosse tutta la realtà, ossia fosse l'assoluto, essa sarebbe contraddittoria. Poiché qualcosa c'è, ciò che esiste non ha in sé la ragione del suo essere, ma deve averla in un altro: deve dipendere da un altro, deve essere causato. Il mondo non ha in sé la ragione sufficiente del proprio essere, ma in *altro*. «Questo altro è ciò che lo fa passare dalla potenza all'atto, e far passare dalla potenza all'atto si chiama, in termini aristotelici, *muovere*; dunque ogni ente in divenire è *mosso* da un altro, *omne quod movetur ab alio movetur*. Il movente si chiama anche causa *efficiente*, dunque *tutto ciò che diviene è causato*. In questa affermazione consiste il principio metafisico di causalità»[64]. Il principio di causalità può venir chiamato anche principio dell'atto, in quanto la causa prima del divenire deve essere immutabile e dunque atto puro.

In questo senso, Dio non è propriamente causa del sorgere di questo o di quel fenomeno, ma è piuttosto «causa essendi» di ogni fenomeno mondano. La critica moderna al principio di causalità consiste nell'aver confuso il problema *scientifico* della conoscenza delle

---

[64] S. VANNI ROVIGHI, *Elementi*, 68.

singole cause ed effetti, con la domanda *metafisica*, secondo cui tutto ciò che incomincia è causato. Negare la causalità empirica non comporta alcuna contraddizione, mentre lo è se si nega che tutto ciò che diviene non è causato. La necessità di determinare una causa indivenibile non ha nulla a che vedere con l'esigenza di dare un *inizio* ad una serie di cause.

Senza l'esistenza di Dio (*necessità ontologica*), non solo il mondo non *ci* sarebbe, ma esso non sarebbe spiegabile, poiché comprendere il divenire mondano come identità di essere e non essere costituisce una contraddizione (*necessità ermeneutica*). Dio è dunque necessario non solo perché il mondo ci sia, ma perché sia compreso come mondo[65]. L'esistenza di Dio è conosciuta, solo se è evidente la contraddittorietà del mondo: se questa contraddittorietà non è manifesta, non si può dare dimostrazione dell'esistenza di Dio. Tuttavia, la contraddittorietà del mondo non è immediatamente evidente: se lo fosse, il mondo non ci sarebbe. La contraddittorietà del mondo costituisce perciò un'affermazione ipotetica, la cui evidenza è data solo in rapporto alla mediazione razionale. Lo stesso dicasi della contingenza del mondo, che è il risultato di una dimostrazione a partire dal dato immediato[66].

Per affermare che la nostra esperienza è contingente, è necessario dimostrare che essa non è l'assoluto. Solo dall'emergere del negativo all'interno dell'esperienza mondana sorge la richiesta del fondamento, la cui evidenza è acquisita teoreticamente dalla negazione di ciò che di negativo appare nell'esperienza. Se non si desse esperienza del negativo, non ci sarebbe neanche trascendimento dell'immediata fatticità ontica. «Chi vuole andare al fondo delle cose deve chiedere la ragione del loro essere *di fronte alla possibilità del non-essere*»[67].

Nella domanda «perché è qualcosa piuttosto che il nulla?» sono disvelate le due facce del contingente (*positiva e negativa*); da un lato l'attestazione del suo «in-sé» (*non* può non essere) e d'altro lato l'emergere del suo «per-sé» (*può non essere*). Per quanto riguarda la necessità, predicata del contingente, si tratta della necessità *ideale*:

---

[65] Cf E. Jüngel, *Dio mistero del mondo*, 48.

[66] Cf S. Vanni Rovighi, *Elementi*, 93.

[67] E. Jüngel, *Dio mistero del mondo*, 49.

ciò che è così e non altrimenti[68]. Oltre a questo tipo di necessità, che riguarda l'essenza (*id quod*) di qualcosa, vi è anche una necessità *ipotetica*, che riguarda l'essere (*est*) del contingente. Ciò che è, è necessario che sia, quando è (τὸ μὲν οὖν εἶναι τὸ ὄν, ὅταν ᾖ, καὶ τὸ μὴ ὂν μὴ εἶναι ὅταν μὴ ᾖ, ἀνάγκη); e tutto ciò che non è, è necessario che non sia, quando non è. Tanto per la necessità ideale, quanto per quella ipotetica, l'*id quod* e l'*esse* di un ente sono determinati da qualcosa d'*altro*: «tra le cose necessarie, alcune hanno una causa esterna che le rende necessarie, altre invece non l'hanno, ma proprio per causa loro altre cose sono necessariamente quelle che sono»[69].

La relazione ad *altro* è richiesta, affinché quanto di negativo è presente nel dato originario d'esperienza, sia salvaguardato dalla sua *in*fondatezza. Il principio di ragion sufficiente esprime la necessità di dar ragione della possibilità del non-essere insita nel contingente. Quanto di positivo vi è nel dato immediato («l'essere è») e quanto di negativo è dato nella possibilità del non-essere, sono relativizzati, cioè posti in-relazione alla pura positività dell'incontraddittorio («l'essere non può non essere»). In questo modo tanto l'essere che la possibilità del non-essere vengono *negati* nell'orizzonte originario dell'incontraddittorio. Pur rimanendo «in sé» possibile, l'essere diventa necessario «in altro». A questo punto il contingente non significa più la stessa cosa del possibile. «Da questo punto di vista, mentre il possibile, non solo non è necessario in sé, ma neppure è determinato ad essere, il contingente è invece il possibile che può essere necessariamente determinato e perciò può essere necessario»[70]. La ragione del contingente non è nella sua possibilità, ma nella relazione necessaria ad altro. Per il principio di ragion sufficiente è evidente che «deve» esistere questo *altro*, senza di cui il contingente sarebbe contraddittorio, cioè sarebbe e non sarebbe. Di questo *altro* non si dice semplicemente che è necessario, ma che è assolutamente necessario. Tale tipo di *necessità assoluta* viene predicata solamente dell'esistenza di Dio (*esse ex necessitate*).

---

[68] Cf ARISTOTELE, «Primi Analitici», I (A), 10, 30b 32s, 38ss, in *Opere*,vol. I, Roma – Bari 1973; cf ID., «Secondi Analitici», II (B) 11, 94 a 21-27: II (B) 5, 91 b 14-17, in *Opere*, vol. I; ID., «Metafisica», V (Δ), 5, 1015a, 34, in *Opere*, vol. III, Roma-Bari 1973.

[69] ARISTOTELE, «Metafisica», V (Δ), 5, 1015b, 10.

[70] N. ABBAGNANO, «Contingente», in ID., *Dizionario di filosofia*, Torino 1971, 168.

Se nella necessità ideale e ipotetica si fa riferimento ad un altro che spieghi una *determinata* realtà, nella necessità assoluta tutta la realtà è in questione, per cui «non posso fermarmi finché non abbia trovato una realtà che non porti più in sé una contraddizione da sanare, che non abbia bisogno di un altro per essere, ma sia autosufficiente e quindi indivenibile»[71]. L'assolutamente necessario è quella realtà che non ha più bisogno di relazionarsi ad altro, poiché ha in se stesso la ragione della propria esistenza: *Ipsum esse subsistens*.

Nella comprensione del concetto di *necessità assoluta*, Jüngel fa riferimento alle analisi di N. Hartmann. Partendo dalla struttura relazionale della necessità ideale ed ipotetica, Hartmann conclude dicendo che il principio, da cui dipendono tutti gli enti, non può essere necessario, altrimenti dipenderebbe da qualcos'altro: «ora da questa concezione iniziale scaturisce logicamente l'affermazione che l'Assoluto è non-necessario, contingente»[72]. Questa definizione di assoluto contraddice quella data da S. Tommaso dell'*Ipsum esse subsistens*. L'assoluto non può essere contingente, perché in tal modo l'assoluto sarebbe in se stesso contraddittorio: l'assoluto «non potrebbe non essere» e allo stesso tempo «potrebbe non essere». Se il primo ente è casualmente, senza ragioni, significa che la realtà è nel suo fondo irrazionale.

Già nella *Scienza della logica* G. W. F. Hegel era venuto alle medesime conclusioni, pur sostenendo la tesi opposta, cioè che «Dio è necessità assoluta»[73]. Per Hegel, però, l'assolutamente necessario non è altro che accidentalità (*Zufälligkeit*). L'assolutamente necessario *è*, soltanto perché *è*; non ha nessun'altra condizione né ragion d'essere. Pura essenza e puro essere costituiscono, perciò, il necessario nella sua semplice immediatezza. Se la necessità ha una struttura relazionale, è assolutamente necessario colui che è relazionato a se stesso e non dipende da nessun altro che da se stesso. Secondo Jüngel, sia la definizione di Hartmann (*l'assoluto non è necessario*) che l'interpretazione hegeliana della necessità assoluta dischiudono alla teologia una strada nella quale poter superare la tesi che Dio sia necessario.

---

[71] S. Vanni Rovighi, *Elementi*, 132.

[72] Id., «L'ontologia di Nicolai Hartmann», in *RFNS*, 31 (1939), 190.

[73] Cf G. W. F. Hegel, *Scienza della logica*, vol. 2, Roma 1974, 226-231 (= *Wissenschaft der Logik*, Bd. II, Frankfurt am Main 1969).

Il nostro Autore, tuttavia, si distanzia da una semantizzazione del concetto di non-necessità nel senso dell'arbitrario. La tesi di Jüngel che Dio sia «più che necessario» ha lo scopo di precisare il modo di intendere la «non» necessità predicata di Dio. Innanzitutto, questa tesi vuole comprendere, in modo più soddisfacente di quanto faccia la categoria della necessità, il tipo di relazione sussistente tra Dio e mondo. Solo escludendo che il mondo sia necessario per Dio, afferma Jüngel, si evita di identificare la domanda su Dio con quella dell'essere di un essente oppure dell'essere dell'essente come tale[74]. Sono riprese in tal senso le critiche mosse da Heidegger alla costituzione onto-teo-logica della metafisica. L'essere come fondamento ha bisogno, «sulla base di ciò che esso giustifica fondando, della giustificazione fondante ad esso adeguata, ossia di un processo che conduca ad una causa che sia la causa più originaria [*d.h. der Verursachung durch die ursprünglichste Sache*]. Tale causa è causa [*Ursache*] in quanto *causa sui*. Tale è il nome che si addice al dio della filosofia»[75].

Possiamo chiederci: non viene in questo modo di nuovo fraintesa la causalità metafisica con la causalità di tipo scientifico, nel momento in cui ci si interroga su una causa fondante la causa prima? Non si finisce per rendere contraddittorio il fondamento, volendolo ulteriormente fondare? Piuttosto che omettere la causalità metafisica, tale domanda sul fondamento ha la funzione di far emergere la differenza ontologica tra l'essere e l'essente, che la metafisica ha obliato, comprendendo l'essere dell'essente come *fondamento* e l'essente supremo (*summum ens*) come *fondante*: causa prima del divenire. Dio è causa prima, poiché è *l'*incontraddittorio che risolve la contraddizione del divenire. Dunque possiamo dire che, se Dio non fosse l'incontraddittorio, il divenire non sarebbe spiegato; se l'incontraddittorio non esistesse, il mondo non ci sarebbe.

---

[74] Cf E. JÜNGEL, *Dio mistero del mondo*, 52.
[75] M. HEIDEGGER, «La costituzione onto-teo-logica della metafisica», in ID., *Identità e differenza*, in *Aut-Aut*, 187-188 (1982), 35 (= «Die onto-theo-logische Verfassung der Metaphysik», in ID., *Identität und Differenz*, Pfullingen 1986⁸).

La ragione per cui Dio è causa prima del divenire si fonda quindi sull'essere incontraddittorio[76]. Poiché l'essenza di Dio coincide con quello dell'essere incontraddittorio, Dio esiste necessariamente: se non esistesse necessariamente, il divenire sarebbe contraddittorio. La ragione sufficiente, perché Dio necessariamente esista, è la sua essenza. «È dunque impossibile che in Dio l'esistere sia qualche cosa di diverso dalla sua essenza»[77]. Se Dio esiste necessariamente in virtù della sua essenza, benché l'essenza di Dio non costituisca causa *efficiente*, tuttavia ha funzione di «quasi-causa formale» della sua esistenza[78]. Heidegger affermerà di conseguenza che «dio» entra nel pensiero metafisico attraverso il principio di causalità (*Ur-Sache*).

La determinazione del fondamento nel senso della causalità metafisica porterà nell'età moderna a intendere Dio in termini di *ratio sui* o di *causa sui* (Cartesio, Spinoza, Leibniz e Hegel)[79]. «Per questo tutta la metafisica è innanzitutto sulla base del suo stesso fondamento il fondare [*Gründen*] che rende conto del fondamento,

---

[76] Nella questione che S.Tommaso dedica alla potenza divina risulta evidente come l'incontraddittorio fonda l'essere divino (*STh*, I, q.25, a.3). La potenza divina si fonda (*fundatur*) sull'essere divino, che è infinito, ma limitato solo a tutto ciò che può avere ragione di ente: solo l'incontraddittorio è assolutamente possibile. Così, tutto ciò che non implica contraddizione, è contenuto tra quei possibili rispetto ai quali Dio si dice onnipotente; tutto quello, invece, che implica contraddizione, non rientra sotto la divina onnipotenza, perché non può avere la natura di cosa possibile.

[77] *STh*, I, q.3, a.4.

[78] Cf S. BRETON, «Sur la *causa sui*», in *RSPT*, 70 (1986), 358.

[79] L'espressione paradossale *causa sui* trova la sua prima comparsa terminologica in greco nella sesta *Enneade* di Plotino (αἴτιον ἑαυτοῦ). Plotino sottolinea con questa definizione l'assoluta libertà di Dio. Anche Aristotele aveva affermato che solo colui che è causa di se stesso è veramente libero (cf ARISTOTELE, «Metafisica», I (A), 2, 982b, 25). In Plotino l'espressione caratterizza l'Uno, in quanto pone e crea se medesimo. La libertà dell'Uno, con cui decide della propria natura, è la causa diretta della necessaria creazione. S. Tommaso riprende la definizione di Aristotele: *liberum est quod sui causa est* (cf *STh*, I, q.83, a.1). Non troviamo, tuttavia in S. Tommaso, alcuna allusione ad un'autoposizione di Dio. La ragione per cui il dottore Angelico non applica direttamente a Dio, considerato in se stesso, il termine *causa*, è perché questo termine implica una *dipendenza* che è impredicabile dell'essere divino. La definizione di Dio come *causa sui* è tipico, invece, dell'età moderna; con tale termine si vuole sottolineare la potenza dell'autodeterminazione. Spinoza definisce la *causa sui* «ciò la cui essenza implica l'esistenza o ciò la cui natura non può essere concepita se non esistente». Hegel riprenderà questa definizione spinoziana (cf N. ABBAGNANO, «Causa sui», in ID., *Dizionario di filosofia*, 123).

che è responsabile di fronte al fondamento e che infine chiede che il fondamento si giustifichi»[80].

Se alla base di ogni dimostrazione dell'esistenza di Dio come Ente assolutamente necessario vi è l'evidenza originaria della non-contraddittorietà del reale, vuol dire che tra esperienza della realtà e principio dimostrativo, tra il logico e l'ontologico, sussiste una circolarità. «È il p.d.n.c. [= *principio di non contraddizione*] che fonda il p.d.n.c. ontologico [...]»[81]. I confini dell'incontraddittorio, e quindi del razionale, sono gli stessi confini del reale. La critica di Jüngel alla tesi tradizionale «Dio è necessario» mette in questione proprio questa circolarità fondazionale della metafisica. La necessità di una dimostrazione del contingente testimonia, secondo il nostro Autore, che lo sbaglio della metafisica è di aver fatto coincidere le leggi del pensiero logico con quelle dell'essere, così afferma Parmenide: «τὸ γὰρ αὐτὸ νοεῖν ἐστιν τε καὶ εἶναι». In tal modo, però, il sapere non si espone al movimento dell'Essere, ma lo cancella attraverso il circolo vizioso del pensiero[82].

2.2. Il *cogito* come l'incontraddittorio

La priorità del pensiero logico sull'essere appare evidente nell'età moderna con la scoperta cartesiana dell'*inconcussum fundamentum veritatis*: «cogito ergo sum». Piuttosto che affidarsi ad una realtà oggettivamente ordinata, l'uomo moderno pone se stesso come punto prospettico, intorno al quale riorganizzare la totalità dell'essen-

---

[80] M. HEIDEGGER, «La costituzione onto-teo-logica della metafisica», in ID., *Identità e differenza*, 27. Così commenta J-L. Marion questo esito dell'onto-teo-logia. «Dio, dovendo essere, dovrebbe rendere ragione di se stesso davanti al tribunale della filosofia, dovrebbe rendere conto del suo essere alle condizioni di possibilità dell'essere degli enti. Ma può Dio sottomettersi a una condizione di possibilità? Che sia senza causa, o per sé, o causa di sé, cosa importa, se il fatto stesso di dover essere, costituisce una prima condizione di possibilità che, dal punto di vista della teoria, lo condiziona. Se Dio non debba essere altro che essere, si trova sottomesso al principio di ragione, dunque maledetto come incondizionato» (J-L. MARION, «Au-delà de l'onto-théologie...», in *L'être et Dieu*, Paris 1986, 125).

[81] G. BONTADINI, «Per una teoria del fondamento», in ID., *Metafisica e deellenizzazione*, Milano 1975, 10.

[82] Cf E. JÜNGEL, «Die Welt als Möglichkeit und Wirklichkeit», 208.

te e fondare la plausibilità di Dio[83]. Al paragrafo 9 di *Dio mistero del mondo*, Jüngel compie interessanti analisi sulle gravi conseguenze che ha avuto il *cogito* cartesiano per la comprensione della fede cristiana. Con Cartesio inizia, infatti, la riduzione del rapporto con Dio ad autofondazione dell'uomo, il che avrà nella critica di Feuerbach alla religione il suo compimento.

Mentre nella metafisica classica la contingenza del mondo è il risultato di una dimostrazione a partire dall'incontraddittorio, per la metafisica cartesiana l'evidenza originaria è data dalla contingenza stessa del *cogito*. Nell'epoca moderna l'uomo esperisce la contingenza non più sullo sfondo dell'essere necessario, ma nella contrapposizione a se stesso. «L'esperienza della caducità si instaura da sé, indipendentemente da qualsiasi contrasto con la non-caducità di un essere infinito»[84]. La *caducità*, esperita a livello gnoseologico come dubbio, è il dato immediato del *cogito*: attraverso la negazione del dubitare il pensiero giunge alla certezza della continuità della propria esistenza. In questo modo il pensiero può costituire se stesso come punto zero, da cui si costituisce e si progetta un mondo *per la coscienza*. Il movimento fondazionale è quindi dalla contingenza (*cogito dubitans*) all'incontrovertibilità del *cogito* (*inconcussum fundamentum*). «L'"io" si procura la propria non-caducità attraverso la distruzione della propria caducità. La caducità viene esperita nella contrapposizione dell'"io" a se stesso»[85].

In questo movimento fondazionale del *cogito* assume un ruolo decisivo l'idea di Dio. Se l'uomo riconosce con chiarezza e distinzione il suo essere manchevole, limitato e imperfetto, ciò è dovuto alla presenza originaria, in modo più o meno esplicito, dell'idea di un essere infinito, eterno, immutabile e indipendente. Per Cartesio, l'idea dell'infinito non è una formazione secondaria del nostro pensiero, ottenuta «solo per mezzo della negazione di ciò che è finito»[86]. L'idea di Dio, che possiede «tutte quelle alte perfezioni, di cui il nostro spirito può bene avere qualche idea, senza pertanto comprenderle tutte;

---

[83] Cf Id., *Dio mistero del mondo*, 29.
[84] *Ib.*, 246.
[85] *Ib.*, 247.
[86] R. Descartes, *Meditazioni metafisiche*, Bari 1982, 57 (Descartes, «Meditations de philosophia prima», in *Oeuvres de Descartes*, Paris 1973).

e che non è soggetto a niun difetto; che non ha nessuna di quelle cose che indicano qualche imperfezione», è *originaria*[87]. Cartesio rovescia così il rapporto tra finito ed infinito: è piuttosto il concetto di finito che deriva da una negazione, una limitazione del concetto di infinito e non viceversa. La certezza del *cogito* presuppone già l'idea d'infinito. Sia W. Pannenberg che E. Lévinas hanno fatto notare che a causa di questo rovesciamento, Cartesio deve essere interpretato in modo meno soggettivistico di quanto sostenga l'opinione corrente (Jüngel compreso), che se ne ha nell'ambito della storia della filosofia[88].

Jüngel si chiede, però, se questa priorità dell'idea di Dio debba essere predicata dell'essere di Dio o dell'idea di Dio. Nella *Prima dimostrazione dell'esistenza di Dio*, Cartesio tematizza la perfezione di Dio a partire dal dubbio. «[Perché] vedevo chiaramente che era una più gran perfezione conoscere che dubitare, mi proposi di cercare donde avessi imparato a pensare a qualche cosa di più perfetto che io non fossi, e conobbi con evidenza che doveva essere da qualche natura che fosse in realtà più perfetta [...] di quel ch'io non fossi e che anzi avesse in sé tutte le perfezioni delle quali potevo avere qualche idea, vale a dire, per spiegarmi in una parola, che fosse Dio»[89]. Dio è pensato in primo luogo non come *ens perfectissimum*, ma solo come quell'essere *più perfetto* paragonato all'uomo. La realtà di Dio diventa evidente all'interno di un *orizzonte di comparazione*, dischiuso dal *cogito*. In questo orizzonte Dio e uomo vengono confrontati l'uno con l'altro. «Dio non può rinunciare a nessuna perfezione e deve rinunciare ad ogni manchevolezza. *A Dio deve mancare la mancanza*»[90]. Avviene anche in Cartesio quanto è avvenuto per la metafisica classica: dell'essere di Dio non deve essere predicato nulla di ciò che rende imperfetto, diveniente, passibile e debole l'essere finito, altrimenti l'essere di Dio sarebbe contraddittorio[91].

---

[87] Cf *Ib*, 63.
[88] Cf W. PANNENBERG, *Metafisica e idea di Dio*, 29; E. LÉVINAS, *De Dieu qui vient à l'idée*, Paris 1982, 104-115.
[89] CARTESIO, *Discorso sul metodo*, 70s (= DESCARTES, «Discours de la Méthode», in *Oeuvres de Descartes*).
[90] E. JÜNGEL, *Dio mistero del mondo*, 165.
[91] Cf *Ib*.

Dall'originarietà e precedenza dell'infinito rispetto al finito non ne segue necessariamente che l'infinito debba essere paragonato con il finito. La necessità di questa comparazione (cf *analogia*) è data solamente nel caso in cui infinito e finito vengano compresi a partire da un'unità onnicomprensiva. A differenza della metafisica classica, questa identità ontologica non è più quella dell'*essere* incontraddittorio, ma è l'orizzonte trascendentale del *cogito*. In quanto *idea*, l'idea di Dio rimane pur sempre un *modus cogitationis*, cioè dipendente dalla *res cogitans* e in definitiva dal *cogito sum*. L'imperfetto *cogito* rinvia necessariamente all'idea dell'essere perfetto, così come l'infinito precede il finito. Il *cogito* non può darsi senza l'idea di Dio, così come l'imperfezione non è possibile senza la perfezione. Se il *cogito* non può avere un'idea chiara e distinta di sé senza averla originariamente di Dio, significa che l'infinito è costitutivo del finito quale suo fondamento. Dio deve appartenere necessariamente al pensiero, perché il pensiero sia. «Perché come potrei conoscere che dubito e che desidero, cioè che mi manca qualche cosa, e che non sono del tutto perfetto, se non avessi in me nessuna idea di un essere più perfetto del mio, dal cui paragone riconoscere i difetti della mia natura?»[92].

Anche se Cartesio afferma che la nozione dell'infinito non deriva dalla negazione del finito, resta pur vero che l'idea di Dio è necessaria perché il *cogito* sia *inconcussum fundamentum veritatis*. «[La] perfezione di Dio viene tematizzata solo perché l'uomo non è del tutto perfetto e perciò ha bisogno di qualcosa di più perfetto al di sopra di lui»[93]. Quando Jüngel parla di «bisogno», non si tratta di bisogno psicologico, ma di quella mancanza ontologica, che esprime la tensione ad una pienezza che al *cogito* ancora manca. L'uomo è alla ricerca di un *proprium*, di un «in sé» ancora mancante: all'interno di questa povertà ontologica dell'*io* si fa evidente l'idea di Dio. «[Allora] paradossalmente l'idea del Dio *perfetto* è dipendente dal postulato di una realtà meno perfetta – appunto dalla autocomprensione dell'uomo»[94]. All'obiezione che la nozione di infinito non sia positiva, ma soltanto un concetto derivato dalla negazione del finito, Car-

---

[92] R. DESCARTES, *Meditazioni metafisiche*, 57.
[93] E. JÜNGEL, *Dio mistero del mondo*, 164.
[94] *Ib.*

tesio risponde rovesciando i termini stessi dell'obiezione: è piuttosto il concetto di finito che deriva da una negazione, una limitazione del concetto di infinito. Jüngel risponde a questa operazione di ribaltamento, con un ulteriore rovesciamento, facendo notare che è piuttosto il *cogito me cogitare*, il fondamento incontrovertibile, in base al quale Dio diventa pensabile.

Ne è prova il fatto che anche il concetto di Dio come essere perfettissimo (*deus optimus*) viene sottoposto al dubbio metodico. Nella prima delle sue meditazioni filosofiche, infatti, Cartesio prende in considerazione la possibilità che Dio possa ingannare l'uomo. È questa l'ipotesi del *deus deceptor*. Con questa ipotesi l'uomo estende ad ogni conoscenza il suo dubbio metodico, tanto da metter in dubbio la stessa *divinità* e *bontà* di Dio[95]. Il *deus deceptor* è il sosia divino creato dall'uomo, perché il dubbio diventi radicale[96]. Con l'ipotesi del genio maligno l'uomo radicalizza la negatività costitutiva della sua identità antropologica. Questo dubbio, la cui funzione differisce da quella del *Discorso sul metodo* in quanto si tratta di un dubbio *radicale*, è superato di nuovo attraverso l'evidenza che il *cogito* ha dell'essere perfetto: «bisogna necessariamente concludere che, per il solo fatto che io esisto, e che l'idea di un essere sovranamente perfetto (cioè di Dio) è in me, l'esistenza di Dio è evidentissimamente dimostrata»[97]. Ricapitolando: attraverso l'ipotesi del genio maligno e la sua negazione con l'affermazione della perfezione di Dio, il cogito assicura la propria identità.

A questo punto Jüngel si chiede se l'evidenza di Dio non venga relativizzata dal movimento fondativo del *cogito ergo sum*, cosicché l'assoluta indipendenza di Dio finisce per dipendere dall'uomo. «Il

---

[95] «Il ricorso alla possibilità di un Dio ingannatore (che si trova già nel nominalismo tardomedioevale) è mostruoso sia nell'ambito del giudizio metafisico che nell'orizzonte di quello teologico. Esso deve essere compreso per quello che è. Ed esso non è nulla di meno che la messa in dubbio dell'essenza di Dio, la messa in discussione della divinità di Dio. Infatti un "deus deceptor" non è un Dio, bensì il contrario dell'"optimus deus" che solo merita di chiamarsi Dio perché è il superlativo, la massima forma del bene. Il *deus deceptor* nel linguaggio gnoseologico è un *genius malignus*, nel linguaggio della fede – *il demonio*» (*Ib.*, 159).

[96] «Il Dio messo in dubbio come *genius malignus* è fondamentalmente l'uomo che pone da sé la sua volontà di dubitare come volontà di autoinganno metodico, che è quindi nuovamente distruggibile» (*Ib.*, 161).

[97] CARTESIO, *Meditazioni metafisiche*, III, 37.

Dio sottratto al dubbio mediante il dubbio, diverrebbe la cosa più dubbia di tutte. L'ente necessario (*ens necessarium*) diverrebbe superfluo»[98]. Jüngel individua l'aporia dell'argomento cartesiano nella distinzione tra *essenza* ed *esistenza* di Dio. L'essenza di Dio è definita come «substantia infinita, independens, summe intelligens, summe potens», ma la condizione perché Dio emerga nella sua evidenza, è il *cogito*: Dio si dimostra esistente solo nella misura in cui è *presente alla coscienza*. «Questa è d'altra parte una contraddizione che divide l'essere di Dio in una somma essenza sopra di me e nella sua esistenza per mio tramite presso di me»[99]. Se l'evidenza dell'esistenza di Dio *dipende* dalla dimostrazione del *cogito*, come può l'essenza di Dio essere definita *indipendente*?

Se distinguiamo l'ordine della conoscenza dall'ordine dell'essere non sussiste contraddizione tra l'esistenza e l'essenza di Dio. L'esistenza di Dio dipende dall'uomo solo nell'ordine della conoscenza: nell'ordine dell'essere l'esistenza rimane indipendente. In questo modo l'obiezione di Jüngel cadrebbe. Tuttavia, in Cartesio tra ordine della conoscenza e ordine dell'essere c'è identità; infatti, l'argomento ontologico trova appunto in questa identità tra i due ordini la ragione per affermare l'evidenza immediata dell'esistenza di Dio. Teniamo presente che l'idea di Dio ha una priorità non solo sul piano ontologico (Dio come essere perfetto), ma anche gnoseologico: l'idea di Dio non è né avventizia, né fattizia, ma innata. Questa idea deriva da Dio, come deriva da Dio l'essere del *cogito*[100]. Sebbene l'idea di Dio provenga da Dio, essa viene rappresentata dal soggetto. Dio esiste, poiché nel soggetto c'è l'idea di un essere sovranamente perfetto. Secondo la propria essenza Dio è l'essere necessario per se stesso: senza l'essere *fondante*, il *cogito* non sarebbe *fondato*. Tuttavia, la condizione di possibilità perché si dia un fondante e un fondato è da-

---

[98] E. JÜNGEL, *Dio mistero del mondo*, 166.

[99] *Ib.*, 169.

[100] La forza dell'argomento ontologico di Cartesio consiste in ciò: «che io riconosco che non sarebbe possibile che la mia natura fosse tale qual è, cioè che avessi in me l'idea di un Dio, se Dio non esistesse veramente; quello stesso Dio, dico, l'idea del quale è in me: che possiede cioè tutte quelle alte perfezioni, di cui il nostro spirito può bene avere qualche idea, senza pertanto comprenderle tutte; e che non è soggetto a niun difetto; che non ha nessuna di quelle cose che indicano imperfezione» (R. DESCARTES, *Meditazioni metafisiche*, 63).

to dal soggetto: *inconcussum fundamentum*. Risulta che Dio, in quanto fondante, è fondato dal *cogito*. Questa caratterizzazione contraddittoria di Dio non era emersa nella metafisica classica, poiché l'incontrovertibilità dell'incontraddittorio, che costituisce quel fondare che rende conto del fondante, non era stato identificato ancora con il *cogito*, ma con Dio.

3. La relazione tra Dio e mondo

La tesi «Dio è necessario» esprime la dinamica della *ragione fondativa*, caratterizzata dal principio di causalità e di ragion sufficiente. In base a questo tipo di razionalità, «Dio», «mondo» oppure «cogito» sono pensati come termini di relazione a partire da un'unità ontologica che precede i termini, determinandoli nella loro identità. Dio è la realtà causante e il mondo è la realtà causata. Dio è l'Essere perfettissimo e il mondo è l'essere imperfetto. Dio e mondo sono due realtà pensate l'una accanto all'altra e poi successivamente confrontate, cosicché «la distinzione di Dio e mondo non sarebbe altro che la distinzione *di due mondi*»[101]. Se il mondo è colto *necessariamente* in relazione a Dio, ne segue che il mondo senza Dio non solo non esiste, ma nemmeno può essere pensato come mondo senza contraddizione. L'essere del mondo non può darsi senza l'essere di Dio, così come l'imperfezione non è possibile senza la perfezione e il finito senza l'infinito. Se il mondo non ci può essere senza Dio, significa che l'essere di Dio è costitutivo dell'essere mondano quale suo fondamento. Dio deve appartenere necessariamente al mondo, perché il mondo sia. Ciò porta, però, a non distinguere più Dio dal mondo. Tra i due non si avverte più l'intrinseca ed originaria differenza.

Certamente la categoria di causalità garantisce la differenza tra *Dio* e *mondo*, in quanto essa esprime una relazione non mutua[102]. «Dio è al di fuori di tutto l'ordine creato, e tutte le creature dicono ordine a lui e non inversamente. [...] è evidente che le creature dico-

---

[101] E. JÜNGEL, «Die Welt als Möglichkeit und Wirklichkeit», 222.

[102] Per S. Tommaso la relazione causale (*causa efficiente*) è transitiva, simmetrica, e irriflessa (cf A. P. MARTINICH, «Causa sui», in H. BURKHARDT – B. SMITH, *Handbook of Metaphysics and Ontology*, vol. 1, München 1991, 136).

no rapporto reale a Dio; ma in Dio non vi è una sua relazione reale verso le creature; vi è solo una relazione di ragione, in quanto le cose dicono ordine a lui»[103]. Questo tipo di relazione non mutua è chiamata dalla scolastica *relatio non ex aequo*. Se nella *relatio ex aequo* vi è relazione reale in entrambi i membri (cf relazione tra padre e figlio), nella *relatio non ex aequo* la relazione reale è presente solamente in uno dei due termini di relazione (cf conoscente e conosciuto). Nel rapporto di causalità la relazione è reale nel causato, ma non nella causa; così come è reale il rapporto fra conoscente e conosciuto, ma non è reale quello fra conosciuto e conoscente.

La relazione fra Dio e creatura non è una relazione reale da parte di Dio, ma solo una relazione ideale, mentre è reale la relazione tra la creatura e Dio. «Infatti, una relazione è reale quando, per il fatto di essere in relazione, il soggetto ha in sé un aspetto, una determinazione reale, che non avrebbe se non ci fosse quella relazione»[104]. Se di Dio si predicasse una relazione *reale* con il mondo, per il fatto di essere creatore, Dio avrebbe una determinazione nuova: ma in questo modo Dio non sarebbe Atto puro, poiché l'atto di creazione farebbe passare Dio dalla potenza all'atto. «La creazione non pone dunque nulla di più in Dio; il che è quanto dire che la relazione fra Dio e la creatura non è una relazione reale, ma solo una relazione ideale, noi, pensando Dio creatore, aggiungiamo qualche cosa di nuovo al nostro *concetto* di Dio, ma all'essenza di Dio nulla si aggiunge per il fatto che sorga una creatura, Dio è pienamente autosufficiente anche senza la creatura»[105].

Anche per la comprensione del mistero dell'incarnazione, S. Tommaso assume lo schema della *relatio non ex aequo*. L'evento dell'incarnazione non è un'unione reale in Dio, ma solo secondo il nostro modo di pensare. In Dio non c'è alcun mutamento: «ogni relazione che sorge tra Dio e una creatura è reale nella creatura, perché nasce da un cambiamento della creatura, in Dio invece non ha entità reale ma solo di ragione, perché non deriva da un cambiamento di Dio. Perciò l'unione di cui parliamo non si trova in Dio realmente ma solo concettualmente; al contrario nella natura umana, che è una

---

[103] *STh*, I, q.13, a.7.
[104] S. VANNI ROVIGHI, *Elementi*, 175.
[105] *Ib.*

creatura, si trova realmente. Quindi è necessario che essa [= *l'unione ipostatica*] sia qualcosa di creato»[106]. «Ita nec *fieri* nec *factum esse* dicitur de Deo»[107]. Creazione e incarnazione sono dunque eventi che determinano realmente *la creatura*, ma non Dio; pensando che Dio sia creatore o incarnato, aggiungiamo qualche cosa di nuovo al nostro concetto (*quoad nos*), ma all'essenza di Dio non si aggiunge nulla. Se così fosse, si negherebbe di Dio l'immutabilità e la pura attualità; avremmo pensato così Dio in modo contraddittorio. Per evitare di cadere in questa contraddizione e per salvaguardare la trascendenza e la libertà di Dio, è necessario concepire Dio fuori dal mondo[108].

4. La conoscenza di Dio nella teologia negativa

La predicazione di una *relatio non ex aequo* tra Dio e mondo ha delle conseguenze determinanti per la *quaestio de analogia*. Nel trattato *Circa i nomi divini* Dionigi Areopagita afferma che alla causa universale e trascendente ogni cosa «si addice *tanto* la mancanza d'ogni nome, *quanto* tutti i nomi degli enti»[109]. Dio «è qualche cosa

---

[106] *STh*, III, q.2, a.7.

[107] *STh*, I, q.13, a.7, ad secundum.

[108] Cf W. BRUGGER, *Summe einer philosophischen Gotteslehre*, München 1979, 333. Della relazione di Dio con il mondo non si può dire innanzitutto che sia *predicamentale*; infatti in questo caso la semplicità e l'immutabilità di Dio verrebbero meno. Si predicherebbe una relazione accidentale in Dio: Dio diventerebbe ciò che prima non era. Ancor più non si può predicare di Dio una relazione trascendentale; in questo caso la relazione di Dio col mondo sarebbe necessaria per definire l'essere di Dio, compromettendo la trascendenza e la libertà di Dio. A. BRUNNER cerca di mediare tra la relazione trascendentale e quella accidentale, affermando che è Dio colui che pone la relazione, per cui Dio non rischia di diventar dipendente dal mondo (cf A. BRUNNER, *Der Stufenbau der Welt*. Ontologische Untersuchungen, München 1950, 178). Secondo W. Brugger, tuttavia, anche in questo caso Dio sarebbe dipendente dal mondo come da una sua condizione necessaria; sebbene Dio ponga liberamente il mondo, l'essere di questa relazione sarebbe sempre aggiunta a Dio, per cui il suo essere sarebbe sempre condizionato da qualcosa fuori da Dio; e questo – dice W. Brugger – è impossibile. Infatti si inserirebbe di nuovo potenzialità e contingenza in Dio, venendo a contraddire l'assioma di Dio come infinito e incondizionato, assolutamente indipendente da tutto ciò che non è Dio. Dunque se ogni relazione reale di Dio verso il mondo, per essere *libera*, costituisce sempre un di più e quindi un accidente, aggiunto all'essere di Dio, ne segue che è possibile predicare di Dio solamente una *relatio rationis tantum*.

[109] DIONIGI AREOPAGITA, «Circa i divini nomi», in *Opere*, Padova 1956, 203.

di ciò che non è; come pure nulla di ciò che è»; per questo dell'essere divino non si può né affermare e né negare qualcosa. La causa di tutto è trascendente ogni affermazione, «tutta perfetta e compresa nell'Uno; come pure trascendente ogni negazione, la trascendenza di Colui che assolutamente è separato e che il tutto trascende»[110]. A questo punto sorge inevitabilmente la domanda: «quomodo de Deo aliquid dici potest?». Per rispondere a questa domanda è fondamentale conoscere quali siano i presupposti ontologici che rendono possibile il discorso teologico. La tesi che «Dio è necessario» e la definizione dell'essere di Dio «extra totum ordinem creaturae» esprimono a livello ontologico l'orizzonte ermeneutico, in cui S. Tommaso ha affermato l'assioma dell'inconoscibilità di Dio. La nostra conoscenza di Dio cresce quanto più neghiamo imperfezioni a Dio e quanto più comprendiamo che non possiamo attribuire a Dio il nostro modo finito e creaturale di essere e di pensare. «Quidquid recipitur, secundum modum recipientis recipitur»[111]. Se il linguaggio è essenzialmente umano e mondano, significa che è impossibile *a priori* ogni discorso su Dio. «Ma se si può parlare di Dio solo *secundum modum recipientis hominis*, di Dio come Dio si può propriamente solo tacere. Ciò che si può tuttavia dire di lui è fondamentalmente solo un tacere che si precisa parlando. Il Dio in ultima analisi inesprimibile non si può raggiungere con il linguaggio. Parlare di lui può allora avere solo il senso di operare con l'aiuto del linguaggio qualcosa come un autoannullamento dell'improprietà del discorso umano su Dio e di raggiungere Dio stesso almeno tacendo»[112]. Per questo la nostra conoscenza di Dio è appropriata, nel momento in cui Dio viene definito per quello che *non è*, piuttosto che per quello che è: «de Deo scire non possumus quid sit, sed quid non sit»[113].

Giovanni Damasceno è il rappresentante principale della tesi dell'indicibilità e dell'incomprensibilità di Dio. Più che dalla Sacra Scrittura, ricorda Jüngel, la tesi dell'indicibiltà di Dio si fonda sull'asserto *platonico*: «Ἄρρητον ...τὸ Θεῖον καὶ ἀκατάληπτον indicibile è il divino, e incomprensibile». Con «τὸ θεῖον» è indicato

---

[110] ID., «Teologia mistica», in *Opere*, 313.
[111] Cf *STh*, I, q.75, a.5; q. 76, a.2; q.79, a.6.
[112] E. JÜNGEL, *Dio mistero del mondo*, 333.
[113] *STh*, I, q.3.

semplicemente l'*Oltre*, l'*Aldilà*: per attingere il divino è necessario oltrepassare ogni superlativo (ἐπέκεινα τῆς οὐσίας)[114]. Poiché Dio eccede ogni pensiero, ogni parola ed ogni nome, non possiamo conoscere l'essenza di Dio, se non attraverso un processo di negazioni[115]. «Il discorso su Dio potrebbe dire propriamente solo cosa Dio *non è*: *deus definiri nequit*»[116].

Per precisare che cosa di Dio non è possibile conoscere, la teologia negativa distingue «fra l'esistenza ovvia di Dio e la sua essenza, niente affatto ovvia bensì del tutto sconosciuta»[117]. Si afferma dunque *che* qualcosa c'è (*x*), ma non si sa *che cosa* (*x* = *?*): Dio non sarebbe altro che questo stesso punto interrogativo (?). Quando predichiamo di Dio il verbo *essere*, dice S.Tommaso, indichiamo il suo atto di essere, cioè l'esistenza. Tuttavia non sappiamo in che cosa consista l'esistenza di Dio, dato che l'essenza di Dio non è conosciuta[118]. «La teologia positiva di Tommaso è piuttosto come un cieco che indica e esprime giudizi veri su di una realtà che non può di fatto vedere»[119]. Si potrebbe applicare alla teologia negativa quanto Kant afferma della metafisica, la quale è stata finora «un semplice andar a tentoni e, quel che è peggio, tra semplici concetti»[120]. A questo cieco *brancolare* nel vuoto della ragione metafisica, fa eco quanto Lutero dice della teologia naturale, la quale ha giocato a mosca cieca, indicando «Dio ciò che non è Dio, e di nuovo non Dio ciò che è Dio»[121]. La distinzione tra «ciò che Dio *è*» e «ciò che Dio *non è*» è compiuta dalla ragione nel momento in cui «Dio» viene identificato con l'incontraddittorio ontologico: «Hic autem non est procedere in infinitum [...] ergo necesse est devenire ad aliquod primum movens, quod in nullo moveatur; et hoc omnes intelligunt Deum»[122].

Poiché Dio è l'incontraddittorio, dobbiamo negare in Lui qualsiasi tipo di potenza e di composizione: «in Dio tutto è sostanziale,

---

[114] Platone, «Repubblica», VI, 509b, in *Opere complete*, vol. 6, Roma – Bari 1982.

[115] Cf *STh*, I, q.13, a.3.

[116] E. Jüngel, *Dio mistero del mondo*, 303.

[117] *Ib.*, 310.

[118] Cf *STh*, I, q.3, a.4.

[119] G. P. Rocca, «Aquinas on God-talk: hovering over the abyss», in *TS*, 54 (1993), 658.

[120] I. Kant, *Critica della ragion pura. Prefazione alla seconda edizione*, 19.

[121] M. Luther, «Der Prophet Jona ausgelegt», 1526, in *WA* 19, 207, 3-13.

[122] *STh*, I, q.2, art.3.

tutto si identifica con ciò che egli è. A rigori non si può quindi dire che Dio *ha* una perfezione o una attività, ma si deve dire che *è* le sue perfezioni e le sue attività; ogni perfezione, ogni attributo divino, ogni attività di Dio si identifica con la sostanza divina, è Dio stesso»[123]. Se Dio deve essere l'essenza perfetta per eccellenza, di Dio si potrebbe parlare solo servendosi di una tautologia: «Dio è Dio. Al di là di questa tautologia non si potrebbe continuare a parlare dell'essenza più semplice in assoluto, il nostro modo d'esprimerci di fronte a Dio sarebbe costretto al fallimento»[124]. Il linguaggio umano non può fare a meno di differenziare e perciò pronunciare parecchie parole, cosicché anche per parlare di Dio è essenziale per la lingua postulare una parola dopo l'altra. Questa molteplicità di parole implicherebbe, però, che Dio sia composto e differenziato. «Invece un'essenza semplice in assoluto è – per parte sua e analogamente come per l'individuo – propriamente impronunciabile: *est ineffabile*. L'assoluta semplicità di Dio dovrebbe insomma portare l'uomo al silenzio»[125]. Questo è il silenzio, a cui giunge la teologia negativa, e ciò è dato dal fatto che la ragione ha identificato l'incontraddittorio con Dio stesso. In questo modo, il discorso teologico diventa improprio, quando fa uso del linguaggio antropomorfo, e ancor più assurdo, nel momento in cui afferma che Dio abbia assunto forma umana. Per Spinoza, tale linguaggio non è «meno assurdo di chi mi dicesse che il cerchio ha rivestito la natura del quadrato»[126].

In un saggio dedicato al rapporto tra teologia e filosofia nel pensiero di M. Heidegger, Jüngel mette in luce le parentele tra la tesi di Heidegger sul silenzio corrispondente a Dio e quanto afferma S. Tommaso, e in particolare Erich Przywara, «teologo eminentemente cattolico, il cui pensiero fondamentale consiste proprio nella "reductio in mysterium"»[127]. Secondo la teologia negativa, il linguaggio umano, proprio perché umano, non è capace di parlare adeguatamen-

---

[123] S. VANNI ROVIGHI, *Elementi*, 160.

[124] E. JÜNGEL, «La pazienza di Dio – Pazienza dell'amore», in E. JÜNGEL – K. RAHNER, *La pazienza di Dio e dell'uomo*, Brescia 1985, 15 (= «Gottes Geduld – Geduld der Liebe», in E. JÜNGEL, *Wertlose Wahrheit*).

[125] *Ib.*

[126] B. SPINOZA, *Epistolario*, lettera n. LXXIII, Torino 1974, 292.

[127] E. JÜNGEL, «Gott entsprechendes Schweigen», 40.

te del mistero di Dio. L'essenza del divino trascende l'umano e il suo parlare. L'unica possibilità è quella di sottoporre ogni affermazione su Dio al segno della negazione. In tal modo il linguaggio parla *propriamente* di Dio, quando lo tace; il linguaggio è «conveniente a Dio» (θεο–πρεπής), se si annichilisce del tutto nel silenzio. In questo oltrepassamento sotto forma di negazione il linguaggio *corrisponde* alla trascendenza divina[128]. «Convenientissimus modus significandi divina fit per negationem»[129]. Jüngel avverte, però, che se il linguaggio è essenzialmente *umano* (κατὰ τὸν ἄνθρωπον), il silenzio su Dio esige un'eliminazione del linguaggio e ancor più una negazione dell'uomo, in quanto l'uomo è essenzialmente definito dalla parola (ζῷον λόγον ἔχον)[130].

La liquidazione del discorso teologico è la conseguenza di una dizione di Dio nella radicale differenza dal mondo e quindi nella dissomiglianza dal nostro linguaggio. L'estremo tentativo di parlare di «Dio» al negativo ha trovato la sua formulazione dogmatica nel Concilio Lateranense IV (1215): «Quia inter creatorem et creaturam non potest similitudo notari, quin inter eos maior sit dissimilitudo notanda» (DS 806)[131]. Secondo Jüngel, questa concezione dell'analogia fa della differenza tra Creatore e creatura «un abisso infinito ed insuperabile e *congela* Creatore e creatura nel loro stato di separazione reciproca»[132]. La conoscenza analogica di Dio ci parla di Dio sotto il se-

---

[128] Fu Senofane che usò il termine «θεοπρεπές» per esprimere il convenire o meno a Dio di una qualità predicata di Dio. La sua denuncia dell'antropomorfismo manifesta le esigenze dello spirito greco di elaborare un concetto sublime del divino (τὸ θεῖον) che si differenzi dalle immagini degli dèi omerici o esiodei. Platone riprenderà nella *Repubblica* (B, 379a 5) questa critica dell'antropomorfismo elaborando dei paradigmi per la retta comprensione del divino (τύποι περὶ θεολογίας); attraverso gli stoici e Plotino l'espressione θεοπρεπές passerà ai Padri della Chiesa «presso i quali diventa uno dei criteri decisivi per l'elaborazione della teologia cristiana» (A. MILANO, «Analogia Christi», 62).

[129] *STh*, I, q. 1, a. 1; *In I Sent.*, d. 34, q.3, a.3.

[130] Cf E. JÜNGEL, *Dio mistero del mondo*, 340.

[131] Ricordiamo che la definizione del Concilio Lateranense IV era diretta contro le affermazioni dell'abate cistercense Gioacchino da Fiore, il quale non distingueva sufficientemente l'unità naturale (*unitas identitatis in natura*) tra le persone divine dall'unità di grazia (*unio caritatis in gratia*) tra Dio e la creatura. Per differenziare queste due forme di unità, il Concilio dichiarò che la dissomiglianza tra Creatore e creatura è maggiore della somiglianza.

[132] E. JÜNGEL, «La signification de l'analogie pour la théologie», in P. GISEL – PH. SECRETAN (éd.), *Analogie et dialectique. Essais de théologie fondamentale* (Lieux Théologiques 3), Genève 1982, 251.

gno della differenza negativa: Dio «non» è il mondo. Se Dio è definito solamente in ciò che differisce dal mondo, ogni discorso su Dio finisce per essere un discorso sul nulla; in questo modo, però, la teologia negativa rischia o di ridursi alla chiacchiera oppure di autoelimi-
narsi, «poiché se si dice ciò che non può essere detto, la teologia non
dice affatto nulla»[133]. Anzi, la teologia finisce per sostantivare il nulla
e per considerare come un *nome* ciò per cui Dio *non-è* e «a questo
"nome" viene dato per incantesimo un "oggetto"»[134].

Anche se si ammette che la teologia negativa abbia senso, in
quanto fa riferimento ad un essere, non ci si può astenere dal domandarsi: perché elaborare una teologia, un *logos* di Dio, dato che sul
suo oggetto non si può dire nulla? Analizzando la teologia negativa,
J. M. Bochenski dichiara che il discorso religioso della teologia negativa è contraddittorio, poiché «non si può adorare una entità cui
non si ritengono applicabili delle proprietà positive»[135]. Il giudizio di
Bochenski coincide con quello di Jüngel; anche per il nostro Autore è
aporetico fare delle affermazioni sull'inconoscibilità e l'indicibilità
di Dio, poiché «per conoscere l'inconoscibilità di Dio bisogna infatti
dire qualcosa di Dio. Se anche questo non fosse possibile non potremmo conoscere nemmeno l'inconoscibilità di Dio»[136]. Ricordiamo
che per Dionigi l'Areopagita l'inconoscibilità e l'inesprimibilità di
Dio permangono anche *dopo* e *con* la rivelazione di Gesù Cristo.

Accogliendo il lascito del pensiero greco sull'*apofasia* teologica
e dunque facendo dell'analogia una dialettica di affermazione-negazione-eminenza, la riflessione teologica non si è adeguata al messaggio originale della fede cristiana. Ciò fu dovuto in gran parte al timo-
re di veder confuso l'antropomorfismo della religione pagana con
quello biblico. Per non parlare del Dio *umano* si è preferito così ta-
cerlo. Alla luce dell'evento dell'incarnazione, tuttavia, è necessario
reimpostare la *quaestio de analogia*, diversamente da come è stato
fatto nella filosofia classica e nella teologia medioevale. «In breve:
c'è un uso teologico dell'analogia che corrisponde alla fede nell'in-

---

[133] C. ZIMMER, «Negation und via negationis», in *LingBib*, 64 (1990), 53-91.

[134] *Ib.*, 70.

[135] J. M. BOCHENSKI, *La logica della religione*, Roma 1969, 92 (= *The Logic of Religion*, New York 1965).

[136] E. JÜNGEL, *Dio mistero del mondo*, 369-370.

carnazione?»[137]. Questa domanda di Jüngel è stata ripresa ultimamente anche da un teologo cattolico, A. Milano, il quale afferma che, se in Gesù Cristo viene stabilita una nuova, inaudita relazione di Dio con l'uomo, è necessaria «una nuova figura di analogia»[138].

Poiché l'analogia si configura come una pericoresi di essere-pensiero-parola, l'esito aporetico della teologia negativa consiste, secondo Jüngel, dall'aver fatto precedere l'ordine della conoscenza a quello della significazione; ora l'annuncio centrale della fede cristiana «ὁ λόγος σάρξ ἐγένετο» contesta proprio questa priorità. Non avendo riconosciuto alla parola un ruolo fondamentale nella corrispondenza tra pensiero ed essere di Dio, la teologia ha pensato Dio, prescindendo dalla relazione che intercorre tra Dio e l'uomo. La dottrina classica dell'analogia, presupponendo una priorità dell'ordine della significazione su quello della conoscenza, era costretta a determinare Dio come mistero ineffabile, tanto da ridurre alla fine la stessa rivelazione di Dio ad una segretezza ancor maggiore e ad una sempre più misteriosa superiorità di Dio rispetto al mondo. L'onto-teo-logia greca, a cui ha fatto riferimento la struttura formale dell'analogia tomista, può essere vista «come un andar a tastoni, un brancolamento sulla via che dovrebbe condurre al vero Dio»[139].

Se l'analogia non ha solo una funzione denominativa (cf *analogia nominum*), ma costituisce un evento linguistico, ne segue che la tesi dell'inesprimibilità di Dio viene fatta saltare, allorché Dio stesso parla da uomo all'uomo. «Dio deve ormai essere concepito come un mistero che di per sé è comunicabile per mezzo del linguaggio»[140]. Venendo al linguaggio e traendo a sé il pensiero stesso, Dio si rende familiare. «Pensare Dio significa: pensare Dio solo come colui che ha qualcosa da dire *de deo. Dieu parle bien de Dieu.* [...] Il pensiero di un Dio che parla di per sé esclude allora che il pensiero che pensa Dio si fondi in un primo tempo indipendentemente dal Dio che intende pensare. Pensare Dio non può significare che la ragione umana possa per così dire prescrivere a Dio come le si deve mostrare»[141].

---

[137] *Ib.*, 366.
[138] A. MILANO, «Analogia Christi», 65.
[139] *Ib.*
[140] E. JÜNGEL, *Dio mistero del mondo*, 341.
[141] *Ib.*, 210.

Il discorso cristiano su Dio costringe la teologia a determinare in modo nuovo la direzione in cui si muove la dinamica analogica. L'ipotesi di lavoro verso la quale Jüngel cerca di indirizzare la sua ricerca sull'analogia è guidata dall'intelligenza dell'*agape* rivelata e comunicatasi nel Dio crocifisso. La definizione di Dio come *amore* non significa solo pensare Dio come *comunicazione di sé*, per cui Dio è *pensato* come Dio, quando è pensato come Dio *che si rivela*, ma a ristrutturare la stessa forma analogica. «Poiché Dio non è solo uno che ama, ma è l'amore stesso, non solo si *deve*, bensì si può *anche* parlare di lui. Infatti l'amore è padrone del linguaggio: *caritas capax verbi*»[142].

A questo punto non è più il silenzio a determinare la teologia, e l'analogia non consiste più nel passaggio dal noto all'ignoto, ma dall'ignoto al noto. Dio diventa accessibile come Dio «per mezzo del linguaggio ed attua in tal modo quell'analogia, in cui non le parole umane si avvicinano troppo a Lui, bensì Lui si avvicina agli uomini in parole umane»[143]. Come dice S. Paolo: «Ho creduto, perciò ho parlato, anche noi crediamo e perciò parliamo»(*2Cor* 4,13). Jüngel intravede in questi testi paolini una definizione della teologia *cristiana*, la quale non può essere per nulla *apofatica*, ma essenzialmente *apofantica*[144].

5. Conclusioni

Prima di concludere vorremmo precisare ulteriormente la ragione ermeneutica, che ha portato all'aporia della teologia negativa. La radicale differenza ontologica tra Dio e mondo, afferma Jüngel, è espressa nella definizione del Concilio Lateranense IV: «Quia inter creatorem et creaturam non potest similitudo notari, quin inter eos maior sit dissimilitudo notanda» (DS 806). Questa definizione sta a fondamento della concezione che E. Przywara ha dell'analogia. An-

---

[142] *Ib.*, 389.

[143] A. MILANO, «Analogia Christi», 66.

[144] Cf E. JÜNGEL, «What does it Mean to Say "God is Love", in T. A. HART – T. D. P. HIMELL (EDD.), *Christ in Our Place: The Humanity of God in Christ for the reconciliation of the World. Essays Presented to Professor J. Torrance*, Exeter 1990, 296-298.

che se egli evita di ridurre ogni somiglianza alla dissomiglianza, tuttavia il rapporto tra Dio e mondo finisce per essere assorbito nel movimento del *Deus semper maior*.

La concezione dell'analogia come movimento che va dal dicibile all'indicibile, dal noto all'ignoto, corrisponde al modo astratto con cui è stata pensata la differenza tra Dio e la creatura. «I nomi dati a Dio lo denominano solo nella misura in cui dicono ciò che Dio non è»[145]. In tal modo, Dio e mondo «rimangono non solo infinitamente *distinti* l'uno dall'altro, ma anche *diversi toto coelo*»[146].

In ragione di questa differenza radicale, la relazione di somiglianza (*relatio*) non incide sul modo di essere dei *relata*, proprio perché l'affinità indicata nelle relazioni «viene superata da una diversità ancora maggiore dei *relata*, [...] cosicché le relazioni rimangono del tutto esteriori tra loro»[147]. Nell'analogia dell'attribuzione la relazione (πρός τι) è concepita, infatti, come *ens minimum*, un accidente e quindi qualcosa di estrinseco rispetto al rapporto che le cose hanno tra di loro. «La struttura relazionale esterna ai *relata* determina l'analogia, ma l'analogia in questa struttura di relazioni non determina i *relata* in modo tale da giungere attraverso l'analogia a un *nuovo essere*. Perciò questa analogia (dal punto di vista del linguaggio) è esclusivamente una *analogia nominum*: i *relata* vengono considerati solo dal punto di vista della loro denominazione»[148].

Per sovvenire a questo limite dell'analogia d'attribuzione, in risposta a Jüngel, G. Rémy afferma che la dipendenza di partecipazione delle creature da Dio è intrinseca, per cui è possibile un'analogia di «attribuzione intrinseca»[149]. Tuttavia, parlare di *partecipazione* e di *causalità* in termini di attribuzione intrinseca comporta il rischio di cadere in un'ulteriore aporia, dato che l'*analogia di attribuzione* non esprime un carattere *intrinseco* agli analogati secondari, ma solo una relazione con l'analogato principale[150].

---

[145] Id., *Dio mistero del mondo*, 319.

[146] *Ib.*, 366.

[147] *Ib.*, 370.

[148] *Ib.*, 371.

[149] Cf G. Rémy, «L'analogie selon E. Jüngel», 162.

[150] L'analogia di attribuzione, infatti, «non mi dice un carattere *intrinseco* degli analogati secondari e l'analogato principale, ma solo una denominazione estrinseca, cioè una relazione con qualche cos'altro (con l'analogato principale)» (S. Vanni Rovighi, *Elementi*, 18).

Fin tanto che l'analogia di proporzionalità viene letta a vantaggio di quella di attribuzione, senza cogliere l'essenziale elemento linguistico della relazione, non si esce dal presupposto tomista, secondo cui l'ordine di significazione segue quello di conoscenza. «Il linguaggio subordinato al conoscere è essenzialmente linguaggio che denomina e riferisce *signa* a *res*, e in cui il significato si esaurisce nella designazione. In questa analogia posta come mezzo di conoscenza sono linguistici solo i *relata*, ma non le relazioni. Ciò che domina nella subordinazione proporzionale x:a = b:c come *corrispondenza* è presupposto esso stesso come *alinguistico*»[151]. Se il termine «analogia» significa originariamente *corrispondenza* (*Entsprechung*) e ancor più – come precisa giustamente A. Milano – *relazione*, non si potrà prescindere da questa componente essenziale e costitutiva nell'uso teologico che se ne voglia fare. Interrogarsi sull'analogia significa tener conto della modalità linguistica, con cui i *relata* vengono posti in rapporto tra loro. Per riscoprire tale valore primordiale ed elementare dell'analogia, Jüngel decide di ritornare alle origine del fenomeno analogico.

6. Lo studio di E. Jüngel sui presocratici

L'interesse di Jüngel per il fenomeno dell'analogia è presente già nella sua dissertazione del 1962. Affrontando la questione delle origini della cristologia, il nostro Autore viene a studiare in particolare il significato letterario delle *parabole* di Gesù[152]. La parabola è quel linguaggio adeguato ad esprimere l'essenza deI regno di Dio che si rende presente per se stesso ed è in se stesso comprensibile. «Le parabole tuttavia non soltanto ci portano al centro dell'annuncio di Gesù, bensì puntano sulla persona dell'annunciatore, sul mistero di Gesù Cristo»[153]. Per far risaltare la rilevanza parabolica non solo dell'annuncio di Gesù ma del suo essere stesso, Jüngel fa vedere come tra l'annuncio del regno di Dio (βασιλεία τοῦ θεοῦ) e l'evento

---

[151] E. JÜNGEL, *Dio mistero del mondo*, 371.
[152] Cf E. JÜNGEL, *Paolo e Gesù*.
[153] *Ib.*, 109.

della giustificazione per fede (δικαιοσύνη ἐκ πίστεως), fondamento della predicazione paolina, sussista una profonda corrispondenza. L'analogia tra il *Gesù della storia* e il *Cristo della fede* testimonia come l'origine e il fondamento della cristologia scaturisca dalla profonda unità tra Antico e Nuovo Testamento. Lo studio sulle parabole costituisce così una chiave di lettura per rileggere la *quaestio de analogia*, tema questo che diffusamente affronterà in *Dio mistero dell'uomo*. «Le parabole di Gesù non parlano ancora di Dio come di un uomo. Ma parlano di Dio in modo da raccontare del mondo dell'uomo»[154]. Il tema dell'analogia si presenta anche nelle successive riflessioni esegetico-teologiche: per esempio nelle riflessioni sul *significato della legge* (*Rom* 5,12-21)[155] e *delle opere* (*Rom* 2,1-11)[156]. In queste ricerche Jüngel si sofferma a studiare l'analogia soprattutto a livello stilistico, esaminandone in tal senso la forma *chiastica*.

Sempre nel 1962 studiando Karl Barth, Jüngel ritorna a parlare dell'analogia. *La possibilità dell'antropologia teologica sul fondamento dell'analogia. Una ricerca sulla comprensione dell'analogia di Karl Barth* è il titolo del suo primo saggio dedicato al teologo riformato (1962)[157]. In seguito, il nostro Autore dedicherà un'intera opera al pensiero di Karl Barth (*L'Essere di Dio è nel divenire*), in cui la dogmatica barthiana verrà interpretata a partire dal concetto di corrispondenza: «Dio corrisponde a se stesso. La dogmatica di Barth è di fatto e sostanzialmente un'esegesi ampia e articolata di quest'affermazione»[158]. Da una prospettiva esegetica e letteraria si passa qui ad un'analisi di carattere teoretico e speculativo.

---

[154] ID., *Dio mistero del mondo*, 383.

[155] ID., «Das Gesetz zwischen Adam und Christus. Eine theologische Studie zu Röm 5,12-21», in ID., *Unterwegs zur Sache*, 42-68.

[156] ID., «Ein paulinischer Chiasmus. Zum Verständnis der Vorstellung vom Gericht nach den Werken in Röm 2,1-11», in ID., *Unterwegs zur Sache*, 145-178.

[157] ID., «Die Möglichkeit theologischer Anthropologie», 210-232. S. Cannistrà analizza questo saggio nel suo articolo dedicato all'analogia in Jüngel, confrontando in particolare la posizione del nostro Autore con quella di Przywara, Barth, Balthasar e Söhngen (cf S. CANNISTRÀ, «La posizione di E. Jüngel», 435-443).

[158] ID., *L'Essere di Dio è nel divenire*, 99.

L'analogia trova un'ampia trattazione anche nell'opera principale di Jüngel: *Dio mistero del mondo* (*Gott als Geheimnis der Welt*). Egli dedica un'intera sezione al problema della dicibilità di Dio e al Vangelo come discorso analogico, temi che verrano ancora ripresi in uno studio pubblicato nel 1982, dove affronterà il rapporto tra dialettica e analogia[159]. Sempre nell'82, Jüngel pubblica un articolo sul significato teologico dell'analogia[160].

Come si può constatare, diffuso e diversificato è l'interesse del nostro Autore per l'analogia. Tuttavia, il saggio fondamentale sull'argomento rimane pur sempre l'articolo dedicato all'origine dell'analogia in Parmenide ed Eraclito, pubblicato nel 1964[161]. In questo articolo, che si presenta come ricerca *filosofica* e non teologica, sono delineati *in nuce* gli sviluppi successivi del suo pensiero teologico. Qui emerge chiaramente la vicinanza tra il pensiero di Jüngel e quello di Heidegger. Come egli stesso riconosce, si deve appunto alle analisi di Heidegger l'aver interpretato come *corrispondenza* il fenomeno analogico[162].

Poiché la dimensione onto-teo-logica della metafisica (*analogia entis*) trova nella comprensione parmenidea ed eraclitea del fenomeno analogico il suo principio e fondamento, ritornare a studiare questi autori presocratici significa riscoprire l'originaria dizione dell'analogia come «corrispondenza» (*Entsprechung*) e riportare alla luce la centralità della parola nell'evento del corrispondere analogico.

6.1. L'analogia nel pensiero di Parmenide

Nell'articolo sull'origine dell'analogia, Jüngel esordisce con l'analisi dei frammenti di Parmenide, assumendo come definitivamente accertata la distinzione in due parti – con un proemio all'inizio – del poema di Parmenide. Il problema dell'interpretazione del testo di Parmenide è di stabilire quale relazione sussista tra queste due par-

---

[159] ID., «Von der Dialektik zur Analogie. Die Schule Kierkegaards und der Anspruch Petersons», in ID., *Barth-Studien*, 127-179.

[160] ID., «La signification de l'Analogie pour la theologie», 247-258.

[161] ID., «Zum Ursprung der Analogie», in ID., *Entsprechungen*, 52-102.

[162] Cf *Ib.*, 70.

ti (ἀλήθεια-δόξα) e come esse si rapportino al proemio. Il conflitto delle interpretazioni è dato – secondo Jüngel – dal frammento B 16 nell'edizione Diels-Kranz. «Come, infatti, ogni volta ha luogo la mescolanza nelle membra dai molteplici movimenti, così negli uomini si dispone la mente. Infatti è sempre il medesimo ciò che negli uomini pensa la natura delle membra, in tutti e in ciascuno. Il pieno, infatti, è pensiero».

Secondo Aristotele, Parmenide affermerebbe in questo frammento l'assoluta identità dell'essere con se stesso, non riconoscendo ai fenomeni e al divenire alcuno statuto ontologico[163]. Da ciò ne seguirebbe un'opposizione radicale tra i molti e l'uno, e tra conoscenza sensibile (κατὰ τὴν αἴσθησιν) e conoscenza intellettuale (κατὰ τὸν λόγον). La lettura aristotelica ha determinato l'interpretazione tradizionale di Parmenide, secondo cui vi sarebbe una contrapposizione tra le due parti del poema[164]. Nella prima parte la dea istruirebbe Parmenide sulla via della verità, cioè che l'*essere è* e il *non-essere non è*; mentre nella seconda parte verrebbe presentata la via dei mortali, i quali affermano che l'essere è e può non essere. Tra le due parti del poema, e in definitiva tra essere e nulla, ci sarebbe – secondo Aristotele – un rapporto di contraddizione: molteplicità ed apparenza, in quanto non-essere, sarebbero quindi nulla.

Per risolvere l'aporia dell'interpretazione aristotelica, Jüngel si riallaccia al frammento B 8, 60. «τόν σοι διάκοσμον ἐοικότα πάντα φατίζω: l'ordinamento cosmico, così come appare, io te lo espongo». Jüngel interpreta l'ἐοικώς del frammento non nel senso abituale di apparenza o di somiglianza, ma di «corrispondenza». Il mondo dei mortali (διάκοσμος) corrisponde alla verità dell'Essere. Per tale interpretazione di Parmenide, Jüngel si appoggia a K. Deichgräber, J. Bollack e O. Gigon e in particolare alle analisi di K. Riezler. Piuttosto che una contraddizione, tra le due parti del poema ci sarebbe una *corrispondenza*: il tema specifico del poema è di esplicitare l'intento della dea, mettendo in luce le diverse proporzioni presenti nelle due

---

[163] Cf ARISTOTELES, *Metafisica*, IV (Γ), 5, 1009b, 22-25.
[164] Cf E. JÜNGEL, «Zum Ursprung der Analogie», 59. Anche K. Riezler condivide lo stesso giudizio di Jüngel a proposito dell'interpretazione del pensiero di Parmenide e la successiva incomprensione aristotelica (Cf PARMENIDES, *Text, Übersetzung, Einführung und Interpretation von Kurt Riezler*, Frankfurt/M 1970², 74).

parti del testo, cosicché l'apparenza (δόξα) non venga separata dalla verità (ἀλήθεια), ma fatta trasparire nell'apparenza[165].

La prima corrispondenza, che Jüngel mette in evidenza tra le due parti del poema, è data dai frammenti B 3 e B 16. L'identità affermata tra mente (φρόνησις) e natura delle membra (φύσις μελέων) al frammento B 16 richiama quanto si dice al frammento B 3: «τὸ γὰρ αὐτὸ νοεῖν ἐστίν, τε καὶ εἶναι». Questa prima corrispondenza può essere rappresentata con la seguente proporzione:

$$\varphi\acute{\upsilon}\sigma\iota\varsigma\ \mu\epsilon\lambda\acute{\epsilon}\omega\nu: \varphi\rho\acute{o}\nu\eta\sigma\iota\varsigma = \epsilon\hat{\iota}\nu\alpha\iota: \nu\text{ο}\epsilon\hat{\iota}\nu$$

Come il pensiero corrisponde all'Essere, così l'opinione dei mortali alla molteplicità. In ambedue i frammenti (B 3 – B 16) troviamo una corrispondenza tra pensare e ciò-che-è-pensato. Con «τὸ γὰρ αὐτό», presente in entrambe le proposizioni, Parmenide non afferma tanto un'identità assoluta, quanto una corrispondenza tra *essere* e *pensiero*. Il rimando all'interpretazione di Heidegger è qui evidente[166]. «Una delle sentenze di Parmenide dice: τὸ γὰρ αὐτὸ νοεῖν ἐστίν τε καὶ εἶναι. "Lo stesso è infatti percepire (pensare) e altrettanto anche essere". Qui cose differenti, pensare ed essere, sono pensate come lo stesso: [...] pensare ed essere appartengono entrambi allo stesso e sulla base di questo stesso appartengono l'uno all'altro. Senza accorgercene abbiamo già interpretato τὸ αὐτό, lo stesso. Noi intendiamo l'identità come *Zusammengehörigkeit*»[167]. In questo «appartenenere» emerge la rilevanza linguistica della corrispondenza tra pensiero ed essere. Riprendendo ancora una volta le analisi di Heidegger, Jüngel afferma che «il pensiero corrisponde all'essere, in quanto l'Essere parla di sé al pensiero. Nell'ente (ἐόν) il pensiero è divenuto già parola»[168]. Commentando il frammento B 8,34-35, Jün-

---

[165] Cf *Ib.*, 40.

[166] Cf M. HEIDEGGER, «Moira» (Parmenides VIII, 34-41), in ID., *Vorträge und Aufsätze*, Pfüllingen 1954, 251-256; ID., «Identità e differenza», in *Aut-Aut*, 187-188 (1982).

[167] ID., «Il principio di identità», 6s.

[168] E. JÜNGEL, «Zum Ursprung der Analogie», 67. «Il νοεῖν, la cui appartenenza all'ἐόν vogliamo meditare, si fonda ed è presente a partire dal λέγειν [...] Perciò, il νόημα è già da sempre in quanto νοούμενον del νοεῖν un λεγόμενον del λέγειν. L'esperienza greca dell'essenza del dire si poggia nel λέγειν. Il νοεῖν è perciò per sua essenza e mai successivamente o accidentalmente ciò che è detto» (M. HEIDEGGER. «Moira», 243).

gel sottolinea da un lato l'intrinseca relazione tra ἐόν e νοεῖν e dall'altro lato come il linguaggio renda possibile l'identità tra pensiero ed essere[169]. A partire dunque dall'annuncio (μῦθος) della dea e dall'ascolto di questo annuncio (σὺ μῦθον), il pensiero (νοῆσαι) può iniziare a pensare (cf frammento B 2,1). «La dizione [die Sage] dell'Essere fa corrispondere il pensare all'Essere. Dalla corrispondenza istituita attraverso il dire dell'Essere prende origine il pensiero in quanto pensiero»[170].

A partire dall'annuncio della dea, si afferma che «l'essere è e non può non essere» (B 2,3). Questa è la via della verità: l'altra via attesta, invece, che «l'essere non è e che il non essere è». Poiché il nulla non solo è impensabile ma anche indicibile, ne segue che si ha pensiero e dizione solo dell'Essere. Se l'Essere si apre al pensiero come ente attraverso il linguaggio, è *necessario* che l'Essere appartenga al dire così come il dire all'Essere. L'intenzione di Parmenide è di far risaltare l'analogia dell'Essere come corrispondenza tra Essere ed ente. L'analogia viene ad avere così non solo un significato linguistico, ma anche una rilevanza ontologica. «Nella contraddizione il κόσμος diviene linguaggio in quanto corrispondenza: *analogia*. L'essenza di questa analogia implica una teologia. Questa analogia è per sua essenza teo-onto-logica»[171].

L'annuncio (μῦθος) della dea svela, infatti, l'Essere come *ingenerato, imperituro, tutto insieme ed uno, continuo* ed *indivisibile.* L'Essere è immobile e sta in sé: «ἀκίνητον [...] καθ'ἑαυτό τε κεῖται» (B 8, 26.29). Solo al dire (λέγειν) e al pensare (νοεῖν) appare questa verità dell'Essere che la dea ha annunciato; il pensiero, infatti, non separa l'Essere dall'ente come fa invece il nominare. Il nominare (ὀ-νομάζειν), a differenza del dire (λέγειν), individualizza l'Essere, piuttosto che *lasciarlo-essere* nella sua identità originaria: ne segue che l'Essere non venga colto più nella sua semplicità e unità, ma disperso nella molteplicità e nella differenza tra essere e non-essere. Il pensiero non è più sapere (ἐπιστήμη), ma diventa rappresentazione

---

[169] «È la stessa cosa pensare e pensare ciò che è: perché senza l'ente, in cui [l'essere] è detto, non troverai il pensare» (ταὐτὸν δ'ἐστὶ νοεῖν τε καὶ οὕνεκεν ἔστι νόημα: οὐ γὰρ ἄνευ τοῦ ἐόντος, ἐν ᾧ πεφατισμένον ἐστιν, εὑρήσεις τὸ νοεῖν).

[170] E. JÜNGEL, «Zum Ursprung der Analogie», 78.

[171] *Ib.*, 76s.

(*vorstellendes Erkennen*). In quanto costituito di essere e di non-essere, il mondo della rappresentazione si rivela come contraddittorio; contraddizione (*Widerspruch*) che necessita a sua volta della corrispondenza (*Entsprechung*). «Il mondo della δόξα è fondamentalmente diverso da quello dell'Essere. Poiché in esso hanno spazio essere e non essere, mentre nel mondo dell'Essere governa *solo* il destino dell'Essere. Ma ciò che rende innanzitutto possibile, che l'εἶναί τε καὶ οὐχί venga pensato come contraddizione all'ἐὸν ἔμμεναι, è che il destino dell'Essere domina anche là, dove s'incontra il nulla»[172]. Se da un lato l'opinione contraddice la verità dell'Essere, poiché identifica essere e non essere separandoli, dall'altro lato l'opinione conferma la verità, proprio perché l'Essere in questa contraddizione si corrisponde[173]. L'Essere domina anche là dove s'incontra con il nulla; solo perché l'essere è incontraddittorio, viene affermata la contraddizione; ma essa viene affermata solamente per escluderla. La necessità dell'Essere ('Ανάγκη, Μοῖρα), o con Heidegger il destino dell'Essere (*Geschick des Seins*), domina così non solo nel mondo della verità, ma anche nel mondo dell'apparenza. In definitiva: è possibile la contraddizione (ἀντίφασις) e quindi il mondo della δόξα, solo perché si dà originariamente dizione (φάσις) dell'Essere.

L'*essere* del κόσμος non consiste, perciò, nel divenire o nella molteplicità, che *non-è*, ma nell'Essere che *è*. Il mondo dell'apparenza non è affatto nulla, secondo l'interpretazione data da Aristotele, ma *è* in quanto raccolto nell'Essere. «La corrispondenza presente come contraddizione, tra la verità dell'essere e il διάκοσμος delle δόξαι βροτεῖαι, avvia il pensiero sulla strada della metafisica»[174]. La contraddizione (*A* = *non-A*) necessita perciò dell'originaria corrispondenza dell'Essere (*A* = *A*). Il segno dell'uguale (=) non indica una tautologia: sulla linea delle riflessioni di Heidegger, esposte nel saggio *Il principio di identità*, possiamo dire che la formula (*A* = *A*) esprime la relazione che l'identità ha con se stessa. «Nell'identità [*Selbigkeit*] risiede la relazione propria del "con", dunque, una mediazione, un collegamento, una sintesi: l'unione in direzione di un'unità»[175].

---

[172] *Ib.*, 76.
[173] «In contraddizione a ... domina una corrispondenza a ... – così possiamo caratterizzare il rapporto che sussiste tra ἀλήθεια e δοξα» (*Ib.*, 75).
[174] *Ib.*, 78.
[175] M. HEIDEGGER, «Il principio di identità», 5.

6.2. L'analogia nel pensiero di Eraclito

Dopo aver analizzato i frammenti di Parmenide, Jüngel passa ad esaminare la dizione originaria dell'analogia nel pensiero di Eraclito. Anche in Eraclito, come è in Parmenide, l'analogia si presenta nel modo della corrispondenza; questo risulta già dalla forma chiastica delle proposizioni eraclitee[176]. Il chiasmo rinvia a quella struttura dell'*identità*, che Eraclito al frammento B 10 chiama λόγος: «dai molti l'uno e dall'uno i molti: καὶ ἐκ πάντων ἔκ πάντων ἕν καὶ εξ ἑ-νὸς πάντα».

In questa identità originaria, in cui «la stessa cosa sono il vivente e il morente, lo sveglio e il dormiente, il giovane e il vecchio: questi infatti mutando son quelli e quelli di nuovo mutando sono questi (B 88)», il λόγος è distinto (κεχωρισμένον) dalla totalità delle sue opposizioni. «*Il* χωρισμός *è la scoperta di Eraclito, sulla quale si basa la sua teologia e da essa la sua ontologia*»[177]. Il mondo non è altro che una lotta tra contrari: «πόλεμος πάντων μὲν πατήρ ἐστι, πάντων δὲ βασιλεύς» (B 53). L'uno (ἕν) si manifesta quindi nei molti (πάντα), negli enti tra di loro opposti. «*Anche nell'opposizione, anzi proprio nell'opposizione domina una corrispondenza*. Nel κατὰ τὸν λόγον si annuncia il fenomeno dell'analogia»[178]. Come in Parmenide, così anche qui l'analogia si presenta come corrispondenza; tuttavia, in Eraclito, la corrispondenza non si manifesta nella contraddizione, ma nell'opposizione: «*nell'opposizione domina una corrispondenza*»[179].

In questa opposizione si nasconde l'identità originaria: «la natura ama nascondersi: φύσις κρύπτεσθαι φιλεῖ». Ma se ama nascondersi, vuol dire che l'Essere proprio in questa opposizione si corrisponde. La comprensione eraclitea dell'analogia come opposizione costituisce uno sviluppo della posizione parmenidea, in quanto la modalità unica dell'Uno si dispiega in opposti contrari. «In quanto unità separata dalla totalità l'analogia come opposizione è il movimento (πόλεμος) divino (Θεός, Ζεύς, Δίκη, Ἕν τὸ σοφὸν μοῦνον,

---

[176] E. JÜNGEL, «Zum Ursprung der Analogie», 79ss.
[177] *Ib.*, 84.
[178] *Ib.*, 86.
[179] *Ib.*

λόγος) dell'Essere, che unifica gli opposti contrari»[180]. In virtù di questo movimento analogico, l'Essere non si *pone* solamente come Essere, ma si *op-pone* nei contrari; l'analogia in Eraclito esprime la posizione di sè dell'Essere (*A = A*) come opposto (*A = B*). L'auto-posizione dell'identità non si afferma più nella contraddizione, così come non si ferma alla contraddizione (*A = non-A*), ma arriva a porsi come opposizione. L'unità degli opposti, in cui consiste l'analogia, non è qualcosa di statico, ma di dinamico: questo movimento riconduce i molti all'uno (ἐκ πάντων ἕν) e l'uno ai molti (εξ ἑνὸς πάντα). Il principio di tutte le cose consiste appunto in un movimento divino, un'armonia ricorrente (παλίντροπος ἁρμονίη), in cui «il Dio è giorno-notte, è inverno-estate, è guerra-pace, è sazietà-fame (B 67)». Solo partecipando del λόγος ξυνός, del pensiero comune, l'uomo può conoscere il principio e l'unità (ἕν τὸ σοφόν) di tutte le cose.

Questo λόγος immanente nel molteplice e allo stesso tempo distinto da ogni cosa è conosciuto facendo uso del metodo analogico (ἀνὰ τὸν λόγον): risalendo dalla molteplicità all'identità originaria (ἐκ πάντων ἕν). Nel frammento B 38 possiamo vedere come si struttura la conoscenza analogica: «il più saggio degli uomini appare nei confronti di Dio come una scimmia (ἀνϑρώπων ὁ σοφώτατος πρὸς Θεὸν πίϑηκος φανεῖται)». Tra le due proporzioni viene posta un'identità:

$$\vartheta\varepsilon\grave{o}\varsigma : \ \mathring{\alpha}\nu\vartheta\rho\omega\pi o\varsigma = \mathring{\alpha}\nu\vartheta\rho\omega\pi o\varsigma : \pi\acute{\iota}\vartheta\eta\kappa o\varsigma$$

Il rapporto che sussiste tra scimmia e uomo è lo stesso presente tra uomo e Dio; nel frammento 53 viene determinato in modo analogo il rapporto tra gli dei (ϑεοί) e l'uomo (ἄνϑρωπος) e il libero (ἐλεύϑερος) e lo schiavo (δοῦλος). Il rapporto tra Dio e uomo è compreso a partire dal rapporto tra uomo e scimmia o dal rapporto tra libero e servo: in ogni caso l'incognita (ϑεός) è conosciuta attraverso il termine medio (ἄνϑρωπος). Jüngel esemplifica la precedente proporzione attraverso l'equazione [(a:b) = (b:c)]. La proporzione (b:c) indica un rapporto già conosciuto, per esempio quello tra uomo

---

[180] *Ib.*, 101.

e scimmia o tra libero e schiavo. Questo rapporto «noto» fa luce sul rapporto «ignoto» (a:b) che sussiste tra uomo e Dio. Anche se a non è ancora noto ($a = x$), può essere conosciuto attraverso il rapporto già noto. Se Dio sta all'uomo come l'uomo sta allo schiavo, la proporzione mondana tra *uomo* e *schiavo* ci aiuta a rendere noto l'elemento incognito (*Dio*), in quanto tra schiavo e libero così come tra Dio e uomo sussiste lo *stesso* rapporto.

Esaminando la categoria di causalità, si diceva che la relazione, predicata del rapporto tra Dio e mondo, è pensata identica alle relazioni intramondane. Infatti, S. Tommaso concepisce sia la *relatio res naturae* che la *relatio rationis tantum* nel senso della reciprocità. Quando questa reciprocità non è data, poiché i due estremi – Dio e mondo – non appartengono allo stesso ordine ontologico, abbiamo una relazione reale solamente da parte di uno dei due estremi. Per l'altro estremo la relazione è puramente di ragione; ma che *debba* essere pensata, nasce dal fatto che la relazione non può non essere reciproca.

Ritornando alla proporzione eraclitea [(x:b) = (b:c)], possiamo indicare con il membro (*b:c*) l'esperienza umana, cioè l'insieme di quei rapporti di cui l'uomo fa esperienza, mentre con (*x:b*) il rapporto ignoto tra Dio e uomo. Abbiamo un movimento che dal «noto» va all'«ignoto»: $(x{:}a) \to (b{:}c)$. Il rapporto tra Dio e uomo è conosciuto a partire *dall'*esperienza dei rapporti intramondani: *similitudo notanda est*. Tuttavia, l'identità di Dio rimane un incognita, poiché Dio è differente dalla totalità mondana; ciò che conosciamo del divino è il suo essere distinto (κεχωρισμένον) dal mondo. «L'analogia così compresa pone Dio come l'ignoto creatore di questo mondo al di sopra di questo mondo ed esclusivamente al di là di esso per articolare poi con l'aiuto dell'analogia l'essere ignoto del creatore, appunto solo nella misura in cui l'essere ignoto stesso viene espresso»[181]. Il Dio che è conosciuto in una somiglianza così grande con il mondo, è colui che è celato essenzialmente in una dissomiglianza ancor più grande. *Maior dissimilitudo notanda est*. Ogni discorso su Dio non serve ad altro che a preservare il suo carattere di mistero. «E il mistero così compreso non fa conoscere di sé più di questo: che è un mistero»[182].

---

[181] ID., *Dio mistero del mondo*, 364s.
[182] *Ib.*, 370.

Il nome o la parola «Dio» esprime, dunque, l'identità originaria di questo mistero come ignoto e quindi anonimo.

Se Dio non diventa familiare nel rapporto tra Dio e uomo, anche il rapporto tra libero e schiavo rimane in definitiva sconosciuto, proprio perché il rapporto ignoto non lo rischiara ed illumina definitivamente. L'inconoscibilità di Dio ($x{:}b$) determina profondamente la conoscenza della realtà umana ($b{:}c$). Potremmo rappresentarci questo stato di cose nel seguente modo: ($x{:}a$) → ($b{:}c$). La freccia (→) indica che Dio si differenzia dall'esperienza umana nel segno della negatività: Dio è *non*-uomo. Poiché il discorso su Dio non incide affatto sul modo con cui viene letta l'esperienza umana, non si ha rivelazione dell'identità originaria di Dio.

6.3. Conclusioni

Nell'esaminare il fenomeno dell'analogia, Jüngel mette innanzitutto in rilievo la centralità dell'aspetto linguistico. Il mito svolge un ruolo fondamentale nella corrispondenza tra Essere e pensiero. «La notizia dell'Essere apre la via del pensiero. C'è solo una notizia; poiché solo l'Essere è. Il vero mito annuncia l'Essere. La notizia dell'Essere è la via del pensiero»[183]. Jüngel fa notare, però, che Parmenide e con lui tutta la tradizione metafisica non si sono esposti del tutto a questa notizia dell'Essere, anzi l'hanno tralasciata e cancellata attraverso il pensiero logico. In tal modo le leggi del pensiero sono divenute quelle dell'Essere: «τὸ γὰρ αὐτὸ νοεῖν ἐστίν τε καὶ εἶναι»[184].

Analizzando Parmenide ed Eraclito, il nostro Autore ha voluto far notare come i due pensatori presocratici – pur nelle loro caratteristiche differenze – pensano il fenomeno dell'analogia in maniera identica[185].

---

[183] ID., «Zum Ursprung der Analogie», 69.

[184] Cf ID., «Die Welt als Möglichkeit und Wirklichkeit», 208.

[185] «Parmenide è colui che – si suppone – stia immediatamente agli antipodi di Eraclito. Infatti, se separiamo come opposti essere e divenire, assegnando a Parmenide l'essere senza divenire e ad Eraclito il divenire senza essere, sicuramente l'uno si contrapporrebbe all'altro. Questa assegnazione è tuttavia falsa e la separazione non è secondo lo spirito greco. La domanda sull'essere vale anche per l'essere del divenire: anche per Eraclito questo essere [del divenire] è immutabile» (PARMENIDES, *Text, Übersetzung, Einführung und Interpretation von Kurt Riezler*, 90).

Certamente per Parmenide l'Essere corrisponde all'ente nel modo della *contraddizione*, mentre per Eraclito nel modo dell'*opposizione*; tuttavia, questa divergenza non è altro che il proseguimento e il completamento della comprensione dell'analogia iniziata con Parmenide. L'analogia è un movimento che non si ferma tanto alla contraddizione ($A = non$-A), ma giunge alla corrispondenza ($A = A$) nell'opposizione ($A = B$). Vogliamo esprimere tale dinamismo dell'analogia attraverso ciò che chiamiamo struttura dell'identità originaria: $[(A = A) = (A = B)]$. In questo movimento la contraddizione ($A = non$-A) è inclusa nell'autoposizione dell'Essere e superata nella posizione-di-sé come opposto ($A = B$). Il movimento analogico dell'Essere si dispiega come segue: l'Essere pone se stesso (*Essere = Essere*) nella contraddizione (*essere = non essere*); solo se mantenuta e custodita nel movimento dell'Essere, la contraddizione è superata nella posizione-di-sé come opposto: l'altro dell'Essere (*essere = ente*). Affinché l'Essere nella sua opposizione nuovamente si corrisponda (*Essere = Essere*), è necessario che il *non-essere* dell'ente venga semantizzato non tanto come assoluto nulla, ma come *ni-ente*: l'opposta totalità (πόλεμος) dell'Essere[186].

Caldo e freddo, vita e morte, giorno e notte, sono tenuti insieme tra loro, poiché legati da relazioni di necessità: Ἀνάγκη, Δίκη o Μοίρα, infatti, sono i nomi con cui Parmenide ed Eraclito esprimono il movimento divino dell'Essere. Potremmo rappresentarci così il *movimento necessario* dell'Essere:

Questo destino necessario dell'Essere si annuncia nel μῦϑος della dea. «La notizia dell'Essere apre la via del pensiero. C'è solo una notizia; poiché solo l'Essere è. Il vero mito annuncia l'Essere. La notizia dell'Essere è la via del pensiero»[187]. Nella rivisitazione di Par-

---

[186] Cf V. MELCHIORRE, *Essere e parola*, Milano 1990³, 12s.
[187] E. JÜNGEL, «Zum Ursprung der Analogie», 69.

menide ed Eraclito emerge come «essere-pensiero-parola» costituiscono un tutto articolato: «stabiliscono una circolarità o, per meglio dire, una pericoresi. Un'indagine globale sull'analogia non potrebe configurarsi diversamente che come indagine su questa pericoresi». A. Milano fa notare, però, che questa pericoresi non è mai *neutrale*, ma «risulta sempre storicamente condizionata all'interno di una determinata, presupposta "visione del mondo"»[188].

Nella prefazione ai saggi teologici, che vanno sotto il titolo di *Corrispondenze: Dio – Verità – Uomo* e dove è contenuto l'articolo dedicato all'analogia nei presocratici, anche Jüngel sottolinea il nesso tra *analogia, ontologia* e *teologia*[189]. Tuttavia, i legami che tengono uniti «essere-pensiero-parola» non sono quelli della necessità (ἀνάγκη), ma dell'amore (ἀγάπη). Nei vincoli della parola evangelica è possibile quella corrispondenza tra l'essere di Dio e il pensiero umano, che sola costituisce il fondamento e rende possibile una conoscenza analogica di Dio. La *quaestio de analogia* si ripropone in un nuovo contesto, qualora si riconosca priorità alla parola piuttosto che al concetto. Il ritorno a Parmenide non significa, perciò, rimanere prigionieri della visione classica dell'analogia; da Elea si riparte con S. Paolo. «*Ho creduto, perciò ho parlato*, anche noi crediamo e perciò parliamo» (*2Cor* 4,13).

---

[188] A. MILANO, «Analogia Christi», 56.

[189] «Senza analogia niente teologia! Senza di essa un discorso che corrisponda a Dio sarebbe altrettanto poco pensabile quanto un essere che corrisponda a Dio. [...] Platone aveva chiamato l'analogia il più bello di tutti i legami. E infatti, se c'è qualcosa che mantenga il mondo, è proprio la corrispondenza tra Dio e la sua creatura, che è la ragione per cui, anche in seno alla creazione si arriva a delle corrispondenze, senza che il mondo semplicemente si contraddica. La realtà, infatti, si frantumerebbe, se le sue opposte tendenze dirompenti non venissero tenute dinamicamente insieme attraverso un'analogia, che le unisca nel bel mezzo della loro contrapposizione: così aveva insegnato Eraclito» (E. JÜNGEL, «Vorwort», in ID., *Entsprechungen*, 7).

CAPITOLO II

ANALOGIA ADVENTUS

Illustrando la dottrina classica dell'analogia, Jüngel afferma che le aporie in merito al discorso su Dio derivano dal principio ermeneutico, secondo cui l'ordine della conoscenza precede quello della significazione. Per S. Tommaso, infatti, le parole sono *signa intellectuum*[1]. Il linguaggio è subordinato al conoscere e solo ciò che è previamente conosciuto, può essere detto; le leggi del pensiero sono le leggi stesse dell'Essere. Ciò significa che è possibile una parola su Dio solamente in base a ciò che è stato pensato di Dio: «la ragione umana prescrive a Dio come le si deve mostrare»[2].

Ricordiamo che nella lingua greca il termine «λόγος» indica sia la *ragione* che la *parola*. Nel *Sofista* (264) di Platone si afferma che il pensiero e il discorso «sono la stessa cosa, con la sola differenza che quel discorso che avviene all'interno dell'anima, fatto dall'anima con se stessa, senza voce, proprio questo fu denominato da noi "pensiero"»[3]. La differenza tra le due accezioni di λόγος è che il discorso è rivolto ad un altro (ε), mentre il pensiero è rivolto a se stesso (αὐτό). Del pensiero viene riconosciuta certamente una dimensione linguistica, ma priva del carattere allocutorio. Anche nel *Cratilo*, Platone conferma la concezione della parola come *strumento*, come *immagine* (μίμησις) di ciò che è stato previamente conosciuto. Ciò implica, però, che non sia la parola ad aprire la via alla verità, ma che sia la conoscenza di una data realtà, a rendere possibile di giudicare come adeguata o meno una parola. La parola è un *segno* esterno, at-

---

[1] *STh*, I, q.13, a.1.
[2] E. JÜNGEL, *Dio mistero del mondo*, 210.
[3] PLATONE, «Sofista», in *Opere complete*, vol. 2, Bari 1980, 253.

traverso il quale il pensiero comunica ciò che ha conosciuto: un mezzo di comunicazione, un'esteriorizzazione e un proferimento (λόγος προφορικός) del pensato per il mezzo sonoro della voce.

Con questa teoria linguistica, Platone voleva evitare il convenzionalismo e riportare le parole ad un fondamento di verità, che rimanesse *estrinseco* alla parola. «Questa è una posizione molto misurata, che però implica il presupposto fondamentale che le parole non posseggano un vero significato conoscitivo»[4]. Se così fosse, quanto più il linguaggio si riduce a un mezzo per esprimere il pensato, tanto più il linguaggio realizzerebbe la sua natura linguistica. L'essenza del linguaggio coinciderebbe con quella lingua ideale di Leibniz o dell'esperanto ideato da Zamenhof. Tali lingue artificiali, tuttavia, presuppongono sempre un'altra lingua: quella di colui che parla. Il linguaggio, infatti, è tutt'altro che un puro e semplice sistema di segni inventato per indicare degli oggetti. La parola non è solo segno e immagine della realtà. Il legame tra parola e realtà è molto più stretto: basti pensare alle parole onomatopeiche e alla storia delle parole (etimologia). «La parola del linguaggio non è un segno a cui si fa ricorso in vista di un certo uso, ma neanche un segno che si fa o che si dà a qualcuno, non è una cosa esistente che si prenda dal mondo esterno per caricarla del significato, per render in tal modo visibile qualche cosa d'altro. Entrambe queste prospettive sono false. L'idealità del significato risiede invece nella parola stessa. La parola è già sempre significato»[5]. Tra parola ed esperienza sussiste un rapporto *intrinseco* e non estrinseco, di mera denominazione. Se l'esperienza è essenzialmente *comunicativa*, non si può ridurre il linguaggio alla molteplicità dei possibili sistemi di segni: appartiene, invece, all'essenza del linguaggio la caratteristica del rivolgere la parola a qualcuno e questa dimensione comunicativa definisce l'essenza dell'uomo. Infatti, l'uomo è l'essere interpellato dalla parola: costituito *ontologicamente* dall'attitudine alla parola. «Un mondo che lavori esclusivamente con segni e sistemi di segni sarebbe in ogni caso un prodotto astratto dell'umanità dell'uomo che, senza la possibilità che gli venga rivolta la parola e senza la possibilità di farsi rivolgere la parola, non sarebbe un uomo pienanente umano»[6].

---

[4] H. G. GADAMER, *Verità e metodo*, Milano 1972, 470 (= *Wahrheit und Methode*, Tübingen 1965[2]).

[5] *Ib.*, 479.

[6] E. JÜNGEL, *Dio mistero del mondo*, 214s.

In un saggio su *Il mito e la parola*, W. F. Otto sottolinea che anche nell'antichità il linguaggio non è mai stato inteso come un mero strumento o un «mezzo» per comunicare qualcosa, ma come il luogo originario in cui la verità stessa si manifesta. La *parola* è forma di rivelazione. Non è l'uomo che trova in sé, attraverso una sua autonoma ricerca, le parole per esprimere l'essere, e la sua divinità; è piuttosto il μῦϑος (= *la parola*) «l'immediata testimonianza di ciò che fu, è e sarà, un'autorivelazione dell'essere nel senso degno ed antico che non distingue fra parola ed essere»[7].

Se la parola è forma di rivelazione e non semplicemente espressione di un concetto, si può dire con Jüngel che il concetto «Dio» sia logicamente più povero di contenuto del concetto «parola di Dio»; nel primo caso si determina «Dio» prescindendo dal «Dio-che-parla». Ma così si definisce l'esistenza di un *x*, che *poi* viene chiamato «Dio»; come si è già notato per il discorso di S. Tommaso, anche in tal modo di procedere si presuppone pur sempre un determinato significato di Dio, soltanto che se ne prescinde nel momento in cui se ne dimostra l'esistenza. Quando in ogni dimostrazione dell'esistenza di Dio si conclude affermando: «hoc est quod omnes dicunt *Deum*», non si fa altro che esplicitare il significato che la parola «Dio» aveva già per il credente[8]. Se la dimostrazione dell'esistenza di Dio si muove nello spazio dischiuso già dal significato di questa parola, vuol dire che il rapporto tra *dire* e *conoscere* deve essere compreso in altro modo.

Nel poema di Parmenide, per esempio, avevamo visto come il μῦϑος della dea renda possibile la corrispondenza tra pensiero ed essere. Parmenide afferma nel frammento (B 8,34-35): «senza l'ente, in cui [l'essere] è detto, non troverai il pensare: οὐ γὰρ ἄνευ τοῦ ἐόντος, ἐν ᾧ πεφατισμένον ἐστιν, εὑρήσεις τὸ νοεῖν». L'Essere deve essere detto, perché sia pensato. La dizione dell'Essere costituisce l'orizzonte ermeneutico, nel quale l'Essere è conosciuto. Il pensiero può incominciare, solo se comincia da *qualcosa* che c'è già indipendentemente da ogni pensiero. «Il fatto che il pensiero *possa* formare

---

[7] W. F. OTTO, «Il Mito e la Parola», in *Il mito*, Genova 1993, 32 (= «Der Mythos und das Wort», in W. F. OTTO, *Der Mythos*, Stuttgart 1962).

[8] G. P. ROCCA, «Aquinas on God-talk: hovering over the Abyss», 661.

concetti è reso comunque possibile da un fatto più originario: dal linguaggio che parla»[9]. Nel linguaggio il pensiero è tutto fuori di sé in atteggiamento di ascolto o di sequela di ciò che viene detto; allo stesso tempo è tutto rivolto verso il proprio interno. «Esso ascolta all'esterno e allo stesso tempo all'interno di sé, per acquisire nel coagire di entrambi i movimenti le sue rappresentazioni e i suoi concetti»[10]. È il linguaggio che mette in moto la formazione logica dei concetti: il pensiero, infatti, ricerca quelle rappresentazioni e concetti, che meglio si adattino a ciò che ha ascoltato fuori di sé. Se la corrispondenza tra pensiero ed essere avviene nella parola, è possibile pensare Dio a partire dall'ascolto della parola di Dio. «[Nella parola] Dio si riferisce a noi, in modo tale che noi da parte nostra ci dobbiamo scoprire come già in relazione con lui»[11].

Sulla diversa priorità riconosciuta alla parola nel fenomeno analogico si fonda la distinzione tra analogia *fidei* e analogia *entis*. Mentre l'analogia *entis* fa corrispondere l'essere di Dio al pensiero umano prescindendo dalla parola, l'analogia *fidei* comprende l'essere di Dio nell'orizzonte dischiuso dalla parola rivolta da Dio all'uomo. In tal modo il pensiero, quando comincia a pensare Dio, esperisce se stesso come già trascinato. Ogni pensiero su Dio testimonia un ascolto della parola di Dio: pensare Dio significa, quindi, seguire la fede. «La ragione può quindi pensare Dio solo seguendo la fede. Essa stessa tuttavia non crede: pensa. Il pensiero non crede nulla: riflette. Fa parte comunque dell'onestà del pensiero il pensare anche che insieme al concetto di Dio è già pensato il concetto della coappartenenza della fede e di Dio. Il pensiero non può pensare Dio senza pensare insieme Dio e la fede»[12].

Quando sottolinea che il pensiero è alla sequela di Dio, Jüngel non fa altro che riprendere un tema caro sia alla tradizione agostiniana che a quella orientale: «se l'uomo pensa Dio, è perché si trova già all'interno del pensiero divino, perché già Dio si pensa in lui. Non si

---

[9] E. JÜNGEL, *Dio mistero del mondo*, 222.
[10] *Ib.*
[11] *Ib*, 219.
[12] *Ib.*, 217.

può andare verso Dio che partendo da lui»[13]. Nella conoscenza di
Dio si coniugano due movimenti: uno discensionale da Dio
all'uomo e uno ascensionale dello spirito umano verso Dio. Il movimento antropologico è inscritto in quello teologico. «Il fatto che
l'io che pensa Dio si esperisca nell'atto del pensiero come un io
che ha cominciato da sempre a conoscere Dio, è un'altra espressione del legame ontico che il pensiero di Dio intrattiene con la
fede e per mezzo della fede col Dio da pensare. Il pensiero si
esperisce, quando comincia a pensare Dio, già trascinato. Esso è
trascinato perché, quando pensa Dio, segue la fede che è il modo
più originario dell'essere trascinati da Dio. Solo mediante il fatto
che c'è la fede, il pensiero diviene riflessivo e riflette nella prospettiva di Dio»[14]. La corrispondenza tra questi due movimenti è
possibile attraverso l'evento della parola, che dischiude la prospettiva entro cui leggere la realtà. La priorità riconosciuta alla
parola nel movimento analogico mette in evidenza come la *quaestio de analogia* sia fondamentalmente un problema ermeneutico.
Se l'ignoto non si dà a conoscere attraverso un procedimento conoscitivo (dagli effetti alla causa), ma attraverso il suo stesso dischiudersi nella parola, diventa possibile leggere la realtà mondana non più come effetto di una causa necessaria, ma espressione
dell'amore gratuito di Dio[15].

---

[13] P. N. EVDOKIMOV, *La conoscenza di Dio secondo la tradizione orientale*, Roma
1983, 92 (= *La connaissance de Dieu selon la tradition orientale, l'enseignement patristique, liturgique et iconographique*, Lyon 1969). «Per cercare il Dio vivente, l'uomo
deve essere già toccato dalla sua grazia; per questo il cercare e l'invocare sono già un
conoscere e un confessare, anche se questo non accade ancora con parole esplicite» (R.
GUARDINI, *L'inizio. Un commento ai primi cinque capitoli delle Confessioni di Agostino*, Milano 1975², 7 [= *Der Anfang*, München 1953]).
[14] E. JÜNGEL, *Dio mistero del mondo*, 217.
[15] In un articolo dedicato all'analogia in E. Jüngel, G. Rémy è d'accordo nel
sottolineare che il problema fondamentale dell'*analogia* consiste in un problema ermeneutico. «Ora il mondo si presta a due tipi di lettura: l'uno è discorsivo e chiuso
nella sua razionalità, l'altro è simbolico e aperto al mistero di cui lo svelamento si
confonde con l'economia di salvezza. Questo valore simbolico del mondo è espresso nel linguaggio articolato della profezia; la parola profetica dà ragione della percezione che il credente ha del mondo attraverso il proprio assortimento di metafore.
Jüngel sostiene in fondo la sovranalogia della fede contro l'analogia della
ragione»(G. RÉMY, «L'analogie selon E. Jüngel remarques critiques l'enjeu d'un
débat», 176).

1. Oltre l'inconoscibilità di Dio

Nelle analisi di Jüngel sulla teologia negativa avevamo constatato che una conoscenza di Dio, fondata sull'*analogia entis*, giunge all'aporia dell'indicibilità di Dio; per cui parlare propriamente di Dio significa non parlarne e quindi tacere. Nell'*analogia entis* la tesi dell'incomprensibilità di Dio esprime sul piano logico-linguistico l'infinita differenza tra Dio e uomo, una differenza che nemmeno la visione beatifica risolve, poiché «l'essenza divina in confronto a qualsiasi intelletto creato è una realtà infinita»[16]. L'incomprensibilità di Dio, secondo Rahner, non è altro che l'ultimo nome di Dio[17]. Ogni avvicinamento del linguaggio a Dio, per quanto grande, deve essere superato in un allontanamento ancora più grande. «L'ermeneutica dell'inesprimibilità di Dio tutela, sembra, l'essenza di Dio come *mistero*»[18].

Riconoscere la priorità della parola sul concetto significa, invece, che il pensiero inizia a pensare Dio quando questi gli rivolge la parola. A questo punto viene interrotto il silenzio su Dio, semplicemente perché il pensiero trova davanti a sé una parola che lo interpella. La parola, infatti, è un'*interruzione che parla*, mediante la quale colui che parla si avvicina sempre più a colui al quale si rivolge. La parola di Dio avvicina l'uomo a Dio, senza eliminare in questa prossimità la differenza tra i due. «Allora Dio e l'uomo devono essere l'uno presso l'altro nella parola in modo tale da distinguersi definitivamente in questo essere l'uno presso l'altro: Dio, un Dio umano nella sua divinità, e l'uomo, anziché penetrare in Dio e così divinizzarsi, un uomo umano che diviene ancora più umano»[19]. Tale avvicinamento per mezzo dell'interruzione, avvenuto in forza di una parola che parla, non esclude comunque la lontananza, anzi la include. «La presenza e l'assenza di Dio non sono più da pensare come alternative nella parola di Dio. Dio nella parola è piuttosto *presente come assente*»[20].

---

[16] S. Tommaso, *Somma contro i Gentili*, Libro terzo, cap. LV, 678.

[17] Cf K. Rahner, «Problemi riguardanti l'incomprensibilità di Dio secondo Tommaso d'Aquino», in Id., *Teologia dall'esperienza dello Spirito. Nuovi saggi VI*, Roma 1977, 387 («Fragen zur Unbegreiflichkeit Gottes nach Thomas von Aquin», in Id., *Schriften zur Theologie*, Bd. XII, Einsiedeln 1975).

[18] E. Jüngel, *Dio mistero del mondo*, 321.

[19] *Ib.*, 252.

[20] *Ib.*, 220s.

Sul rapporto tra identità e differenza, tra affinità e dissomiglianza, si distinguono ulteriormente le due forme dell'analogia. L'assenza, di cui parla Jüngel, si distingue dal concetto di incomprensibilità, che la teologia cattolica adopera nel definire il risvolto ermeneutico dell'infinità entitativa del *deus semper maior*, un dio che continua a rimanere incomprensibile anche nella «visio beatifica». Con tale affermazione, precisa K. Rahner, non si vuol dire che nella visione di Dio avvenga una radicalizzazione dell'incomprensibilità tanto da rendere Dio semplicemente estraneo, ma che nella grazia della *vicinanza* del mistero perenne Dio si rivela sempre come mistero incomprensibile. «[Dio] vuole essere la beatitudine dell'uomo non *nonostante* la sua incomprensibilità, bensì proprio *in* tale incomprensibilità stessa [...]»[21]. Il presupposto dell'incomprensibilità di Dio ha la funzione di salvaguardare la differenza ontologica tra Dio e uomo; in caso contrario avremmo una comprensione gnostica del mistero e l'uomo conoscerebbe completamente ed esaustivamente Dio. «Al contrario il conoscere originario è la presenza del mistero in quanto tale, è l'essere chiamato da ciò che non ha più alcun nome, è l'affidarsi a ciò che non può essere dominato ma solamente domina, il parlare del senza-nome sul quale non si può dir nulla di chiaro, l'ultimo attimo che precede l'ammutolimento che è necessario per udire il silenzio e per adorare Dio nell'amore»[22]. Jüngel critica la comprensione rahneriana del mistero di Dio, perché in essa l'essere di Dio non viene originariamente pensato come *Colui che si rivela*, ma come Colui che è oltre tale rivelazione. Ne segue che la realtà, davanti a cui l'uomo sta in silenzio adorante, non è tanto il mistero della Parola quanto il mistero del senza-nome. Rahner, infatti, pensa l'inconoscibilità di Dio a partire da un'ermeneutica fondata su un'ontologia di sostanza. Se Dio è pensato *in praedicamento substantiae*, è inevitabile ricondurre la prossimità tra Dio e uomo ad una distanza sempre maggiore, per garantire che le due grandezze, Dio e uomo, non diventino tra loro identiche[23].

---

[21] K. RAHNER, «A proposito del nascondimento di Dio», in ID., *Teologia dall'esperienza dello Spirito*. Nuovi saggi VI, Roma 1977, 368. (= «Über die Verborgenheit Gottes», in ID., *Schriften zur Theologie*, Bd. XII, Einsiedeln 1975).

[22] *Ib.*, 364.

[23] Cf E. JÜNGEL, *Dio mistero del mondo*, 376.

Nell'*analogia fidei*, invece, è possibile affermare la prossimità tra Dio e uomo senza risolvere l'affinità in una differenza ancor più grande. Poiché Dio è pensato come Dio *che si rivela*, avvicinandosi sempre più all'uomo, Egli rende possibile la differenza tra Dio e uomo. La prossimità afferma una relazione tra Dio e uomo che esclude una loro identificazione tautologica; la vicinanza di Dio alla creatura non elimina, perciò, la differenza creaturale. In questo senso, quanto più Dio è prossimo all'uomo, tanto più si sottrae all'uomo; non tanto perché è l'infinita ulteriorità, ma a motivo della sua sempre maggiore vicinanza. Dio è più vicino all'uomo di quanto questi possa avvicinarsi a sé. In forza di tale prossimità sempre più grande, l'uomo può allontanarsi da sé per avvicinarsi di più a se stesso in modo nuovo. «Dio è vicino a noi solo *allontanandoci* da noi. Come colui che ci allontana da noi, Dio è naturalmente il più lontano da colui che è presso se stesso e vuole essere presso se stesso, cioè l'uomo che insiste su se stesso. Ma vale contemporaneamente il contrario: questo fondamentale *nos extra nos esse* è come tale identico alla vicinanza di Dio»[24]. A questo punto non è più necessario ricorrere all'assioma dell'incomprensibilità di Dio per salvaguardare la differenza tra Dio e uomo; essa è garantita nel momento in cui Dio, avvicinandosi a noi più di quanto noi possiamo avvicinarci a noi stessi, si sottrae alla nostra immediatezza. «Dio ci è vicino come colui che è sottratto. Questa è la certezza della fede che come tale è certezza di Dio e perciò certezza di sé che sottrae sicurezza»[25].

Nella prossimità di Dio all'uomo, non solo l'uomo è rivelato a se stesso, ma Dio rivela il suo essere. Se Dio si definisce nel suo relazionarsi all'uomo, ne segue che nel modo con cui l'uomo si rapporta a se stesso e agli altri, avviene conoscenza di Dio. «Nell'evento dell'analogia x:a = b:c Dio smette di essere x. Egli si presenta venendo. E questo suo venire appartiene esso stesso al suo essere che egli rivela venendo»[26]. Tale struttura analogica esprime l'*evento* della fede (ἐλθούσης δὲ τῆς πίστεως [*Gal* 3,25]), che corrisponde a livello ontologico alla *venuta* di Dio nel mondo. Con l'esperienza di fede

---

[24] *Ib.*, 243.
[25] *Ib.*, 244.
[26] *Ib.*, 373.

non abbiamo più l'ignota relazione *(x:a)*, ma al suo posto subentra la *nota* relazione *(x:a)*: le porte del mistero di Dio si spalancano verso l'uomo solamente dall'interno. «Se si aprono, allora il Mistero si dà a conoscere»[27].

La struttura esperienziale della fede si ritraduce nell'evento linguistico dell'analogia. «Si tratta di comprendere l'analogia come un evento che faccia *venire* l'uno (x) all'altro (a) – con l'aiuto della relazione di un ulteriore altro (b) ad un altro ancora (c). Si tratta di una *analogia dell'evento* che esprime la venuta di Dio all'uomo come un evento definitivo. Ma se l'analogia contiene *Dio* come uno dei suoi membri (x:a = a:c), allora sulla base del rapporto di Dio (x) con il mondo (a) il rapporto mondano che corrisponde a questo rapporto (b:c) appare in una luce del tutto nuova, che *rende nuovo* questo stesso rapporto mondano, in una luce escatologica»[28]. Dio viene al mondo ed è reso noto nel modo in cui i rapporti mondani *(b:c)* appaiono in una luce del tutto nuova. L'*avvento di Dio* è annunciato così nelle situazioni quotidiane, le quali proprio in virtù di questo avvento originario, iniziano a parlare di Dio.

In un saggio dedicato alla teologia di Rudolf Bultmann, Jüngel ne riprende la definizione della fede come autocomprensione dell'uomo: l'uomo può conoscere se stesso, poiché è conosciuto da Dio[29]. Se l'autocomprensione dell'uomo avviene in virtù del suo essere conosciuto da Dio, significa che tra esistenza umana e parola di Dio sussiste una stretta connessione. Ritroviamo qui quanto Ebeling afferma sulla natura della fede. «Se la fede non è un atto parziale, ma ciò che determina tutta l'esistenza, allora tutto diventa oggetto della fede, cioè diventa ciò in cui la fede dà prova concretamente di sé. Poiché se la fede ha a che fare con Dio, proprio per questo ha a che fare col mondo, non con una realtà speciale accanto al mondo, ma con il mondo nella sua vera realtà davanti a Dio»[30].

---

[27] ID., «"Meine Theologie" – kurz gefaßt», 6.

[28] ID., *Dio mistero del mondo*, 372s.

[29] Cf ID., *Glauben und Verstehen. Zum Theologiebegriff Rudolf Bultmanns*, in ID., *Wertlose Wahrheit*, 67.

[30] G. EBELING, «Was heißt Glauben?», in ID., *Wort und Glaube*, Bd. III, Tübingen 1975, 233s.

La fede non è quindi un'esperienza accanto alle altre, ma un'*esperienza con l'esperienza*[31]. Ogni precedente esperienza viene nuovamente esperita a partire dalla parola di Dio. Il Dio che viene al mondo si serve di ciò che è normale in questo mondo per mostrare se stesso come colui che rispetto alle ovvietà del mondo è ancora più evidente. Il disvelamento del mondo avviene nella parola di Dio, la quale costituisce quella *novità* rispetto al mondo, in cui l'uomo e il suo mondo si comprendono davanti a Dio. Perciò, la parola di Dio non annuncia una realtà soprannaturale o sovrumana, la cui espressione o dizione rimanga inadeguata e sempre sotto il segno del rinvio, ma è parola umana, che ha nell'umano il suo contenuto svelato, però, *secundum deum dicentem*. Solamente in questa rivelazione dell'uomo a se stesso, in cui l'uomo è posto al di fuori di sé, Dio comunica se stesso. In tale comunicazione di Dio all'uomo, l'essere di Dio non è altro da come è conosciuto ed esperito nella *sua* relazione all'uomo. Rivolgendo la parola all'uomo e quindi comunicandosi all'esterno, Dio rivela *se stesso*: «fa parte dell'essenza della parola il far partecipare all'essere di colui che parla facendo sì che questo essere si rivolga verso l'altro. Nella parola si esterna l'essere di colui che parla»[32].

In questo modo il linguaggio umano non è più la determinazione del silenzio su Dio per mezzo di parole, ma esprime l'esperimentabilità di Dio che della struttura estatica del *nos extra nos*. «Il *nos poni extra nos* è di conseguenza la struttura dell'esperienza con l'esperienza che avevamo compresa come esperienza di Dio»[33]. Proprio perché Dio viene incontrato solo in rapporto all'esperienza umana e poiché l'esperienza di Dio è sempre un'esperienza «con» la nostra vita, è possibile che si dia un discorso umano corrispondente all'essere di Dio[34]. Dio è conosciuto *in praedicamento relationis*: non

---

[31] «Infatti la fede non è semplicemente un'esperienza fissabile fra molte altre, ma la disposizione oggettiva a fare nuove esperienze con la esperienza, in modo tale che la si deve definire correttamente come un'*esperienza con l'esperienza*» (E. Jüngel, *Dio mistero del mondo*, 223s).

[32] *Ib.*, 235.

[33] *Ib.*, 242.

[34] Parlando degli attributi di Dio, Jüngel afferma che in essi viene espresso ciò che l'uomo esperisce di Dio. «La molteplicità degli attributi divini esprime in un modo accentuato l'esperimentabilità di Dio. Che Dio come Lui stesso è esperimentabile e vuole venire esperimentato – lo confessa la fede, quando parla dell'onnipotenza, della giustizia, della misericordia, della fedeltà di Dio e così anche della sua pazienza. La molteplicità degli attributi divini dimostra che Dio si fa esperienza per noi» (E. Jüngel, «La pazienza di Dio», 19s).

più *extra totum ordinem creaturae*, ma *in relatione ordini creaturae*. «Solo nella comprensione evangelica dell'analogia si dà a nostro parere il fondamento sufficiente per l'esprimibilità di Dio. Appoggiandoci all'espressione di Karl Barth e accogliendo un'espressione neotestamentaria chiamiamo questo *usus theologicus analogiae l'analogia della fede*, ma comprendiamo questa analogia, per esprimerci con Erich Przywara, anche come *reductio* o meglio come *introductio in mysterium*, come introdursi nel mistero»[35].

2. Linguaggio e relazione

Per comprendere in che modo la parola di Dio dischiuda all'uomo una nuova comprensione di sé e del suo mondo, è necessario riprendere la definizione classica che Aristotele dà dell'essenza dell'uomo. L'uomo è l'essere dotato di ragione: «ζῷον λόγον ἔχον» o «animal rationale»[36]. Questa definizione, tuttavia, afferma anche e soprattutto che l'uomo è l'essere dotato del *linguaggio*. «L'uomo come essere linguistico sarebbe allora distinto da tutti gli altri esseri in quanto è l'essere che *nomina*, in quanto è l'essere che *dà* un nome alle cose, che le *chiama* per nome»[37]. In una comprensione linguistica di sé e del mondo, l'uomo si scopre proiettato fuori di sé, interpellato e sollecitato dal mondo. Nel linguaggio si condensa la storia del rapporto che l'uomo intrattiene con il mondo. La relazione linguistica tra uomo e mondo non è semplicemente univoca, ma biunivoca: Jüngel parla di un'interazione tra i due, cosicché «l'uomo si comprende cosmomorficamente e il mondo antropomorficamente»[38]. Nell'orizzonte aperto dal linguaggio, il pensiero può iniziare a pensare; attra-

---

[35] ID., *Dio mistero del mondo*, 342.

[36] Cf H. G. GADAMER, «L'homme et le langage», in *RTP*, 118 (1986), 11-19.

[37] E. JÜNGEL, «Der Gott entsprechende Mensch. Bemerkungen zur Gottesebenbildlichkeit des Menschen als Grundfigur theologischer Anthropologie», in ID., *Entsprechungen*, 310.

[38] ID., «Verità metaforica. Riflessioni sulla rilevanza teologica della metafora come contributo all'ermeneutica di una teologia narrativa», in P. RICOEUR – E. JÜNGEL, *Dire Dio. Per un'ermeneutica del linguaggio religioso*, Brescia 1978, 178 (= «Metaphorische Wahrheit». Erwägungen zur theologischen Relevanz der Metapher als Beitrag zur Hermeneutik einer narrativen Theologie, in ID., *Entsprechungen*).

verso la parola, l'uomo inizia a distinguere una realtà da un'altra e in tal modo decide anche dell'essere del mondo. Il pensiero si apre così su un mondo già nominato e quindi dominato dal linguaggio; ne segue che i confini del nostro mondo coincidono con quelli del linguaggio.

In questa prospettiva la definizione della verità come «adaequatio intellectus ad rem» è insufficiente, perché non precisa che ruolo ha la parola nel far corrispondere la realtà alla conoscenza. Infatti, se la verità è dischiusa non tanto nell'*adaequatio rei et intellectus* quanto piuttosto nella comunicazione, ciò vuol dire che il luogo originario della verità non è più il giudizio o l'enunciato: la verità di ogni discorso avviene nell'evento della parola. Ogni enunciato possiede un orizzonte di senso, che trascende «ciò che» (τι) è detto ed include il «qualcuno» (τις) a cui qualcosa è detto e il «qualcuno» (πρός τινα) che dice qualcosa[39]. La verità di un enunciato avviene nella situazione storica e intersoggetiva, in cui è stato formulato. «Ciò che percepiamo, con stupore, nel tendere alla verità, è che non possiamo dire la verità senza un appello, senza una risposta e, per questo, senza la comunità che scaturisce dall'accordo. Ma ciò che stupisce di più, in ciò che concerne l'essenza del linguaggio e della comunicazione, è che io stesso non sono legato a ciò che penso quando parlo con altri, che nessuno di noi detiene nel suo pensiero l'intera verità, ma che l'intera verità contemporaneamente ci può possedere entrambi nel più profondo del nostro pensiero particolare»[40]. Se la verità avviene nell'intersoggettività, qualora l'uomo non voglia più ascoltare la verità dell'*altro* si ha il pervertimento della verità e l'uomo finisce per ridurre tutti i suoi rapporti all'unico rapporto con se stesso. Il soggetto pone se stesso come un «inconcussum fundamentum veritatis», un fondamento indistruttibile della verità. L'identità come autoidentificazione è il postulato antropologico dell'uomo dominato dalla volontà di affermare se stesso.

---

[39] «Non dobbiamo sempre, a colpo sicuro, considerare il cammino della prova come il cammino giusto per far comprendere a un altro uomo ciò che si ritiene vero. Il limite del potere d'oggettivazione al quale è legata la forma logica dell'espressione è regolarmente superato da tutti noi. Viviamo costantemente in forme di comunicazione che mettono a nostra disposizione la lingua – parimenti quella dei poeti – per esprimere qualcosa che non è oggettivabile» (H. G. GADAMER, «Qu'est-ce que la vérité?», in *RTP*, 118 (1986), 27).

[40] *Ib.*, 34.

La definizione dell'uomo come *essere linguistico* deve essere completata dalla comprensione del soggetto nell'orizzonte più ampio dell'intersoggettività. «Chi chiama l'uomo un essere dotato della parola lo ha già inteso come un "io" all'interno di una comunità di linguaggio e di vita»[41]. Se «nella parola l'uomo si rapporta all'uomo come uomo, ragion per cui il linguaggio è il rivelatore più sensibile dell'umanità dell'uomo», l'umanità dell'uomo e quindi la sua «linguisticità» si realizza nell'ambito di relazioni[42]. «L'uomo è un essere più che mai ricco di relazioni, un essere relazionale complesso»[43]. La relazionalità, che costituisce l'essere dell'uomo come essere linguistico, è inscritta nella struttura della parola: «Il λόγος come λόγος τινός ha la struttura del πρός τι»[44]. L'evento linguistico accade in un orizzonte interpersonale, in cui «chi dice "io", èpersona, e può dire "io" solamente chi può rivolgere la parola ad un "tu", poiché egli stesso fu interpellato come un "tu" e gli fu dato così il potere del linguaggio»[45].

Per comprendere più da vicino la dimensione allocutoria del linguaggio (πρός τι), vogliamo riflettere sulla dinamica dell'incontro, a partire dalle analisi di Jüngel sul fenomeno dell'amore e sull'essere relazionale dell'uomo.

2.1. Fenomenologia dell'incontro

La nostra ricognizione fenomenologica muove da un'affermazione di J. Ratzinger sull'essere *persona*: «l'essere-presso-l'altro è il modo d'essere presso se stesso. Viene richiamato alla mente un assioma teologico di base, che qui può venir utilizzato in una forma specifica; si tratta della frase di Cristo: "Soltanto chi perde se stesso, si ritroverà" (cf *Mt.* 10,39). Questa legge fondamentale dell'esistenza

---

[41] E. JÜNGEL, *Dio mistero del mondo*, 232.

[42] Cf *Ib.*, 252.

[43] ID., «Der menschliche Mensch. Die Bedeutung der reformatorischen Unterscheidung der Person von ihren Werken für das Selbstverständnis des neuzeitlichen Menschen», in ID., *Wertlose Wahrheit*, 198.

[44] ID., *Dio mistero del mondo*, 228.

[45] I. U. DALFERTH – E. JÜNGEL, «Sprache als Träger von Sittlichkeit», in *Handbuch der christlichen Ethik*, Bd.II, Freiburg – Basel – Wien 1978, 456.

umana, riferita lì alla salvezza, caratterizza in effetti l'essenza dello
spirito, che soltanto allontanandosi da se stesso, andando verso qualcosa di diverso da sé, torna a se stesso e realizza la sua specifica pienezza»[46]. La comprensione dell'uomo *in praedicamento relationis*
costituisce il fondamento della concezione antropologica di Jüngel;
per il nostro Autore, tuttavia, la relazione che costituisce l'essere della persona è originariamente la relazione che un altro dona all'uomo.
«La relazione che l'uomo ha con se stesso è preceduta ontologicamente dalla relazione che un altro intrattiene con lui. L'uomo non si
potrebbe infatti rapportare a se stesso, se egli non esistesse già a partire dalla relazione che un altro ha con lui»[47]. «L'uomo può determinarsi, solamente se fa l'esperienza di essere determinato da un altro.
L'uomo impara a parlare, se gli viene rivolta la parola. L'uomo impara ad amare, se l'amore gli va incontro. L'uomo esce da se stesso, se
qualcuno va a lui. [...] Solo colui che esce da se stesso trova se stesso. [...] L'uomo è uomo (*Mensch*) solamente nel modo di essere con
altri (*als Mitmensch*)»[48].

Jüngel descrive questo primato ontologico della relazione altrui,
descrivendo l'incontro d'amore tra un *io* e un *tu*. «Ora il tu amato mi
si avvicina di più di quanto io stesso possa mai essermi vicino, e mi
riporta a me in modo del tutto nuovo, così che io dalla distanza più
lontana vengo a me, anzi: vengo portato a me»[49]. Nella differenza tra
l'*io* e il *tu*, il *tu* si presenta all'*io* come un originario *non-io*, che giudica col suo semplice sguardo l'orizzonte dell'*io*, ma allo stesso tempo gli restituisce la sua autocoscienza e ne è all'origine. L'istanza
*contra*ddittoria del tu (= *non-io*) rende insicuro l'*io*, esponendolo alla
sua povertà e al *nulla* che lo costituisce. Questa povertà rivela tutta la
sua negatività specialmente nell'incontro d'amore: *senza di te sono
nulla*[50]. L'*io* percepisce la sua massima vicinanza con il proprio nulla
dinnanzi a colui dal quale *tutto* si riceve. L'*io* può superare questo
nulla, di fronte al quale è esposto (*non*-io), attraverso una negazione

---

[46] J. RATZINGER, «Il concetto di persona nella cristologia», in ID., *Dogma e predicazione*, Brescia 1974, 186 (= *Dogma und Verkündigung*, München 1973).
[47] E. JÜNGEL, «Der Gott entsprechende Mensch», 298.
[48] ID., «Lob der Grenze», in ID., *Entsprechungen*, 374.
[49] ID., *Dio mistero del mondo*, 422.
[50] Cf *Ib.*, 420.

dell'alterità; in tal modo l'*io* assicura di nuovo la propria identità [*non* (non-io) ⇒ *io*].

L'affermazione di sé da parte dell'io può avvenire in due modi: attraverso il *giudizio* o attraverso l'*attrazione erotica*. Nel primo caso la negazione dell'altro avviene nominandolo. La nominazione dell'altro conduce al dominio sull'altro; determinando il nome dell'altro, l'*io* si appropria di ciò che gli manca, per essere pienamente *io*. Sarebbe possibile nominare l'altro, senza giudicarlo, qualora il *tu* potesse riconoscersi totalmente nello sguardo dell'*io*. Ma ciò è impossibile, poiché il *tu* viene colto sempre in una prospettiva che non è la sua: da un punto di vista che non gli appartiene. «Le verità dei soggetti sono dunque disvelate ma mai del tutto adeguate: in questo la relazione interpersonale trova un limite invalicabile e infine può acquietarsi solo nella fede o nella fedeltà fiduciosa»[51].

Nel caso dell'attrazione erotica, invece, l'*io* s'impossessa di ciò che manca alla sua perfezione, attraverso l'innamoramento. «Il κα–λόν mancante, che viene scorto nell'altro, innamora e mette in movimento nella propria direzione. È attraente ciò che manca -appunto per potenziare se stessi»[52].

Attraverso il giudizio sull'altro e l'attrazione erotica, l'uomo desidera appropriarsi di *ciò-che-gli-manca*: è la volontà di dominio, che si esprime nel non lasciar essere l'altro *come* altro. Nel dominio, l'uomo vuole essere *più-che-uomo*, trasgredendo così l'originaria socialità tra uomo e uomo, ponendosi nelle vesti di un dio di fronte all'altro[53]. In tal modo l'uomo cerca di esorcizzare la paura che lo minaccia; ma, volendo assicurare totalmente se stesso, l'*io* si condanna alla solitudine.

L'isolamento s'interrompe nel momento in cui un altro *gli* rivolge la parola. Il fenomeno della parola attesta, da un lato, il manifestarsi di colui che si rivolge e, dall'altro, rende possibile che l'*io* sia allontanato da se stesso. A questo punto il soggetto è fuori di sé e precisamente nello spazio aperto dalla parola rivoltagli. Attraverso la

---

[51] V. MELCHIORRE, *Essere e Parola*, 70.

[52] E. JÜNGEL, *Dio mistero del mondo*, 439.

[53] «In quanto signore sugli altri uomini l'uomo si pone nel ruolo di Dio: Homini homini deus. Questo però vuol dire sempre: Homo homini lupus» (ID., «Der Gott entsprechende Mensch», 307).

parola l'altro restituisce all'*io* il nulla che lo identifica, determinandoglielo. Il *tu* media così all'*io* la paura e l'insicurezza di fronte al proprio nulla. «Ricevendo se stessi dall'altro, l'io e il tu si riferiscono in modo nuovo *a* se stessi. Ma così l'esistenza ricevuta da un altro è un'esistenza carica del *potenziale del proprio non essere*»[54]. S'individua qui un principio antropologico fondamentale: *solo chi abbandona se stesso perverrà a se stesso*. Ma ciò dipende assolutamente dalla *libertà dell'altro* uomo[55]. «[In] verità nessun uomo può essere identico a se stesso senza essere presso un altro da lui. Nessun uomo *è* il prossimo a se stesso»[56]. Nel lasciar o far essere un altro per me consiste l'umanità dell'uomo. L'umanità dell'*io*, secondo Jüngel, consiste nel fatto di fidarsi di un altro che sia se stesso: nel far essere un altro per me. In ciò rientra però anche il fatto che egli sappia fidarsi. «Essere uomini significa: *sapersi fidare*»[57].

L'uomo, dunque, è rivelato a se stesso attraverso la parola di un altro: l'autocomprensione avviene attraverso la parola *fiduciale* di un altro. Nella reciprocità degli sguardi tra un *io* e un *tu* umano avviene un riconoscimento, un guardarsi nello sguardo altrui, che però non giunge mai all'adeguata identità tra certezza (il punto di vista dell'*altro*) e verità (la *mia* identità). Poiché l'altro mi può sempre fraintendere o ingannare, rimane possibile che la fiducia sia accompagnata dal sospetto e dalla diffidenza. L'altro, infatti, non potrà mai restituirmi totalmente *a* me stesso, in quanto mi riconosce sempre in un'*altra* prospettiva, che mai s'identifica con la mia. L'altro deve scomparire dal mio orizzonte, affinché possa riavere sicurezza e ritornare così nell'evidenza di me stesso. Fiducia e paura determinano l'*ambiguità* dell'esistenza umana e ancor più dell'intersoggettività. «Se tuttavia si riducesse all'unità quella duplicità, eliminando l'ambivalenza a vantaggio di una esperienza irreversibile in grado di affermare l'essere, avverrebbe proprio ciò che dal punto di vista teologico meriterà di essere chiamato un *miracolo*»[58]. In tale esperienza *irreversibile*, Dio crea una relazione da quel nulla, che costituisce l'identità dell'uomo.

---

[54] ID., *Dio mistero del mondo*, 422.
[55] Cf *Ib.*, 240, nota 13.
[56] *Ib.*, 241.
[57] *Ib.*, 239.
[58] *Ib.*, 52.

L'*io* diventa un *tu* per Dio: in questo *essere-interpellato* consiste l'essere dell'uomo[59].

A differenza del rapporto amoroso umano, dove i soggetti sono degni l'un l'altro d'amore, quando Dio rivolge la sua parola, guarda l'uomo con amore creativo, rendendo l'uomo *obiectum amoris* e quindi *amabile* per quel nulla che è. Proprio perché Dio ama il nulla dell'uomo, questi viene a riconoscere che la sua identità consiste nell'*essere amato* gratuitamente. In quanto *amato*, l'uomo diventa persona[60]. Nello sguardo d'amore, espresso dalla parola che Dio rivolge all'uomo, l'*io* conosce se stesso come interpellato e riconosciuto dal *tu* di Dio. «Questa vicinanza escatologica dell'uomo a se stesso è creata dalla parola di Dio che mette in relazione l'uomo con il Dio che lo interpella, in modo tale che Dio si avvicina all'uomo più di quanto questi possa mai avvicinarsi a se stesso. Dio è il mio prossimo. Egli si avvicina a me più di me stesso. Su questa vicinanza di Dio si innesta la fede. Il fatto che io mi avvicini a me stesso nella fede in modo escatologicamente nuovo è dunque fondato nell'avvicinarsi proprio di Dio. Dio, avvicinandosi all'uomo, conduce l'uomo a se stesso»[61].

Secondo Jüngel questa vicinanza escatologica, creata dalla parola di Dio, non può identificarsi con la vicinanza imperativa del volto dell'altro uomo propria alla prospettiva di E. Lévinas. «[Per Lévinas] non è *la vicinanza indicativa di Dio* che pone da se stessa la vicinanza del prossimo come una vicinanza *imperativa dell'altro uomo*, che esige da me e mi rende responsabile, ma è la vicinanza *imperativa* dell'altro uomo che rende possibile la trascendenza come *domanda* – e solamente come *domanda* – *verso Dio*. [...] Il senso della parola *Dio* è primariamente *etica*, e l'*esigenza* che interpella gli uomini con assoluta violenza è *parola di Dio*»[62]. Per il nostro Autore, invece,

---

[59] Cf Id., «Der Gott entsprechende Mensch», 313.

[60] Questo sguardo *creativo* viene descritto da Jüngel parlando del giovane ricco nel suo commento alla pericope evangelica di Mc 10,17-22. «[...] il giovane ricco ha ricevuto uno sguardo, che lo mette in luce *come persona*» (Id., *Unterbrechung. Predigt IV*, München 1989, 96).

[61] Id., *Dio mistero del mondo*, 242.

[62] Id., «Zur dogmatischen Bedeutung der Frage nach dem historischen Jesus», in Id., *Wertlose Wahrheit*, 226s. Questo saggio è stato in parte tradotto in italiano (cf E. Jüngel «La rilevanza dogmatica del problema del Gesù storico», in G. Pirola – F. Coppellotti (edd.), *Il «Gesù storico». Problema della modernità*, Casale Monferrato 1988, 161-185). Faremo riferimento al testo originale in tedesco per le parti non tradotte in italiano.

l'amore per l'altro non scaturisce dal comando originario suscitato dal volto che l'altro rivolge all'uomo, ma dal *fatto* che già un Altro è presso di me e mi *dispone* ad amare. Potremmo dire che Dio amandomi, mi fa andare talmente in estasi, che ormai l'uomo non è più presso di sé ma si trova già presso l'altro. «Infatti, ad amare si impara venendo amati e lasciandosi amare. Perciò, non si potrebbe né amare Dio né amarsi l'un l'altro, se non ci si pone *già* amati da Dio e non ci si lasciasse amare da lui»[63].

La parola *fiduciale* di Dio, dunque, non solo disvela l'essere stesso di Dio e restituisce l'uomo *a* se stesso (cf Gal 4,9), ma anche disvela all'*io* il volto del *tu*. La fede libera l'*io* a *lasciar essere* un altro per me, prima che l'*io* si riconosca responsabile dell'altro. «Dal punto di vista teologico vale primariamente: *io sono uomo nel lasciar esserci un altro per me*. Il rivolgersi di Dio stesso a noi può essere chiamato *fiducia in Dio*, così come avviene nell'incontro con l'altro. Si intende proprio questo quando si parla di fede»[64].

2.2. La dimensione metaforica del linguaggio

Se ogni linguaggio ha le sue forme linguistiche, dobbiamo chiederci quali siano quelle forme che rendono possibile l'evento linguistico della relazione. In precedenza, avevamo individuato la struttura *analogica* del linguaggio: l'evento della corrispondenza $(a{:}b) = (c{:}d)$, si realizza interpellando. «Interpellante è l'analogia»[65]. Nell'evento analogico le relazioni tra i *relata* non sono qualcosa di esterno, ma determinano l'essere stesso dei *relata*. Ma l'evento dell'analogia non interessa solamente le relazioni propriamente linguistiche, ma anche quelle antropologiche. Tra chi parla e chi ascolta, in virtù del carattere interpellante del linguaggio, avviene una relazione, mediata appunto dalla parola. Nel linguaggio si determina non solo il significato della parola, ma l'essere stesso di coloro che sono interpellati da questa paro-

---

[63] ID., *Dio mistero del mondo*, 426.
[64] *Ib.*, 239s.
[65] *Ib.*, 379.

la. Si può parlare dunque della socialità delle metafore e delle parabole[66].

Parabola e metafora costituiscono *comunione* non secondo cogenza assertiva o secondo il carattere imperativo di un comando, ma nel modo della non-necessità[67]. Non c'è alcuna necessità nel chiamare «Achille» un *leone* o nel parlare della sera come della vecchiaia della vita. La donazione di senso, comunicata dalla parola alla realtà, è più una *possibilità* che una *necessità* fondata sulla non-contraddizione. La parabola o la metafora avvincono anziché convincere. Si manifesta qui la libertà creativa del linguaggio, che stringe senza costringere. La metafora non obbliga nessuno, ma dispone l'interlocutore a lasciarsi determinare dalla verità. Qui si rivela l'essenza dell'analogia, che è data dall'unità verbale originaria di libertà e cogenza[68]. «L'analogia è l'evento interpellante della libertà avvincente»[69].

Possiamo comprendere perché l'evento linguistico della relazione si esprima in forma analogica. La parola analogica fa incontrare colui che parla con colui che ascolta in modo tale che l'*io* è rivelato a se stesso attraverso la parola di un altro. Ciò non toglie che a motivo dell'ambiguità di fondo, di cui abbiamo parlato precedentemente, ci possa essere sempre l'eventualità, «in cui il linguaggio [possa] stregare l'io (non solo il suo intelletto, ma anche il suo cuore)»[70]. La libertà avvincente può essere tanto un evento che libera, quanto un evento che soggioga. «Ma questo uso negativo del linguaggio è pos-

---

[66] «L'analogia come processo verbale è un fenomeno eminentemente creatore di comunità, nella misura in cui essa collega non solo gli ascoltatori interpellati fra di loro ma anche il parlante interpellato dalla analogia con i suoi ascoltatori in una comunità, nella quale il processo della scoperta di ciò che è formulato diviene fondamentalmente raggiungibile mediante il suo linguaggio metaforico. La scoperta si comunica come evento dello scoprire. Metafore e parabole sono sociali in quanto linguaggio scoprente» (*Ib.*, 379s).

[67] Cf *Ib.*, 380. Per un'approfondimento sulla concezione jüngeliana della *parabola* si rimanda alla dissertazione di L. AERTS, *Gottesherrschaft als Gleichnis? Eine Untersuchung zur Auslegung der Gleichnisse Jesus nach Eberhard Jüngel* (Europäische Hochschulschriften. Reihe XXIII: Theologie, 403; Diss. Pont. Univ. Greg. Roma, 1989, Frankfurt am Main, Bern – Lang, 1990).

[68] «Il fatto che venga espresso il rapporto di a con b mediante quello fra b e c è tutt'altro che necessario – potrebbe forse essere espresso anche mediante il rapporto fra y e z – tuttavia quando accade è stringente» (E. JÜNGEL, *Dio mistero del mondo*, 381).

[69] *Ib.*

[70] *Ib.*, 228.

sibile solo poiché il linguaggio è una potenza che determina fondamentalmente l'uomo e schiude il suo *Dasein*»[71].

Dopo aver esaminato la dimensione antropologica dell'evento
linguistico e aver individuato nell'analogia il modo con cui la relazione interpersonale si esprime, vogliamo ora esaminare quella forma
linguistica, che più di ogni altra rende possibile, in *ciò che si comunica*, tanto la corrispondenza tra realtà e pensiero quanto la *comunicazione* stessa. Prendiamo in considerazione il fenomeno della *metafora*. Nel corso della sua opera teologica, Jüngel ritorna più volte sul
tema della metafora. Ricordiamo gli accenni relativi sia alla metafora
che alla parabola nella sezione dedicata al vangelo come discorso
analogico su Dio nel § 18 dell'opera *Dio mistero del mondo*. Qui
Jüngel fa riferimento costante al saggio «Verità metaforica» studio
dedicato alla rilevanza teologica della metafora nella teologia narrativa[72]. Ci soffermeremo anche noi su questo studio per comprendere
più da vicino la *struttura* della metafora e perché essa costituisca non
una, ma *la* forma stessa del linguaggio.

Il saggio in esame è suddiviso in cinque parti. Dopo alcune premesse di carattere gnoseologico ed ontologico sul linguaggio e in
particolare sul linguaggio religioso, Jüngel si sofferma nella *prima
parte* sul fenomeno della metafora, analizzando il modo in cui è stato
interpretato nella linguistica tradizionale a partire da Aristotele e di
recente da quei linguisti, che ne hanno evidenziato maggiormente la
dimensione logico-ontologica. Jüngel cita in particolare: Karl Bühler,
Bruno Snell, Karl Löwith, Beda Allemann, Hans Blumenberg e Paul
Ricouer.

Nella *seconda parte* del saggio, si fa riferimento al contributo di
Nietzsche, per il quale la dimensione metaforica della verità non fa
altro che mettere in luce il carattere illusorio di ogni verità. Alla luce
di tale giudizio, vengono esaminate nella *terza parte* le affermazioni
di Aristotele sulla metafora contenute nella *Poetica* e nella *Retorica*.
Per Aristotele, la metafora costituisce un uso *improprio* del linguaggio, in quanto in essa la dimensione allocutoria del linguaggio preva-
le su quella assertoria. Criticando tale concezione della metafora,
Jüngel fa notare che tanto la dimensione allocutoria quanto quella as-

---

[71] *Ib.*
[72] Cf ID., «Verità metaforica», 108-180.

sertoria appartengono al linguaggio. La metafora ha una rilevanza logico-ontologica di estrema importanza, non solo per il linguaggio umano (*quarta parte*), ma ancor più per il linguaggio di fede (*quinta parte*). La parola di fede, infatti, è una parola *su Dio* (valore assertorio), che presuppone un parlare *a Dio* nato da una familiarità con Lui (valore allocutorio).

Senza alcuna pretesa di esaustività, focalizzeremo la nostra riflessione su tre punti fondamentali: innanzitutto i presupposti logico-ontologici che hanno spinto Jüngel a comprendere come metaforico il linguaggio; in un secondo momento la differenza tra la concezione tradizionale della metafora e quella di Jüngel; infine la metafora dal punto di vista dell'evento di fede.

2.3. Rilevanza logico-ontologica della metafora

Nella comprensione linguistica del mondo, la *parola* non è semplicemente *segno* dell'adeguazione tra realtà (*res*) e conoscenza (*intellectus*), ma è ciò che rende possibile la corrispondenza tra l'una e l'altra. «*L'essere che può venir compreso è linguaggio*»[73].

Questo implica che l'essere non si identifica soltanto con ciò che è realmente conosciuto, ma include anche tutte quelle possibilità del reale che sono dischiuse dalla parola. Ma poiché il linguaggio non si limita a rispecchiare una realtà già esistente e tantomeno riproduce il mondo delle essenze, non c'è il rischio che la parola, aprendo un nuovo mondo, contraddica o per lo meno tradisca il reale?

Analizzando il dire *metaforico*, Jüngel afferma che il «di più» detto del reale non tradisce la realtà, poiché costituisce una possibilità che le viene *donata*, anche se non è *dedotta* dal reale. «*Achille è un leone* e *Gesù è il Figlio di Dio* – le due proposizioni [...] sono in contrasto – ognuna a suo modo – con la realtà, eppure – ognuna a suo modo – sono vere»[74]. La parola metaforica trascende il reale, poiché attribuisce al reale un supplemento di essere: in tal modo la metafora non perde di vista la realtà, ma si concentra su di essa, mettendola a

---

[73] H. G. GADAMER, *Verità e metodo*, 542.
[74] E. JÜNGEL, «Verità metaforica», 114.

fuoco da una particolare prospettiva. La metafora ha così il potere di arricchire la realtà di *possibilità*, «in modo tale che proprio la possibilità porti in modo stringente alla scoperta di una nuova dimensione della realtà e a una precisazione del discorso sul reale»[75].

La metafora fa scoprire – attraverso un nuovo uso di una parola – nuove dimensioni dell'essere. Infatti, se la parola rende possibile l'evidenza, cioè la corrispondenza tra essere e pensiero, con la dizione metaforica emerge una *maggiore* evidenza, perché, dando un nuovo significato ad una parola, vengono scoperte nuove connessioni dell'essere. Nel dire metaforico l'essere diviene linguaggio, cosicché la realtà ad-viene e prende forma come linguaggio. Questa traslazione o passaggio (μεταφορά) dall'essere al linguaggio determina la natura del linguaggio come *metaforica*. Le singole metafore del linguaggio non fanno altro che manifestare «il movimento dell'essere nel linguaggio, in quanto lo continuano dentro la lingua ed ampliano quest'ultima, come pure il rapporto dell'uomo con l'essere»[76].

Il rapporto linguistico con l'essere rivela l'uomo «come passaggio dall'essere al linguaggio – un passaggio che, esso stesso, *in quanto acquisto d'essere*, appartiene all'essere»[77]. Poiché il passaggio dall'essere al linguaggio avviene attraverso l'uomo, è necessario affermare non solo il carattere metaforico del linguaggio, ma anche la sua dimensione strutturalmente antropomorfica. Aveva ragione Nietzsche nel riconoscere «alla verità una qualità metaforica fondamentale»[78]. Questo però non significa far scadere la verità all'apparenza metaforica, ma riconoscere la *metaphorá* stessa come *evento di verità*.

La natura metaforica del linguaggio appare evidente se esaminiamo quei casi in cui la metafora diventa *necessaria* per designare uno stato di cose. L'uso necessario della metafora sul piano della definizione viene detto *catacresi metaforica*. Jüngel parte da questo caso limite del linguaggio assertorio per mettere in discussione non solo l'intera teoria tradizionale della metafora, ma la concezione stessa

---

[75] ID., *Dio mistero del mondo*, 380.
[76] ID., «Verità metaforica», 161s.
[77] *Ib.*, 156. E. Jüngel riprende le analisi di M. Heidegger sul rapporto tra *linguaggio* ed *essenza dell'uomo* contenute in *Lettera sull'umanismo* e sviluppate in seguito in *In cammino verso il linguaggio*.
[78] *Ib.*, 158.

del linguaggio[79]. La metafora, anziché essere un uso improprio del linguaggio, rivela il linguaggio nella sua proprietà più intima. A questo punto cerchiamo di capire perché il discorso metaforico è stato giudicato dalla tradizione come linguaggio improprio.

2.4. La metafora come linguaggio improprio

Aristotele fu il primo a comprendere la metafora come l'evento di un trasferimento (o *traslazione*). «La metafora consiste nel trasferire a un oggetto il nome che è proprio di un altro»[80]. Da un campo semantico *proprio*, la metafora trasferisce un nome ad uno *improprio*: questo presuppone che ad ogni significato corrisponda un nome proprio (ὄνομα κύριον), definito dall'uso comune che tutti ne fanno[81]. Da un lato, ogni parola ha un proprio senso (*Sinn*) o contenuto (*Wortinhalt*); dall'altro, il significato (*Bedeutung*) di ogni parola è deciso all'interno di un orizzonte significante, che a sua volta dipende dall'uso linguistico che si fa di una data parola. La funzione semantica dei nomi corrisponde così all'uso datogli dalla convenzione (κατὰ συνθήκην). Il principio fondamentale dell'ermeneutica è che «le parole traggono il loro significato dal contesto in cui vengono usate»[82]. Nell'uso comune del linguaggio il senso semantico coincide con il significato di una parola, cosicché colui che parla e colui che ascolta annettono alla parola il medesimo valore informativo. Invece, nell'uso metaforico del linguaggio, il senso semantico non coincide con il significato della parola[83].

---

[79] Secondo il metodo della riduzione fenomenologica, infatti, sono proprio queste situazioni limite, che aiutano a delineare quello spazio eidetico, nel quale un fenomeno manifesta la sua struttura essenziale. «La metafora, allora, in casi eccezionali, assumerebbe la funzione di discorso proprio. C'è però motivo di supporre, spingendosi più oltre e mettendo in discussione le premesse della teoria linguistica non toccata affatto da questa valutazione, che anche le parole ora in vigore come nomi comuni fossero, in origine, in gran parte, delle metafore del genere» (*Ib.*, 151).

[80] ARISTOTELE, *Poetica*, 1457b, 6-8.

[81] Cf E. JÜNGEL, «Verità metaforica», 135.

[82] *Ib.*, 120.

[83] «In un tale uso metaforico di una parola, il senso e il significato di quest'ultima divergono, e precisamente in quanto ora viene necessariamente sospeso il significato originario, affinché ne possa subentrare un altro" (*Ib.*, 148).

Per esempio: nel linguaggio comune con il termine *Achille* ci si riferisce al guerriero valoroso, mentre con *leone* all'animale del deserto. Nella proposizione «Achille è un leone» si fa passare un termine dal suo orizzonte *proprio* ad un altro *improprio*: il termine *leone* viene trasferito dall'orizzonte proprio di animale del deserto a quello di *Achille*. In questo passaggio (ἐπιφορά) consiste il fenomeno della μεταφορά. La definizione della metafora come forma primigenia del discorso tropico nasce proprio dal fatto che la metafora costituisce un τρόπος, potremmo dire una *virata* della direzione semantica di una parola dal senso originario ad un altro. «Il parlante, infatti, che forma la metafora supera il linguaggio ordinario stabilendo una nuova associazione linguistica, che dischiude un nuovo rapporto di significato»[84]. In questa traslazione la parola non perde la sua estraneità. Il *leone* rimane sempre l'animale del deserto, ma in quanto estranea questa parola accresce la conoscenza di ciò che ci è familiare con il termine *Achille*. Il termine estraneo, infatti, evidenzia alcuni degli aspetti noti, predicati del soggetto.

Per effettuare tale trasferimento metaforico Aristotele indica precise regole: il passaggio deve avvenire dal genere alla specie o dalla specie al genere, da specie a specie, o in conformità al corrispondente (ἐπιφορὰ κατὰ τὸ ἀνάλογον). Il trasferimento secondo analogia si ha quando *b* sta ad *a* così come *d* sta a *c*: *(a:b) = (c:d)*. Il caso tipico è quello del rapporto tra «vecchiaia e vita» e tra «sera e giorno»: *la vecchiaia è la sera della vita*. «Così la vecchiaia è con la vita nello stesso rapporto che la sera col giorno»[85]. L'orizzonte semantico della vecchiaia e quello della sera si possono fondere insieme, in quanto è stata scoperta tra i due una funzione comune: sia la vecchiaia che la sera dicono il terminare di un tempo. Tra le due relazioni *(a:b)* e *(c:d)* è stata intuita un'identità, che nel trasferimento metaforico viene disvelata «come ciò che è comune nel diverso, come ciò che è simile nel dissimile»[86].

Per scoprire tali somiglianze si richiede, però, una naturale disposizione, che sappia scoprire i legami profondi dell'essere. «Ogni metafora riuscita dovrebbe lasciar balenare qualcosa della corrispon-

---

[84] *Ib.*, 149.
[85] *Ib.*, 137.
[86] *Ib.*, 146.

denza che tiene unito il mondo nel suo intimo»[87]. Il fenomeno metaforico comunica, oltre alla scoperta di somiglianze nella realtà semantica, l'evento stesso di questo scoprire. L'orizzonte ontologico dell'ascoltatore è dunque ampliato non tanto perché si aggiungono *nuove* informazioni o nuove scoperte, quanto perché l'ascoltatore è reso partecipe di questo stesso scoprire[88]. La metafora dischiude linguisticamente quelle connessioni dell'essere, che invece la definizione delimita e fissa. In essa sono coniugate la libertà linguistica dello scoprire e la necessità semantica del concetto[89]. La scoperta metaforica amplia così l'orizzonte ontologico, eliminando l'irrigidimento sul reale e riconoscendo all'essere delle possibilità. L'evento di questa scoperta rivela anche quanto sia essenziale il carattere allocutorio della metafora. «Le metafore sono dirette e devono essere dirette a qualcuno. E ciò le distingue dall'asserzione definitoria, che non intende rivolgersi a qualcuno, ma soltanto stabilire»[90].

Purtroppo, l'attenzione esclusiva al *quid dicitur*, piuttosto che al *quomodo dicitur*, ha portato a considerare la relazione tra ciò che viene detto e colui al quale qualcosa viene detto (*ad* – *loqui*), come non essenziale al linguaggio[91]. Ciò ha indotto Aristotele a restringere la metafora alla sua funzione retorica. Ma proprio questa è, secondo Jüngel, la vera aporia della concezione aristotelica: l'inserimento della metafora nella retorica ha fatto sì che la comunicazione non venga considerata una dimensione propria del linguaggio. La metafora non aiuta tanto a chiarire, ma a rendere più vivace o persuasivo ciò che è già evidente (τὸ σαφές)[92]. In base a questa concezione non è stato

---

[87] *Ib.*, 141.

[88] «La metafora, quindi, è un linguaggio svelante sia per chi la forma (il parlante) come per colui al quale è rivolta (l'uditore); ma, dal punto di vista di colui cui ci si rivolge, essa è insieme un linguaggio efficace. Formula una scoperta in modo che con lo scoperto viene comunicato anche l'evento dello scoprire» (*Ib.*, 147).

[89] «Nel linguaggio metaforico la possibilità creativa del linguaggio e la rigorosa necessità del concetto, la sorpresa linguistica causata dalla novità e la fidatezza della lingua in virtù della familiarità con ciò che è conosciuto da sempre, sono strettamente armonizzate tra loro» (*Ib.*, 141).

[90] *Ib.*, 175.

[91] «Il rivolgere la parola si presenta come un fenomeno specificamente retorico e soltanto come tale. L'attraente, di conseguenza, si rivela come un mero ornamento (*ornatus*) della lingua» (*Ib.*, 149).

[92] «Per questo la metafora è inadatta alla definizione. Alla base della definizione deve stare l'evidente *tò saphés*, perché il *definiendum* non può essere definito né da metafore né dal denominato metaforicamente» (*Ib.*, 147).

possibile riconoscere alla metafora alcuna rilevanza logico-ontologica. Tale giudizio sul fenomeno metaforico ha avuto riflessi notevoli anche nel modo di intendere il linguaggio di fede.

3. La struttura della metafora di fede

Quando ci si interroga sulla conoscenza analogica di Dio, ci si chiede come sia possibile una parola umana, che dica propriamente Dio. È possibile ad un linguaggio mondano e umano salvaguardare la priorità e rivelare la divinità di Dio? «Ma ogni linguaggio che conosciamo è linguaggio umano. Anche Dio dunque, quando si esprime, può esprimersi solo in linguaggio umano. Come è allora possibile pensarlo ancora come Dio?»[93]. Parlando della metafora, dicevamo che anche la parola «*Dio*» ha senso solo in un contesto metaforico. Quali sono, dunque, le condizioni di possibilità per un discorso metaforico su Dio?

Per rispondere a questa domanda, dobbiamo ricordare innanzitutto che il fenomeno metaforico presuppone la conoscenza previa di entrambi gli orizzonti, nei quali avviene il trasferimento metaforico. Per esempio, nella metafora «Achille è un leone», deve essere già conosciuto tanto cos'è *un leone* quanto chi è *Achille*. La funzione del predicato (*leone*) nei confronti del soggetto (*Achille*) è di ricordare chi era Achille e di ricordarlo attraverso una determinata prospettiva. Dicendo, infatti, che Achille è un leone, la storia di Achille viene riletta alla luce del suo coraggio[94]. Con tale metafora si vuole risignificare la vicenda di Achille, servendosi di una parola che appartiene ad un mondo estraneo: «la predicazione metaforica [...] rende possibile una comunicazione linguistica tra i due "mondi", di modo che il "mondo straniero" del leone è in grado di svelare, in modo nuovo, dei caratteri essenziali in Achille e nel suo comportamento»[95].

---

[93] ID., *Dio mistero del mondo*, 332s.

[94] «Le metafore richiamano alla memoria in quanto dicono cose nuove. Il nuovo prodotto dalle metafore comporta, quindi, che esse ricapitolino insieme una storia narrata, e ricapitolino sotto un profilo ben determinato» (ID., «Verità metaforica», 168).

[95] *Ib.*, 167.

La previa conoscenza dei due orizzonti tra i quali è effettuato il trasferimento metaforico, è richiesta anche per la metafora di fede. Tanto l'orizzonte mondano quanto quello teologico devono essere già conosciuti, per poter parlare in maniera metaforica di Dio. «Bisogna che Dio sia già conosciuto perché possa diventare il soggetto logico della predicazione metaforica, l'unica a lui adatta»[96]. Senza questa familiarità si cadrebbe di nuovo nell'aporia della teologia negativa, la quale ha preteso di conoscere Dio, determinando in modo astratto (*non*-mondo) la differenza tra Dio e mondo.

Ma se la fede cristiana parla di Dio solo nella *differenza*, come è possibile evitare una differenza che non comporti un'eliminazione del linguaggio? La differenza tra Dio e mondo è concreta, se a determinarla non è tanto l'uomo, attraverso il processo della *negatio negationis*, quanto Dio nel suo farsi parola. L'essere di Dio si mette talmente in relazione con il linguaggio umano, da renderlo capace di un linguaggio appropriato su Dio. In questo modo Dio stesso abilita il linguaggio umano a divenirgli famigliare. Pertanto, se la differenza di Dio rispetto al mondo non può essere definita in modo negativo, ma come determinazione positiva di Dio, allora Dio, appunto perché è il *veniente nel mondo*, è altresì colui che viene nel linguaggio. Parlare di Dio nella differenza, è possibile quando il linguaggio metaforico viene assunto nel movimento della *fede*: solo la fede può in maniera propria distinguere Dio e mondo, in quanto «atto di distinzione originaria»[97]. Il linguaggio della fede traduce quanto è avvenuto nell'ordine ontologico, cioè che Dio è divenuto definitivamente mondano in un uomo, senza essere parte o fondamento del mondo. Questo non vuol dire che l'orizzonte mondano viene *divinizzato* e tanto meno che l'orizzonte teologico viene *umanizzato*. Il linguaggio *teologico* rimane sempre un linguaggio mondano, dato che ci sono solo predicazioni mondane. «La stessa parola *Dio* appartiene al linguaggio mondano»[98].

L'identità di Dio (*Dio è Dio*) e l'identità dell'uomo (*uomo è uomo*) vengono così affermate all'interno della struttura metaforica, ma allo stesso tempo pensate in una relazione originaria[99]. «La fede dà

---

[96] *Ib.*, 169.
[97] ID., «"Meine Theologie" – kurz gefaßt», 10.
[98] ID., «Verità metaforica», 165.
[99] Cf ID., «Die Welt als Möglichkeit und Wirklichkeit», 222.

espressione a questa tensione confessando che Gesù è vero Dio e che Dio è vero uomo»[100]. La *venuta* o ancor meglio l'*avvenuta* presenza di Dio nel mondo (εἰς τὰ ἴδια ἦλθεν) è riconoscibile come continuo venire della fede (ἐλθούσης δὲ τῆς πίστεως) nel discorso metaforico. «Questo venire nel linguaggio viene narrato *nel* linguaggio. E questo è, per così dire, un linguaggio metaforico *a priori*»[101]. Ritornando all'aporia della teologia negativa, possiamo dire che l'assioma dell'indefinibilità di Dio (*deus definiri nequit*) ha senso solamente se esprime il riconoscimento dell'inadeguatezza di ogni nostro discorso su Dio che non sia quello *metaforico*. Solo in quella differenza, resa possibile dalla metafora, si può parlare *propriamente* di Dio.

Trattando dell'evento metaforico in generale, si è detto che la metafora comunica non solamente una scoperta, ma anche l'evento stesso dello scoprire. Nella metafora di fede, Dio si lascia scoprire come Colui che viene al mondo; in tal modo, non solo viene rivelato qualcosa di nuovo su Dio, ma è comunicato l'evento stesso di quello scoprire che è la fede. «Dio si lascia scoprire in modo che nell'evento dello scoprire possa inserirsi la fiducia in Dio»[102]. La metafora di fede è il dischiudersi di una *nuova* prospettiva, in cui non solamente Dio si lascia scoprire, ma con lui anche il mondo è rivelato in una luce nuova. «Dio è una scoperta, che insegna a vedere *tutto* con occhi nuovi»[103].

3.1. La forma teologica del linguaggio biblico

Per comprendere meglio la struttura di questa scoperta di fede bisogna rifarsi a quanto Jüngel afferma sull'*esperienza con l'esperienza*. Fiducia umana e fede non sono due esperienze giustapposte l'una all'altra, ma sono intimamente in relazione tra loro. La fede non è altro che quella fiducia umana, che ha fatto la scoperta di Dio nel mondo; ma lo ha scoperto, perché Dio stesso si è lasciato trovare. Poiché Dio è venuto incontro all'uomo, l'uomo può parlare a Dio:

---

[100] ID., «Verità metaforica», 165.
[101] *Ib.*
[102] *Ib.*, 170.
[103] *Ib.*, 169.

«l'uomo è l'essere cui già da sempre Dio parla e, quindi, viene continuamente interpellato in virtù di questo suo essere uditore»[104]. Il luogo privilegiato, in cui l'uomo è interpellato da Dio, è la preghiera. Nell'orizzonte orante è possibile costruire una dottrina di Dio, poiché in tale situazione fondamentale dell'uomo – afferma Ebeling – è dischiusa l'esperibilità di Dio[105]. L'uomo parla propriamente di Dio, quando parlando *su Dio* (*de Deo*), parla *a Dio* (*Deo*).

Le condizioni per non nominare invano la parola «Dio» sono date innanzitutto dall'uso allocutorio di questa parola, che trova la sua somma espressione nella preghiera[106]. Tale uso allocutorio non è però indifferenziato. Dio non è invocato a partire da un'esperienza qualsiasi di Dio. Non si tratta dell'esperienza di una trascendenza lontana, bensì di un Dio che non è prigioniero della propria divinità, ma è venuto nella storia del mondo e continua a venirci. «Il Dio, di cui parla la Bibbia, si lascia muovere, soprattutto dalla nostra miseria umana. Si è lasciato muovere talmente – secondo la testimonianza del Nuovo Testamento – che è divenuto uomo e nella persona di Gesù Cristo ha sofferto la nostra condizione umana fino alla morte di un condannato alla croce. *Per noi* è morto – dice l'annunzio cristiano: ha condiviso la nostra morte, affinché noi partecipassimo con lui della sua vita, della vita eterna. Nella misura in cui si è lasciato muovere, Dio si è fatto conoscere come Colui che può essere invocato da ogni io umano»[107].

L'evento della croce delinea l'orizzonte specifico in cui il *linguaggio biblico* fa uso della parola «Dio». La familiarità con Dio è comunicata attraverso quella confidenza umana, che il discorso metaforico della croce vuole suscitare. Innanzitutto, perché la parola della croce rivela un Dio che è in relazione con l'uomo e non al di fuori del creato; inoltre, perché l'evento della croce rende possibile all'uomo di parlare di Dio. Risuona qui, quanto M. Lutero afferma della teologia cristiana, «quae incipit non a summo, ut omnes aliae

---

[104] *Ib.*, 171.

[105] Cf G. EBELING, *Dogmatica della fede cristiana*, Genova 1990, 246 (= *Dogmatik des christlichen Glaubens*, Tübingen 1979).

[106] E. Jüngel ha sviluppato in modo particolare l'incidenza della preghiera sulla comprensione di Dio nel saggio «Was heißt beten?», in ID., *Wertlose Wahrheit*, 397-405.

[107] *Ib.*, 402.

religiones, sed ab imo»[108]. La libertà del discorso metaforico è contrassegnata così dalla storia di Gesù Cristo. «Per questo la croce di Gesù Cristo è fondamento e misura della formazione di metafore adeguate a Dio. Ogni metafora teologica deve potersi conciliare con la croce di Gesù Cristo»[109].

Nella valutazione del linguaggio religioso, Jüngel riprende le critiche che L. Feuerbach rivolge al fenomeno religioso. Colui che cerca Dio al di sopra della contraddizione del mondo e che, invocandolo, attende da Lui di essere garantito nella propria esistenza, vive e comprende «il divino come un ideale a cui si deve aspirare. L'uomo si allontana dalla propria umanità per bramare di occupare il posto di questo Dio divenuto ormai distante»[110]. In tale orizzonte religioso, la possibilità del non-essere è descritta come qualcosa di *superabile*: Dio può superare il non-essere, in quanto l'essere di Dio esclude necessariamente qualsiasi non-essere.

In contesto evangelico, invece, Dio può superare il non-essere, in quanto il suo essere non esclude necessariamente il non-essere, ma lo ha integrato nell'evento escatologico. «Quando Dio si è identificato con Gesù morto ha localizzato il nulla *all'interno* della vita divina»[111]. Questa dialettica di essere e non-essere, vita e morte, è l'evento dell'amore. «Dio si è definito nella croce di Gesù come amore. *Dio è amore (1Gv 4,8)*»[112]. La possibilità del non-essere è raccontata nel contesto evangelico «come già *superata* da Dio, e ciò in quanto annuncia l'essere di una *nuova creatura*»[113]. Mentre il linguaggio *religioso* parla di Dio richiamando «l'uomo al suo non-essere e a quello del mondo, come ad una possibilità che solo Dio può superare», il linguaigio *neotestamentario* parla di Dio come di Colui che ha superato il non-essere, integrandolo nella propria identità.

Gli inni e le omologie pasquali non fanno altro che narrare la metafora fondamentale dell'identificazione di Dio con Gesù crocifisso. «Così la metafora del *Figlio di Dio* rinvia all'origine, quella del *Kyrios* al presente e al futuro della storia, il cui racconto non fa altro

---

[108] M. LUTHER, WA 40, 1; 79, 7-9 (1531).
[109] E. JÜNGEL, «Verità metaforica», 172.
[110] ID., *Dio mistero del mondo*, 387.
[111] *Ib.*, 288.
[112] *Ib.*, 289.
[113] ID., «Verità metaforica», 174.

che esprimere Dio stesso»[114]. Poiché la metafora permette di fondere due orizzonti semantici nel rispetto delle loro differenze (*Achille è un leone*), la metafora di fede è in grado di identificare l'orizzonte del divino con quello dell'umano, senza confonderli e senza ridurre l'uno all'altro (*Gesù è Figlio di Dio*). Perciò, la metafora è l'unica forma, propriamente *dogmatica*, del discorso teologico. «L'elaborazione di una metaforologia teologica costituisce un'esigenza urgente sia per la dogmatica che per la teologia pratica»[115].

3.2. L'antropomorfismo metaforico

La rivalutazione della dimensione logico-ontologica della metafora permette a Jüngel di rivalutare anche l'antropomorfismo come linguaggio *propriamente* teologico. «Il discorso su Dio, infatti, è antropomorfo, perché il linguaggio come tale è quell'evento in cui l'uomo con il suo mondo è riferito talmente a se stesso che solo in esso l'uomo si definisce come uomo. Ogni espressione linguistica dell'uomo è antropomorfa, perché in ciò che dice, l'uomo afferma esplicitamente o implicitamente anche se stesso»[116]. Il linguaggio teologico è essenzialmente antropomorfico, perché tale è il linguaggio umano.

Jüngel distingue tre forme di antropomorfismo: quello *dogmatico*, quello *simbolico* (di kantiana memoria) e quello *biblico*. Nelle prime due forme d'antropomorfismo non viene salvaguardata la differenza tra Dio e uomo: l'uno e l'altro vengono identificati tra loro. In tal modo, però, *Dio* e *uomo* sono pensati in assoluta lontananza e Dio corre il rischio di non essere più concretamente distinto dall'uomo. Mentre nell'antropomorfismo dogmatico Dio è pensato alla stregua (*wie*) di un uomo privo di ogni imperfezione, in quello simbolico, «[Dio] scompare nella lontananza dell'inesprimibile e proprio così perde la sua diversità *concreta* rispetto all'uomo»[117].

Per evitare di comprendere Dio in modo *troppo umano*, la teologia ha elaborato un concetto di Dio *immutabile*, *impassibile* ed

---

[114] *Ib.*, 180.
[115] *Ib.*
[116] ID., *Dio mistero del mondo*, 338.
[117] *Ib.*, 387.

eterno, in base al quale ha giudicato ciò che è conveniente (ϑεοπρε–πές) e ciò che non è conveniente predicare di Dio. «In particolare i predicati che rappresentano Dio sotto forma umana, come l'ira o la gelosia continuarono ad essere considerati un discorso del tutto inadeguato su Dio»[118]. Il vero discorso su Dio deve prescindere dalla molteplicità dei suoi attributi, poiché solo così viene espressa adeguatamente la semplicità dell'essere divino. «Il discorso su Dio è dunque – in ultima istanza – un silenzio precisato per mezzo di parole»[119].

Questa valutazione dell'antropomorfismo corrisponde alla concezione della *relatio non ex aequo*. Anche qui la molteplicità degli attributi di Dio rinvia alla molteplicità delle relazioni reali, che la creatura ha nei confronti del creatore. Gioia, pace, pazienza ed ira, dicono realmente qualcosa della creatura ed idealmente qualcosa di Dio. La molteplicità degli attributi divini indica soltanto la molteplicità delle situazioni, nelle quali Dio viene sperimentato dall'uomo: da qui a considerare questi attributi come proiezioni su Dio, il passo è breve. Non ci si rende conto, invece, che la Bibbia quando parla dell'ira o della pazienza di Dio vuole precisare e specificare l'identità originaria di Dio, che non si lascia rinchiudere in una splendida tautologia (*Dio = Dio*)[120]. L'essenza di Dio è l'essenza di colui che ci riguarda assolutamente ed è in relazione *essenziale* con l'uomo, divenendo così esperimentabile.

L'antropomorfismo *biblico* parla concretamete dell'identità di Dio (*Dio = Dio*) nella sua relazione essenziale all'uomo (*Dio = uomo*), senza confondere l'orizzonte divino con quello umano e senza ridurre l'uno all'altro. Come la metafora della fede, così l'antropomorfismo biblico parla di Dio *in quanto* (*als*) uomo, senza annullare la differenza tra i due, ma ponendoli in una vicinanza sempre maggiore. L'evento cristologico dell'identificazione di Dio con l'uomo contraddice tanto l'antropomorfismo dogmatico, quanto la proibizione di parlare di Dio «in quanto» (*als*) uomo. Questa possibilità di parlare in modo «conveniente» di Dio nei limiti del linguaggio umana (*ad modum hominis*) è *donata* al linguaggio da Dio e trova la sua

---

[118] *Ib.*, 338.
[119] ID., «Pazienza di Dio», 18.
[120] Cf *Ib.*, 15.

condizione di possibilità nell'essere stesso di Dio, che è umano nella sua divinità. «Dio è pensabile come uomo che parla perché, e nella misura in cui, è umano in se stesso»[121].

Anche se le parabole di Gesù non parlano ancora di Dio come di un uomo, esse sono «la preparazione ermeneutica del discorso kerygmatico di Gesù come figlio di Dio»[122]. Le parabole esprimo *convenientemente* l'essere di Gesù come *parabola di Dio*. «Questo principio cristologico deve valere come principio di una ermeneutica della esprimibilità di Dio. Esso è come tale il punto di partenza di una dottrina dell'analogia che metta in luce il Vangelo come corrispondenza»[123]. Nel linguaggio antropomorfo delle parabole di Gesù si prepara verbalmente la vicinanza ancora maggiore che verrà annunciata nel kerygma pasquale: ὁ λόγος σάρξ ἐγένετο.

La tradizione ha espresso tale prossimità sempre maggiore di Dio, senza confondere o annullare la differenza tra Dio e uomo, nella dottrina della *communicatio idiomatum*. Commentando la tesi 20 della *Disputatio de divinitate et humanitate Christi* di Lutero, Jüngel analizza il rapporto che sussiste tra *communicatio idiomatum* e *metafora*[124]. Il linguaggio antropomorfico, come quello metaforico, permette «di comprendere *tutti* gli attributi di Dio come *attributi comunicabili*: comunicandosi nel suo amore, Dio ci rende partecipi dei suoi attributi, senza divinizzarci»[125]. Perciò, si deve parlare della giustizia di Dio non come di un attributo umano predicato per analogia di Dio, ma come di un attributo divino che si dà a conoscere nella fede e che diventa così criterio per la stessa giustizia umana[126].

---

[121] ID., *Dio mistero del mondo*, 377.

[122] *Ib.*, 382.

[123] *Ib.*, 377.

[124] Cf M. LUTHER, *Disputatio de divinitate et humanitate Christi*. Tesi XX, WA 39/II, 94,17s. «Abbiamo a che fare con un *evento dell'Essere*, se abbiamo a che fare con l'*evento linguistico* delle metafore cristologiche. La traslatio verborum implica una traslatio rerum. La μεταφορά grammaticale si reduplica per così dire ontologicamente» (E. JÜNGEL, *Zur Freiheit eines Christenmenschen. Eine Erinnerung an Luthers Schrift*, München 1978, 48).

[125] ID., «La signification de l'analogie pour la théologie», 253.

[126] Su questo punto Jüngel è in sintonia con il pensiero ebraico, specialmente con quello di A. J. Heschel. Per il filosofo ebraico infatti il *pathos* biblico non va considerato alla stregua di un'umanizzazione di Dio, di un volgare antropomorfismo, ma va inteso come *teomorfismo*, in cui è l'uomo che si modella su Dio e ne imita il comportamento, e non viceversa. «Le affermazioni sul pathos non sono un compromesso, non sono modi di adattare significati superiori al livello inferiore di comprensione umana. Sono piuttosto l'adattamento di parole a significati superiori. Le parole esprimenti una denotazione

Nell'esperienza che l'uomo fa di fronte a Dio, nell'originario «essere-insieme» di Dio e uomo, si comunica all'uomo la fedeltà di Dio e l'eterno venire di Dio all'uomo nella ricchezza della sua vita relazionale[127]. L'antropomorfismo è linguaggio propriamente teologico, perché è capace di esprimere che «Dio nel suo eterno essere è pieno di movimento e in questa sua dinamicità interiore è già un *Dio* espressamente *umano*»[128]. Perciò, il cristianesimo sta o cade su questo linguaggio antropomorfo, la cui struttura analogica è data dall'*analogia adventus*. Il monaco Serapione, che secondo la testimoninaza di Cassiano veniva considerato un ignorante e uno spregiudicato dai detentori della retta fede, in quanto perseverava nell'eresia degli antropomorfismi, elevò con pianti e angoscia il suo lamento contro coloro che lo volevano costringere a riconoscere i propri errori e ad abbandonare il Dio *antropomorfo*, a cui aveva affidato il suo cuore. «Heu me miserum! tulerunt a me deum meum, et quem nunc

---

psicologica vengono dotate di una connotazione teologica [...] [il pathos] come categoria teologica, è una genuina comprensione del rapporto di Dio con l'uomo più che una proiezione di aspetti umani nella divinità, come si trova per esempio nelle immagini divine che la mitologia ci tramanda» (A. J. HESCHEL, *Il Messaggio dei profeti*, Borla, Roma 1981, 71 [= *The Prophets*, New York 1969]). La prova di questo, dice Heschel, sta nel fatto che l'alto spessore morale di questo pathos, il suo assoluto disinteresse ed amore si addicono maggiormente al divino che non all'umano. «L'incondizionata sollecitudine di Dio per la giustizia non è antropomorfismo. Al contrario la sollecitudine dell'uomo per la giustizia è un teomorfismo [...] mai nella Bibbia l'uomo è caratterizzato come misericordioso, benevole, lento all'ira, ricco di amore e verità, che dona amore a mille generazioni» (*Ib.*). La differenza tra la giustizia di Dio e quella dell'uomo non è data, quindi, dalla negazione dei limiti della giustizia umana, ma dalla rivelazione che Dio fa di sé come *giusto*. Se nell'attribuire originariamente e propriamente a Dio ciò che è umano, si esclude quanto nell'umano vi sia di *peccato*, ancor più si dovrebbe dire che quanto vi è di peccato nelle passioni umane non solo non appartiene a Dio, ma contraddice l'umanità stessa dell'uomo. Possiamo capire perché la teologia cristiana ha negato passioni ed affetti alla natura divina; voleva differenziare il Dio d'Israele dagli dei immorali della mitologia pagana. Questa purificazione del concetto di Dio è avvenuta eliminando dall'essere di Dio ogni limite e mancanza d'essere; per far questo, i Padri della Chiesa si sono serviti dell'assioma dell'immutabilità e dell'impassibilità di Dio (Cf W. PANNENBERG, «L'assunzione del concetto filosofico di Dio», in *Questioni fondamentali di teologia sistematica*, Brescia 1975, 330-385 [= *Grundfragen systematischer Theologie. Gesammelte Aufsätze*, Göttingen 1967]). Anche se l'idea dell'immutabilità ha aiutato a distinguere gli dei pagani dal Dio vero, tuttavia il Dio immobile e impassibile non esprime pienamente l'essere di Dio, così come ne parlano i testi biblici. L'idea filosofica di Dio dimentica il momento della libertà nell'essere di Dio, trascurando che la fedeltà di Dio si realizza «come atto libero proprio nel suo agire contingente, storico» (*Ib*, 367).

[127] Cf G. EBELING, *Dogmatica della fede cristiana*, 291-301.
[128] E. JÜNGEL, «Pazienza di Dio», 20.

teneam non habeo vel quem adorem aut interpellem iam nescio»[129]. Jüngel si lamenta che da troppo tempo la teologia ha professato la sua nescienza, preferendo andare a tastoni sulla via che Dio stesso le ha dischiuso piuttosto che lasciarsi indicare quale sia la via analogica, che meglio corrisponda all'evento della Parola fatta carne. Come afferma giustamente A. Milano, la struttura linguistica dell'analogia deve ricalcare quell'evento analogico che è Gesù Cristo, «poiché in lui la rispettata, insormontabile differenza ontologica si compone con la relazione diretta di similitudine, anzi di identità»[130].

---

[129] Cassiano, «Conlatio Abbatis Isaac Secunda. De Oratione», X/3, in *SC*, n.54, Paris 1958, 78.
[130] A. Milano, «Analogia Christi», 72.

CAPITOLO III

ANALOGIA DEI

Nella parte dedicata all'*analogia* Jüngel identifica l'errore della metafisica classica nella sua incapacità di esporsi al circolo dell'essere, «anzi di averlo tralasciato o di averlo cancellato attraverso il pensiero logico»[1]. Diversa è, infatti, la comprensione dell'analogia, se il pensiero si espone al movimento ontologico; in questo caso il pensiero riconosce in Dio non solo l'inizio dell'*ordo cognoscendi*, ma anche l'origine dell'*ordo essendi*. «Chi pensa Dio deve comunque far cominciare ogni essere *solo* da Dio. E un pensiero che pensa Dio solo come inizio non conosce nella *ratio cognoscendi* null'altro che l'essere di Dio»[2]. Nell'evento della parola il movimento rivelativo dell'*essere* di Dio è offerto al pensiero e la teologia cristiana è chiamata ad esporsi a questo evento, riflettendo l'essere di Dio come storia d'amore. «Raccontare l'essere di Dio non può né deve significare altro che raccontare l'amore di Dio»[3]. In un saggio dedicato alla differenza tra il Dio dei filosofi e il Dio della Sacra Scrittura, Romano Guardini sottolinea come l'iniziativa divina «trova la sua fondamentale espressione nel *movimento* di Dio – nel fatto che Dio "si muove"»[4].

Questo venire-a-noi di Dio, avviene nella sua parola: l'evento della parola fa corrispondere l'essere dell'uomo all'essere di Dio, cosicché l'uomo – essenzialmente *capax verbi* – diventa *capax dei verbi*[5]. Se il linguaggio umano diventa capace di esprimere l'essere di Dio, poiché Dio stesso viene al linguaggio (*analogia adventus*), vuol dire che al movimento linguistico dell'analogia corrisponde un essere di Dio che in se

---

[1] E. JÜNGEL, «Die Welt als Möglichkeit und Wirklichkeit», 208.
[2] ID., *Dio mistero del mondo*, 292, nota 66.
[3] *Ib.*, 409s.
[4] R. GUARDINI, «Il movimento di Dio», in *Com(I)*, 132 (1993), 26.

stesso è strutturato già in modo analogico. «Ciò che dal punto di vista ermeneutico riguardo al discorso di Dio si dimostra come affinità sempre maggiore, in una non-affinità pur tanto grande, deve perciò potersi indicare e formulare anche *ontologicamente* riguardo all'essere di Dio»[6].

La dottrina dell'analogia esprime l'essere di Dio che nella sua distanza così grande dal mondo afferma una condiscendenza ancora maggiore. L'orizzonte ontologico, in cui comprendere la relazione tra Dio e uomo, non è più quello di un'unità onnicomprensiva, ma di una originaria differenza tra Dio e uomo in una ancor più grande relazione[7]. «Non una relazione, nella quale Dio e uomo sarebbero inclusi. Ma una relazione in cui Dio *si pone* in relazione con l'uomo»[8]. Servendosi dell'analogia dell'avvento, la teologia può distinguere nel modo più radicale possibile Dio e mondo, «in quanto relaziona nel modo più intimo possibile Dio al mondo. Infatti, Dio si distingue dal mondo, in quanto si relaziona al mondo»[9]. La condizione di possibilità, perché Dio sia in relazione con l'uomo, non consiste in una struttura antropologica o ontologica, ma nell'essere relazionale di Dio. L'analogia *adventus seu relationis* esprime così a livello metodologico l'essere di Dio.

1. L'essere di Dio *in praedicamento relationis*

La teologia *ri-flette* e *ri-percorre* il cammino di Dio, facendo uso di quel metodo analogico che coglie un'affinità sempre maggiore nella differenza pur così grande tra Dio e uomo. Queste somiglianze e corrispondenze hanno implicazioni ontologiche fondamentali che la teologia, senza ridursi ad un'ontologia, deve saper mettere in evidenza. «La teologia non è ontologia, sebbene ogni frase teologica abbia le sue implicazioni ontologiche. La teologia non si pone la questione sull'*essere in quanto*

---

[5] «Il metodo, che rende possibile un discorso corrispondente di Dio, è perciò l'analogia dell'avvento» (E. JÜNGEL, «"Meine Theologie" – kurz gefaßt», 9).

[6] ID., *Dio mistero del mondo*, 388.

[7] All'origine del movimento teologico rimane quindi sempre Dio, il quale – come dice Jüngel in continuità con K. Barth – è fin dal principio *presso* l'uomo (*l'alleanza eterna tra Dio e uomo*). «L'essere di Dio ha dunque fin dall'eternità spazio per la storia umana. *Concedendo* a se stesso un tempo, Dio concede a noi un luogo presso di sé» (ID., *L'Essere di Dio è nel divenire*, 159, nota 147).

[8] ID., «Der königliche Mensch. Eine christologische Reflexion auf die Würde des Menschen in der Theologie Karl Barths», in ID., *Barth-Studien*, 235.

[9] *Ib*.

tale, ma sull'*essere di Dio, dell'uomo, del mondo*»[10]. Come Barth, anche Jüngel è interessato a riflettere sulla struttura circolare della dimostrazione che Dio dà di sé nella rivelazione[11]. Si nota così un'integrazione tra la posizione di Bultmann, per il quale tema della teologia è solamente il discorso su Dio (*die Rede von Gott*), e la posizione del teologo riformato, per il quale invece la teologia s'interessa dell'*essere* di Dio (*die Rede vom Sein Gottes*). Jüngel non vuole sostituire affatto la parola di Dio con una metafisica, ma è sua intenzione di portare fino alle estreme conseguenze il carattere *fondazionale* della rivelazione. Per questo precisa ripetutamente che il concetto di *essere* deve essere interpretato alla luce del sostantivo (*Dio* è): il concetto di essere è subordinato al concetto di Dio, «così che nella frase "Dio è" il predicato deve essere compreso a partire dal soggetto»[12]. A sua volta è la rivelazione di Dio che interpreta il concetto di Dio: «Dio non è altri che colui che egli è nella sua rivelazione. Perciò, in questo suo essere egli è già a priori *il nostro Dio*; ecco perché si deve affermare: l'essere di Dio è *nel divenire*»[13]. Nella prefazione alla prima edizione di *L'Essere di Dio è nel divenire*, Jüngel precisa che il *divenire*, predicato di Dio, non ha nulla a che fare con un progresso o un regresso dell'essere di Dio; in tal caso saremmo costretti a pensare Dio come *summum ens* e quindi come valore supremo. «"Divenire" dice dunque il modo in cui è l'essere di Dio, e può perciò essere inteso come il luogo ontologico dell'essere di Dio»[14].

Situare la categoria ontologica del divenire all'interno della vita divina comporta certamente – come ha sottolineato F. Meessen – una rivalutazione del divenire. «Il divenire non è un modo deficiente dell'essere come un non più o un non ancora, ma è la forma del Dio-che-è, il quale appunto è, nel momento in cui si realizza. Con divenire si fa dunque riferimento alla vita e alla relazionalità dell'essere di Dio, che si rivela ad extra come colui che è *potestas relationis*. Il divenire si mostra perciò come capacità. La concezione storica dell'essere di Dio può dunque alla

---

[10] ID., «Gott entsprechendes Schweigen», 41.

[11] Cf ID., «Von der Dialektik zur Analogie», 178.

[12] ID., *Dio mistero del mondo*, 494.

[13] ID, *L'Essere di Dio è nel divenire*, 131. A riguardo anche «Provozierendes Denken», 71.

[14] ID., *L'Essere di Dio è nel divenire*, 69. Jüngel distingue inoltre il modo con cui K. Barth ha pensato il «divenire» di Dio da quello di Schibert M. Ogden e C. Hartshorne (cf *Ib.*, 160s, nota 151).

fine condurre al superamento dell'ontologia della sostanza, che è divenuta ormai problematica in merito alla questione dell'"immutabilità" di
Dio»[15]. Benché l'essere di Dio debba essere pensato in opposizione a
tutto ciò che egli non è, tuttavia, proprio in questa opposizione Dio si
pone in relazione con ciò che non è. L'identità (*Dio* = *Dio*) non è dunque da intendersi in senso assoluto ma relativo: poiché Dio è in se stesso
«relazione», è «in-relazione» con il non-essere. «Il fatto che Dio *venga
rivelato* ci dice che l'essere di Dio è un essere relazionale»[16]. Sussiste,
perciò, un rapporto intrinseco tra rivalutazione dello statuto ontologico
del divenire e una concezione di Dio elaborata al di là della categoria di
sostanza. «"Deum quaerendum esse non in praedicamento substantiae
sed relationis". Il pensiero di Heidegger, orientato alla temporalità e alla storicità dell'essere, provoca la teologia a pensare concretamente la
relazione come *evento* e a comprendere in questo evento l'essere di Dio
che si rivela come l'avvento di colui che lascia dietro di sé l'alternativa
tra presenza ed assenza: Dio come colui che viene al mondo, poiché
viene da se stesso a se stesso e proprio così giunge liberamente presso
l'altro»[17].

Anche se è in relazione con la creatura, Dio non dipende nel *suo*
essere da questo ἕτερον: se così fosse Dio sarebbe condizionato dall'uomo. Allo stesso tempo, però, non bisogna pensare la relazione *ad extra*
come un'accidente, dipendente da un arbitrio divino. Jüngel cita in proposito Barth: «se vogliamo evitare [...] dunque di pensare l'essere di Dio
come πρός e tuttavia salvaguardarlo da una dipendenza da qualunque
ἕτερον, senza d'altra parte ridurre la relazione ad accidente di una sostanza che esiste in sé e per sé, dovremo intendere l'essere di Dio essenzialmente come essere *doppiamente* relazionale. In altre parole: Dio può
entrare in relazione (*ad extra*) con l'altro (e proprio in questa relazione il
suo essere può esistere onticamente, *senza* con ciò essere ontologicamente dipendente da quest'altro), perché l'essere di Dio (*ad intra*) è un
essere *in relazione con se stesso*»[18]. Diventa necessario per la teologia
considerare l'uomo non più come prodotto di un arbitrio creatore, ma
voluto fin dall'eternità nel movimento di autoidentificazione di Dio.

---

[15] F. MEESSEN, *Unveränderlichkeit und Menschwerdung Gottes*, 318.
[16] E. JÜNGEL, *L'Essere di Dio è nel divenire*, 160.
[17] ID., «Provozierendes Denken», 72s.
[18] K. BARTH, *KD*, II/1, 308.

1.1. Il movimento rivelativo di Dio

Se la categoria di relazione ci aiuta a ridefinire l'essere a partire dalla relazione con Dio, bisogna tuttavia pur precisare che l'identità originaria di Dio non consiste in quel cieco destino di cui parla Hegel, in cui l'Essere, una volta posto, non può non essere. L'essere di Dio si distingue da questo destino della necessità (ἀνάγκη), poiché Dio è evento d'*amore* (ἀγάπη) e «l'amore fa saltare la relazione della necessità, superandola»[19]. Se il destino di Dio non è necessario, tantomeno è *arbitrario*. Jüngel definisce l'evento dell'essere di Dio come *più che necessario*: il *por-si* di Dio è la libertà, «in cui Dio pone se stesso»[20]. L'essere di Dio non deve essere pensato a partire dal cieco evento della necessità, ma dall'evento del suo avvento, «come un essere, che è nel venire e che è già in se stesso l'eterna storia del venire di Dio a se stesso; un venire ricco di relazioni, Dio infatti viene a se stesso come Padre, Figlio e Spirito Santo»[21]. In questo venire a se stesso, Dio viene anche all'uomo; anzi proprio creando l'uomo come colui che gli sta di fronte – ribadisce Jüngel – «Dio attua la sua autodeterminazione in conformità alla quale non vuole pervenire a se stesso senza l'uomo»[22]. L'essere di Dio è *in movimento* fin dall'eternità, come «Essere nell'atto».

La decisione originaria di Dio di non voler essere Dio se non nell'identità con l'uomo Gesù, non è imposta dal di fuori, «non gli viene dall'*esterno*, ma è la sua *libera* decisione. E sempre come decisione di intraprendere il cammino fuori di sé, per andare in quella terra straniera dove Dio *subisce* ciò che gli è estraneo a favore dell'uomo che vi è minacciato, essa è un atto di *amore*»[23]. Poiché Dio è originalissima comunicazione di sé come amore, il suo essere è tale che non vuole affermare se stesso, senza affermare l'altro da sé. Perciò, Dio crea un che di opposto ed essente, a cui si possa comunicare come amore e a cui si è già comunicato in modo irrevocabile nell'atto della creazione. «Poiché Dio crea qualcosa ex nihilo, in quanto è attivo come colui che originariamente inizia, un altro, un secondo *fuori di lui* prende il suo inizio. Que-

---

[19] E. JÜNGEL, *Dio mistero del mondo*, 59.
[20] ID., «Die Möglichkeit theologischer Anthropologie», 220.
[21] ID., «"Meine Theologie" – kurz gefaßt», 9.
[22] ID., *Dio mistero del mondo*, 59.
[23] ID., *L'Essere di Dio è nel divenire*, 82.

sto è un altro essere straordinario che sta di fronte all'essere divino: talmente altro, che gli è impedito fin dall'inizio di considerarsi uguale a Dio. Di fronte all'essere divino è un *essere subordinato*»[24].

Tuttavia, la creatura ha la possibilità di contraddire questa comunicazione di amore, nel momento in cui si comprende a prescindere dalla relazione con Dio: il peccatore, infatti, è colui che comprende se stesso e Dio in maniera autosufficiente. Così facendo, la creatura viene a determinare il *nihil negativum*, quella tendenza meontica che costituisce il suo limite creaturale, collocandosi al posto del creatore. A questo punto il *nihil negativum* divenuto *nihil nihilans* si trasforma in un gorgo annientatore e in un vortice ontologico negativo. «Solo il peccato annienta l'esserci, in quanto nell'orizzonte del creato il peccato evoca sulla creatura il nulla (*nihil mere negativum*); nulla che in sé non ha alcun valore o disvalore e dal quale fu creata la creatura. [...] In quanto nulla, evocato dall'uomo e potenziato quindi nella sua forza, il non-essere diventa una possibilità che minaccia la creazione e questa possibilità diventa una potenza aggressiva del male nella sua totale inconsistenza. Il peccato rende male il nulla. Il nulla rende il peccato – e con lui il peccatore – nullo»[25]. Il peccato riproduce così il caos originario, dal quale Dio ha distinto originariamente se stesso, determinandosi in relazione alla creatura. In questo modo Dio ha negato e rigettato il *nihil nihilans* come possibilità in sé caotica. «In quanto fu rigettato a priori da Dio, il nulla è senza fondamento e senza sostanza, ma proprio nel suo essere infondato e senza sostanza – in riferimento alle Confessioni di Agostino, si potrebbe parlare del *malum* come *corruptio boni* – il nulla è ciò che mette in pericolo il fondamento del mondo e che quindi teologicamente non va sottovalutato in nessun modo»[26]. Per parlare del *nihil nihilans*, Jüngel usa vari sinonimi: per esempio *inferno*, *morte* e *diavolo*.

---

[24] ID., «Gottes ursprüngliches Anfangen als schöpferische Selbstbegrenzung. Ein Beitrag zum Gespräch mit Hans Jonas über den "Gottesbegriff nach Auschwitz"», in ID., *Wertlose Wahrheit*, 153.

[25] ID., «Zur Lehre vom Bösen und von der Sünde», in *Wissenschaft und Kirche. Festschrift für E. Lohse*, Bielefeld 1989, 182.187.

[26] ID., «Die Offenbarung der Verborgenheit Gottes. Ein Beitrag zum evangelischen Verständnis der Verborgenheit des göttlichen Wirkens», in *Wertlose Wahrheit*, 177s. Questo saggio di Jüngel è stato tradotto in italiano ma non interamente (cf E. JÜNGEL, «Il rapporto tra rivelazione e nascondimento di Dio. Dialogo critico con Lutero e Barth», in *La Teologia in discussione*, Napoli 1991, 83-110): faremo riferimento al testo originale per le parti non tradotte.

In virtù della scelta originaria di voler comunicare se stesso, Dio si distingue da questo *nihil nihilans*. La vittoria di Dio sul peccato si manifesta come relazione creatrice. «[Dio] è l'avversario del nulla. L'essere di Dio come essere traboccante e creatore è per così dire una eterna riduzione del nulla che da parte sua "è" solo per il fatto che Dio lo distingue da sé riferendosi a lui. La *creatio ex nihilo* è una lotta contro il nulla, una lotta che compie positivamente questa riduzione. Ma come tale essa è il compimento dell'essere divino»[27]. Se l'identità di Dio è compresa nel movimento della sua autocomunicazione [*(Dio = Dio) = (Dio = uomo)*], anche il momento contraddittorio del peccato (*Dio = non-Dio*) deve essere compreso in vista del compimento dell'essere divino (*Dio = Dio*).

Riprendendo la terminologia luterana e barthiana, Jüngel parla della negazione del momento contraddittorio (*Dio = non-Dio*) come dell'azione negativa di Dio: il suo *opus dei alienum*[28]. L'*opus dei alienum* non deve essere isolato però dalla dinamica rivelativa di Dio; infatti, se Dio volesse giudicare il peccato dell'uomo prescindendo dalla sua misericordia, verrebbe ad affermare esclusivamente se stesso dimenticando l'altro-da-sé. In questo caso il giudizio di Dio nei confronti del peccato sarebbe *contro* l'uomo e non *a favore* dell'uomo. L'*opus dei alienum* e quindi il «no» al peccato è invece diretto all'*opus dei proprium*: il giudizio di Dio è rivolto a tutto ciò che è contro la creazione ed è perciò un «sì» di Dio alla sua creazione. Se il peccato esprime la negazione di Dio, la *negazione* di questa negazione (*non*-Dio) non è in funzione di un'autoaffermazione solitaria di Dio [Dio ⇒ non (*non*-Dio) ⇒ Dio], ma di un'affermazione dell'*uomo* [Dio ⇒ non (*non*-Dio) ⇒ uomo].

In questa interpretazione dell'*opus dei alienum*, Jüngel si differenzia dal modo con cui ne hanno parlato Lutero e Barth. Per costoro, Dio si servirebbe del peccato e quindi del *nihil nihilans* come di uno strumento, per operare e imporre il suo volere onnipotente. Secondo il nostro Autore, invece, «Dio non opera *nel o con* il nulla, ma *contro* di esso»[29]. Il giudizio di Dio contro il nulla consiste in un annientamento del nulla e in questo è manifestata la santità e il fuoco dell'amore dirompen-

---

[27] ID., *Dio mistero del mondo*, 293.
[28] Cf ID., «Il rapporto tra rivelazione e nascondimento di Dio», 94.
[29] *Ib.*, 104.

te di Dio che si caratterizza come un *a se in nihilum ek-sistere*[30]. Questo giudizio di Dio sul peccato si rivela nell'identificazione di Dio con il crocifisso. La venuta del vangelo e della grazia di Dio in Cristo coincide con la venuta dell'ira di Dio (cf *Rom* 3,21s)[31]. Facendosi *carne*, e quindi *peccato*, Dio ha voluto rivelare che la sua misericordia è più grande dell'ira. «Di fronte alla possibilità e alla realtà di fatto, di esistere contraddicendo [la] relazione [con Dio], Dio si mostra *come redentore*, come colui cioè che conduce all'assurdo l'esistenza nella contraddizione, in quanto determina se stesso a diventare uomo corrispondente a Dio. Prima di tutto Gesù Cristo non è solo in potenza, ma è in atto l'uomo corrispondente a Dio. Innanzitutto in lui è stata portata all'assurdo in modo definitivo attraverso Dio stesso, la possibilità umana di essere uomo contraddicendo Dio»[32].

La differenza ontologica tra Dio e uomo, che il peccato dell'uomo tenta inevitabilmente di eliminare identificando l'uomo con Dio, si è realizzata in Gesù di Nazaret nel senso di una grande differenza in una vicinanza escatologica sempre maggiore. Esponendosi così alla morte di Gesù, Dio ha localizzato il nulla e la morte («non» uomo) *all'interno* della vita divina. «Per comprendere in termini ontologici queste considerazioni teologiche, dobbiamo dire che l'essere di Dio deve essere inteso come un andare-fuori-da-sé nel nulla. Dio entra in contatto con il nulla, essendo fuori di sé e andando ancora al di là di sé ed ex-istendo così dalle profondità di sé nel nulla. Questa ex-istenza è la sua essenza»[33]. L'identificazione escatologica tra Dio e l'uomo Gesù è dunque il momento in cui Dio realizza nell'umanità di Gesù di Nazaret la sua autocomunicazione. Potremo così ritrascrivere il movimento circolare del venire di Dio:

---

[30] Cf ID., «La signification de l'analogie pour la théologie», 257.

[31] L'interpretazione di Jüngel dell'*opus dei alienum* coincide con la concezione paolina del mistero dell'incarnazione. «Anzi Cristo viene visto da Paolo come la storia, nella quale l'ira di Dio assume forma umana: incarnatio significa per Paolo incarnatio irae Dei» (U. MAUSER, *Gottesbild und Menschwerdung. Eine Untersuchung zur Einheit des Alten und des Neuen Testaments*, Tübingen 1971, 184).

[32] E. JÜNGEL – I. U. DALFERTH, «Person und Gottebenbildlichkeit», in F. BÖCKLE, F. X. KAUFMANN, K. RAHNER, B. WELTE, *Christlicher Glaube in Moderner Gesellschaft*, Enzyklopädische Bibliothek, Teilband 24, Freiburg – Basel – Wien 1981, 70.

[33] E. JÜNGEL, *Dio mistero del mondo*, 294.

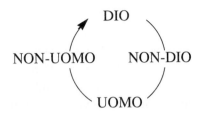

S. Knaebel definisce questo movimento rivelativo come movimento d'incarnazione. «Esso inizia con la creazione, prosegue nell'incontro e nell'alleanza di Dio con il suo popolo, si realizza nella venuta del Figlio nella nostra carne, fino al punto finale del suo destino: nella morte. È a partire da questa solidarietà radicale con l'uomo e il suo mondo che il Dio cristiano è Dio, poiché non è Dio senza uomo»[34]. La storia dell'incarnazione si costituisce come una sequenza di relazioni di Dio o, come dice Jüngel, di atti fondamentali di Dio, attraverso i quali Dio esprime e realizza la sua essenza come amore: creazione, redenzione e riconciliazione[35]. Anche J. H. Newman aveva compreso la creazione all'interno della dinamica rivelativa di Dio, tanto da affermare che l'incarnazione non è un fatto esterno alla creazione, ma esprime ed esplicita nella storia quel piano misericordioso di Dio: «da sempre l'uomo è pensato-voluto partecipe della Sua stessa vita divina»[36]. Parlando del movimento di Dio verso l'uomo, anche Guardini afferma che il venire di Dio corrisponde alla sua essenza, dato che *Dio è amore*. «Per essenza egli è Colui che viene, Egli viene a sé, tramite il movimento d'amore del Padre e del Figlio nello Spirito Santo; ed è il mistero della sua iniziativa che egli possa uscir da sé e andar incontro alla sua creatura»[37].

Recentemente alcuni autori cattolici, tra i quali H. U. von Balthasar, L. Bouyer e P. Schoonenberg, hanno voluto sottolineare la corrispondenza tra identità teologica e identità economica (creazione e incarnazione). Bouyer sottolinea come da tutta l'eternità il Padre genera il Figlio come Verbo fatto carne, «e da tutta l'eternità la Parola nella quale Dio si dice a se stesso, si dice a noi, si dice in noi come proclamando il suo nome e compiendo il suo disegno nella creazione. L'incarnazione

---

[34] S. KNAEBEL, «Vrai Dieu et Vrai homme», in *RSR*, 65 (1991), 133.

[35] Cf E. JÜNGEL – I. U. DALFERTH, «Person und Gottebenbildlichkeit», 24. 57-99; 70s.

[36] F. MORRONE, *Cristo il Figlio di Dio fatto uomo. L'incarnazione del Verbo nel pensiero cristologico di J. H. Newman*, Milano 1990, 106.

[37] R. GUARDINI, «Il movimento di Dio», 28.

non è un secondo fine di Dio: è il suo disegno eterno che si realizza eternamente. Inevitabilmente Dio si fa uomo, seguendo la storia dell'uomo e il suo svolgimento temporale; ma egli assume eternamente questa temporalità, e quindi eternamente si fa uomo»[38]. P. Schoonenberg parla di una «generatio Verbi incarnandi», cosicché il Padre genera eternamente il Figlio, «e non solo come colui che diventerà uomo, ma come Logos fatto carne. E dall'eternità dice a sé la Parola, nella quale Dio si esprime per se stesso, per noi e in noi, annuncia il suo nome e realizza il suo piano nella creazione»[39]. Rahner ribadisce questa prospettiva economica della creazione, affermando che nell'eterna volontà di Dio di manifestare se stesso va compreso il creato, come presupposto dell'alleanza[40]. Se il fine della creazione è l'incarnazione (*Dio = uomo*), il fine dell'incarnazione è lo stesso essere eterno di Dio (*Dio = Dio*)[41]. «La morte di Gesù Cristo è quell'evento, nel quale avviene *la vita di Dio per noi*, per rivelarsi in modo pasquale *come* vita di Dio per noi»[42]. Poiché la vita di Dio include e non esclude la morte, nell'evento della morte di Gesù, Dio si rapporta a se stesso attraverso la morte di Gesù. «Dio, distinguendosi da se stesso e *così*, nell'unità con il Gesù crocifisso, subendo come Dio Figlio l'abbandono da parte del Padre, è il conciliatore. Dio concilia il mondo con se stesso rapportandosi con sé nella morte di Gesù come *Dio Padre* e *Dio Figlio* senza disgiungersi da sé. Al contrario: solo nel confronto fra Dio e Dio, Padre e Figlio, Dio si rivela per colui che è. È lo Spirito a far essere nella morte di Gesù una cosa sola Padre e Figlio in distinzione reale, dunque nel confronto. Il *vinculum caritatis* mette in luce nella morte di Gesù l'essere eterno di Dio come amore»[43].

---

[38] L. BOUYER, *Il Figlio eterno*, Alba 1977 (= *Le Fils éternel*, Paris 1974) 484s.

[39] P. SCHOONENBERG, Der Christus «von oben» und die Christologie «von unten», in *TThZ*, 99 (1990), 121.

[40] Cf K. RAHNER, «Questioni di teologia controversiale sulla giustificazione», in ID., *Saggi di antropologia soprannaturale*, Roma 1965, 385 (= «Fragen der Kontroverstheologie über die Rechtfertigung», in ID., *Schriften zur Theologie*, Bd. IV, Einsiedeln 1960). In proposito si può richiamare la distinzione *barthiana* tra alleanza e creazione: l'alleanza realizzata in Cristo è «fondamento interno della creazione», mentre la creazione è «fondamento esterno dell'alleanza» (E. JÜNGEL, «La vita e l'opera di Karl Barth», in ID., *L'Essere di Dio è nel divenire*, 52 [= «Einführung in Leben und Werk Karl Barths», in E. JÜNGEL, *Barth-Studien*]).

[41] «Abbiamo riconosciuto questa identificazione della vita divina con il Gesù morto come evento dell'amore divino» (ID., *Dio mistero del mondo*, 477).

[42] ID., «Vom Tod des lebendigen Gottes», in ID., *Unterwegs zur Sache*, 105.

[43] ID., *Dio mistero del mondo*, 477.

1.2. La libertà di Dio

Per comprendere in che modo l'identità di Dio (*Dio = Dio*) è data nella sua concreta identificazione con l'uomo Gesù (*Dio = uomo*) è necessario tematizzare il concetto di *libertà*. Aristotele definisce la libertà come *autopossesso* e *autosufficienza*: «ἄνϑρωπός φαμεν ἐλεύϑερος ὁ αὑτοῦ ἕνεκα καὶ μὴ ἄλλου ὤν»[44]. Libero è colui che *non ha legami*, è sciolto da qualsiasi relazione (*absolutus*): colui che è «causa sui». Naturalmente in questa definizione c'è del vero: con essa si rifiuta qualsiasi idea di *costrizione*: tuttavia è insufficiente per definire il fenomeno della libertà, proprio perché la libertà ha origine a partire da un'appartenenza e quindi da un legame.

Il *positum* della libertà è raggiunto nel momento in cui il concetto di libertà è compreso a partire da quello di *relazione*: libertà da costrizione non dice ancora il *minimum denotativum* dell'esperienza della libertà. Per Heidegger, la libertà – intesa come *in*dipendenza (*Un-gebundenheit*) – non rivela ancora il suo *positum* originario: secondo questa accezione di libertà, sarebbe libero colui che non è più *legato*[45]. Seguendo Heidegger, Jüngel rifiuta d'identificare il concetto di libertà con quello dell' arbitrio e dell'indeterminazione. Il nostro Autore interpreta l'originario nel fenomeno della libertà a partire dal movimento di *auto*determinazione (*Selbstbestimmung*): «la libertà significa due cose: *a)* autodeterminazione come opposto della determinazione da parte di altri; *b)* autodeterminazione come opposto dell'indeterminatezza (arbitrarietà). La libertà intesa senza lo scopo della determinatezza, sarebbe un'astrazione inammissibile. Solo la volontà della determinatezza rende concreta l'autodeterminazione, la libertà. Alla libertà appartiene – e costitutivamente – la fedeltà. E Dio, il Dio libero, è il preciso opposto di qualcosa che rimane eternamente in sospeso. Dio si determina, ed è concreto solo come essere determinato dalla propria autodeterminazione. Come Dio fedele egli è il Dio libero»[46].

Dio è libero, non tanto perché ha il potere di compiere o non compiere una determinata cosa, ma perché *si determina*. «Dio è sempre *motivato da Dio*. Si esprime così il fatto che l'essere di Dio non è un evento

---

[44] ARISTOTELE, *Metaphysica*, I(A), 2, 982, b 25.
[45] Cf M. HEIDEGGER, *Vom Wesen der Wahrheit*, Frankfurt am Main 1988, 58s.
[46] E. JÜNGEL, *Dio mistero del mondo*, 56s.

indeterminato – che per così dire si scatena all'improvviso – ma un evento che si *determina* da sé»[47]. Ma se Dio è motivato da Dio, non si ritorna a predicare di Dio la *causa sui*? Certamente no. Il concetto di «causa» si distingue da quello di «motivo», in quanto quest'ultimo pur svolgendo la funzione di *ragione* o di *causa*, nondimento s'identifica con la stessa autodeterminazione. Affermando che Dio è sempre motivato da Dio, s'intende che è sottratto ad ogni tipo di rapporto che non sia quello *posto* da lui. Dio si determina *nel* rapporto come fondante il rapporto stesso. In questo senso Dio non merita il nome di fondamento nel senso classico. Il motivo per cui Dio è Dio, non consiste tanto nella «necessità» di essere il fondamento-fondante, quanto nel libero determinarsi come fondamento-fondante. Dio proviene da Dio. In questa *provenienza* Dio è Dio. Questo significa, dichiara Guardini in sintonia con il pensiero di Jüngel, che il «perché» di Dio non può essere dedotto da qualcosa di anteriore, «bensì si fonda semplicemente in se stesso. Il suo "per il fatto che" è il suo "perché"»[48]. La categoria della necessità o la logica della verità incontraddittoria non sono più l'orizzonte decisivo dell'essere e del non essere. Questa decisione non spetta ad un principio di causalità o ad una norma, ma alla categoria della grazia, per cui «benevolenza di Dio e fondamento delle cose sono una stessa e medesima realtà»[49].

La benevolenza di Dio (χάρις) rinvia all'evento di autodeterminazione di Dio, nel quale si distinguono due aspetti: Dio determina *se stesso*. E Dio si *determina*. Si tratta naturalmente di una *distinctio rationis*. Dio non ha iniziato ad essere Dio, dopo che ha deciso di esserlo. L'*essere* di Dio è autodeterminazione. «Perciò Lutero ha riconosciuto legittimo affermare la libertà come predicato essenziale solo per Dio. Poiché solo Dio può determinare se stesso, il libero arbitrio (*liberum arbitrium*) secondo Lutero è un predicato di Dio»[50]. Il concetto di libertà come autodeterminazione si oppone sia a una determinazione estrinseca sia a un'indeterminazione intrinseca. Nel primo caso Dio sarebbe determinato dalla necessità di essere quello che è e non altrimenti; nel secondo caso, si comprenderebbe la libertà di Dio come «qualcosa che rimane eternamente in sospeso»[51].

[47] *Ib.*, 56.
[48] R. GUARDINI, «Il movimento di Dio», 22.
[49] *Ib.*
[50] E. JÜNGEL, *Dio mistero del mondo*, 56.
[51] *Ib.*

H. Krings precisa che la libertà non è prima di tutto la proprietà di un soggetto individuale, che potrebbe sussistere ed essere compreso da solo; ma è il concetto stesso di soggetto individuale che può essere innanzitutto compreso attraverso il concetto di comunicazione. «Questo significa empiricamente: un uomo non può essere libero da solo. La libertà è solamente possibile, laddove la libertà si apre alla libertà di altri»[52]. Solo nel confronto con un'*altra* libertà, il soggetto determina concretamente se stesso. Un uomo non è quindi libero da solo: libertà dice sempre «relazione»[53]. Se questo concetto di libertà come *relazione* viene predicato di Dio, si deve dire che l'autodeterminazione è possibile attraverso la mediazione di *un altro*, dove questo «altro» non è estrinseco alla vita di Dio, ma «muove dall'interno l'essere del Dio che crea»[54].

A questo punto, però, si cadrebbe in una tautologia se la tradizione cristiana non avesse il dogma trinitario[55]. La dottrina della trinità pensa l'autodeterminazione di Dio «come un evento reale, come la storia con cui Dio viene da se stesso a se stesso. La parola "venire" (*kommen*) interpreta l'essere di Dio come un evento da Dio a Dio, come un evento in cui Dio è per se stesso non solo provenire [*Herkunft*], ma avvenire [*Zukunft*]»[56]. Il Nuovo Testamento ha espresso l'essere dinamico di Dio con l'affermazione: «Dio è amore». Di Dio si potrebbe predicare, perciò, un'autodeterminazione intrinseca, a motivo del carattere comunicativo della libertà divina come Padre, Figlio e Spirito Santo. Se Dio stesso è amore, appartiene all'amore il disporre del proprio essere: la concreta determinazione di Dio come decisione d'amore (χάρις). Anche se

---

[52] H. KRINGS, «Freiheit», in H. KRINGS – H. M. BAUMGARTNER – C. WILD (HRSG), *Handbuch philosophischer Grundbegriffe*, Bd.2, München 1973, 506s.

[53] Anche nell'esame dello spessore semantico della parola «libertà» siamo rimandati all'originaria identità tra libertà e relazione: ἐλεύθερος come radice richiama l'indoeuropeo *leudheros* «ove il significato dell'esser liberi si salda con l'appartenenza ad un popolo, ad una gente (cfr. il tedesco *Leute*) ed infine ad una discendenza da un comune capostipite» (V. MELCHIORRE, *Essere e parola*, 157). Anche il termine tedesco *frei* ci rimanda all'*Erlebnis* originaria di un'appartenenza. Il termine «frei» rimanda non solo all'area semantica che dice l'appartenenza di sangue o di popolo, ma il termine «frī» o «frijōn» significano *amare*: nell'area slava abbiamo il termine *prijateljî* che significa *amico*.

[54] E. JÜNGEL, *Dio mistero del mondo*, 59.

[55] Cf *Ib.*, 57.

[56] *Ib.*

Dio non può avere altra origine e altro fine che se stesso – altrimenti sarebbe determinato da *altro* – la decisione di Dio *a favore* dell'uomo situa l'altro da Dio nel movimento di autodeterminazione.

Nella comprensione del dogma trinitario, non si possono scindere autoderminazione di Dio e sua concreta determinazione. Jüngel fa notare che la teologia cristiana ha preferito determinare, invece, il concetto di Dio prescindendo dall'evento di Gesù morto in croce. Pur esprimendo la fede in Gesù come vero Dio, il dogma trinitario ha compreso Dio a partire dalle condizioni di possibilità che il pensiero pone, piuttosto che elaborare il concetto di Dio a partire dalle condizioni imposte dal crocifisso; ne segue che la morte di Gesù non incide minimamente nell'elaborazione del concetto di divinità. Se in questo modo è assicurata la trascendenza di Dio, la libertà di Dio non viene pensata nella sua *concreta* autodeterminazione: essa rimane indeterminata e pensata come mero possesso di sé. L'essere di Dio non è compreso ancora *in praedicamento relationis*.

1.3. Identità e identificazione di Dio

Nella *Disputa di Heidelberg* (1518) Lutero afferma che la vera teologia e la vera conoscenza di Dio avvengono nel crocifisso[57]. Il Dio che si è fatto *uomo* e si è consegnato alla morte di croce ha voluto essere *Dio* proprio con quest'uomo e in quest'uomo. Lutero riprenderà queste riflessioni sul concetto di divinità nel commento alla lettera ai Galati (1531): «nullum Deum cognoscendum esse praeter hunc incarnatum et humanum Deum»[58]. Nelle lezioni sulla Genesi, il Riformatore afferma che secondo Aristotele le creature sono separate da Dio e che Dio le contempla dall'altezza della sua beatitudine. *Sed quid haec ad nos?* Anche il diavolo conosce così Dio[59].

La fede cristiana, invece, credendo che Gesù è Figlio di Dio, afferma che Dio non è rimasto in se stesso, ma è uscito da se stesso per venire a noi. Dio si è identificato con la storia, la passione e la morte dell'uomo Gesù. Se Dio si è identificato con un altro, significa che l'al-

---

[57] Cf M. LUTHER, WA 1, 362, 18s. (= BoA 5, 388, 29s).
[58] ID., WA 40/I, 78, 24.
[59] Cf ID., WA 43, 240,23-28.

tro determina profondamente l'essere di Dio, tanto da introdurre una distinzione in Dio stesso. «L'identificazione di Dio con il Gesù morto implica in questo senso un'autodistinzione in Dio. L'essere di questo morto determina l'essere proprio di Dio in modo tale che bisogna parlare di una distinzione tra Dio e Dio. D'altra parte bisognerà aggiungere subito che è un atto di Dio stesso a provocare l'identità di Dio con il Gesù morto e, come condizione di ciò, la distinzione fra Dio e Dio»[60]. L'atto con cui Dio si distingue da Dio non è estraneo all'essere di Dio, ma è Dio stesso. L'amore di Dio è il motivo di questa dimenticanza di sé, tale da far identificare Dio con ciò che non è degno di amore, bensì è reso amabile a partire da questo amore gratuito. Come dice Lutero nella XXVIII tesi della *Disputa di Heidelberg*: l'amore di Dio non trova, ma crea l'oggetto del suo amore. «Dio sarebbe allora amore nel non voler amare se stesso senza amare la sua creatura, ciò che è assolutamente "altro" rispetto a lui. Questo è il motivo eterno e divino dell'autodistinzione di Dio, senza la quale non sarebbe pensabile la sua identità con l'uomo Gesù»[61].

L'evento dell'identificazione di Dio con il crocifisso ci fa comprendere che l'amore predicato dell'essere di Dio è *amor crucis*. «Questo è il Dio che è amore: colui che in un riferimento a sé pur così grande è ancora più dimentico di sé e *così* trabocca e potenzia il suo proprio essere»[62]. Se la croce è la *ratio cognoscendi* dell'essere trinitario di Dio, la Trinità è la *ratio essendi* dell'identificazione di Dio con Gesù di Nazaret[63]. Dio va compreso come colui che quanto più dimentica se stesso tanto più si rapporta a se stesso. «Dio ha sacrificato il suo unico Figlio per tutti noi» (*Rom* 8,32; cf 3,16) oppure «il Figlio di Dio ha sacrificato se stesso per me» (*Gal* 2,20): queste affermazioni ci fanno comprendere Dio come l'essenza dimentica di sé in assoluto. Riferimento a sé (*identità di Dio*) e dimenticanza di sé (*identificazione di Dio*), amore interno a Dio e amore di Dio per l'uomo, trinità immanente e trinità economica,

---

[60] E. JÜNGEL, *Dio mistero del mondo*, 472.

[61] *Ib.*, 473.

[62] *Ib.*, 479.

[63] «E in questo senso la compiuta identificazione di Dio con l'uomo crocifisso Gesù è l'opera comune del Padre, del Figlio, dello Spirito santo. Oppure, formulato nella *ratio cognoscendi*: l'identificazione di Dio con Gesù crocifisso costringe alla distinzione fra Dio Padre, Dio Figlio e Dio Spirito santo. E solo in questa triplice distinzione dell'essere di Dio diviene comprensibile la frase che Dio è l'amore» (*Ib.*, 428).

non sono dunque *paradossi*. «Nell'amore, riferimento a sé e dimenticanza di sé non si contraddicono. Ogni amante lo sa. Riferimento a sé e dimenticanza di sé si *corrispondono* [...]»[64].

Jüngel è d'accordo con Rahner nell'affermare che *la trinità "economica" è la trinità "immanente" e viceversa*. «La frase è giusta poiché nell'abbandono da Dio e nella morte di Gesù (*Mc.* 15,34-37) avviene Dio stesso. Ciò che la storia della passione narra è espresso concettualmente dalla dottrina della trinità»[65]. Benché tra autodistinzione divina (*trinità immanente*) e autoidentificazione di Dio con Gesù (*trinità economica*) c'è un rapporto di reale identità, va mantenuta tuttavia tra i due momenti una *distinctio rationis*. In tal modo l'identità reale non si risolve in una semplice tautologia e la *ratio essendi* può essere distinta dalla *ratio cognoscendi*[66]. È l'identificazione (*Dio = uomo*) che interpreta l'identità (*Dio = Dio*) ed è questa identità motivo dell'evento escatologico. «La frase *Dio è Dio* si apre come affermazione trinitaria fondamentale nella frase cristologica *Dio divenne uomo*, senza perdere la sua verità»[67].

Sorge però un'obiezione. Se l'identità di Dio non è decisa da nient'altro che dalla sua autodeterminazione, per cui Dio non vuole venire a sé senza di noi; e se l'essere dell'uomo muove talmente dall'interno l'essere di Dio che egli stesso è divenuto uomo e nella persona di Gesù ha sofferto fino ad essere condannato alla morte di croce, non si finisce per rendere di nuovo l'uomo e il suo mondo una necessità per Dio? È questa l'obiezione sollevata da G. Lafont alla tesi di Jüngel, secondo cui apparterrebbe «già alla divinità di Dio anche la sua umanità»[68]. L'impressione è che Jüngel non distingua sufficientemente il movimento *teologico*, in cui Dio viene da se stesso a se stesso, e il movimento *economico*, in cui Dio non vuol venire a se stesso senza l'uomo[69]. Se Dio

---

[64] *Ib.*, 479.

[65] *Ib.*, 480.

[66] Cf ID., «Das Verhältnis von "ökonomischer" und "immanenter" Trinität. Erwägungen über eine biblische Begründung der Trinitätslehre – im Anschluß an und in Auseinandersetzung mit Karl Rahners Lehre vom dreifaltigen Gott als transzendentem Urgrund der Heilsgeschichte», in ID., *Entsprechungen*, 275; cf ID., *Dio mistero del mondo*, 428.

[67] ID., «Quae supra nos, nihil ad nos. Eine kurzformel der Lehre vom verborgenen Gott – im Anschluß an Luther interpretiert, in ID., *Entsprechungen*, 226.

[68] ID., *Dio mistero del mondo*, 58.

[69] Cf G. LAFONT, *Dieu, le temps et l'être*, Paris 1986, 293.

viene a se stesso «e» viene verso l'uomo, come si deve intendere la congiunzione «e»? Si tratta di *due* livelli di libertà divina o di uno solo? Secondo Lafont, Jüngel comprenderebbe la congiunzione «e» nel senso della copula «è»: l'identità di Dio *è* totalmente la sua identificazione, «di modo che non si vede più il senso della congiunzione *e*»[70].

Per rispondere alle obiezioni sopra esposte è necessario tener presente che per Jüngel *decisione* e *relazione* sono due termini che s'identificano. «La decisione pone la relazione, perché non è altro che un mettersi-in-relazione»[71]. L'essere di Dio, inoltre, coincide con la sua decisione. La decisione non è qualcosa di aggiunto all'essere di Dio: in quanto evento, l'essere di Dio è la sua propria decisione. «Liberum arbitrium est nomen plane divinum»[72]. Anche S. Tommaso identifica libertà ed essere divino[73]; tuttavia, mentre per l'Aquinate Dio è libero poiché è causa di se stesso, per Jüngel Dio è libero perché è libero da se stesso e originariamente comunicazione di sé[74]. L'essenza dell'amore è data, infatti, da una dimenticanza di sé in un riferimento a sé sempre più grande: «un rapporto con sé che liberamente va al di là di sé, si riversa e si dona: pura sovrabbondanza, essere traboccante, che trabocca a vantaggio di un altro e solo in questa misura trabocca a vantaggio di se stesso. Questo è amore. Questo è il Dio che è amore: colui che in un riferimento a sé pur così grande è sempre ancor più dimentico di sé e *così* trabocca e potenzia il suo proprio essere»[75]. Invece di dire che Dio vuole e ama gli altri esseri, per il fatto che ama e vuole se stesso, bisogna dire in sintonia col Nuovo Testamento che Dio ama e vuole se stesso, in quanto ama e vuole anche l'uomo. L'autodeterminazione di Dio non esclude che Dio si lasci determinare da un altro, proprio perché la libertà di legarsi fa parte integrante della libertà divina e la caratterizza come libertà di amore[76]. «Il

---

[70] *Ib.*

[71] E. JÜNGEL, *L'Essere di Dio è nel divenire*, 135.

[72] M. LUTHER, *De servo arbitrio*, WA 18, 636, 27-28.

[73] Cf S. TOMMASO D'AQUINO, *Somma contro i Gentili*, Libro Primo, Cap. LXXII, 213.

[74] Una cosa è affermare che amando e volendo per se stessa la propria essenza, Dio ama e vuole la molteplicità delle cose, un'altra cosa è affermare che amando e volendo l'altro da sé, Dio ama e vuole la propria essenza. In questo secondo caso si realizza la massima evangelica secondo cui: «Chi perderà la propria vita, la guadagnerà».

[75] E. JÜNGEL, *Dio mistero del mondo*, 479.

[76] ID., «La signification de l'analogie pour la théologie», 255.

fatto che Dio non voglia venire a se stesso senza l'uomo, non fa dell'uomo il compimento della perfezione di Dio: Dio si compie di per se stesso. Ma potremo e dovremo dire che egli non vuole sapersi compiuto senza l'uomo»[77].

1.4. L'essere di Dio come essere di relazione e in relazione

Nella teologia di Jüngel il concetto cristologico di «identificazione» adempie non solo una funzione teologica, ma costituisce anche un principio metodologico molto importante. Infatti, l'identificazione di Dio con Gesù di Nazaret non rivela solo che l'essere di Dio è essenzialmente creatore e che appartiene alla sua stessa divinità la relazione con l'umanità, ma rivela anche l'essere del mondo e dell'uomo[78]. Già nelle *Lezioni sulla filosofia della religione* Hegel aveva definito l'essere di Dio come creatore. La creazione non costituisce perciò un *actus*, che sarebbe accaduto una volta per tutte, ma è un momento eterno dell'essenza divina: una sua eterna determinazione[79]. P. Tillich riprende questa rifles-

---

[77] ID., *Dio mistero del mondo*, 58s.

[78] Cf K. RAHNER, *Corso fondamentale sulla fede*. Introduzione al concetto di cristianesimo, Cinisello Balsamo 1990[5], 291 (= *Grundkurs des Glaubens*. Einführung in den Begriff des Christentums, Freiburg 1976). In questo testo Rahner e Jüngel coincidono perfettamente: l'uomo Gesù è l'*auto*affermazione o *auto*identificazione di Dio (*Selbstaussage Gottes*), dove *essentia* (identità di Dio) ed *operatio* (*identificazione di sé nell'altro-da-sè*) si corrispondono. «Colui che in se stesso è immutabile, *lui stesso* può essere mutabile *in un altro* [...] Non dobbiamo considerare questo mutare-se-stesso-nell'altro come contraddittorio all'immutabilità di Dio in sé, né lasciare che questo mutarsi-nell'altro si riduca all'affermazione di una mutazione dell'altro. Qui l'ontologia deve orientarsi secondo il messaggio della fede e non farla da maestra a tale messaggio» (*Ib.*, 288). Rahner *abbandona* in questo testo la concezione scolastica dell'incarnazione, affermando che il *divenire* di Dio (*Sich-am-anderen-Ändern*) non deve essere *ridotto* al divenire dell'uomo, ma deve essere predicato di Dio. «Se ponessimo il mistero dell'incarnazione unicamente nella dimensione del finito, elimineremmo propriamente il mistero nel senso stretto del termine» (*Ib.*). Ricordiamo che per S. Tommaso è impossibile parlare dell'unione ipostatica in termini di un mutamento reale in Dio, ma solamente nella creatura (cf *STh*, III, q.2, art.7, ad primum). Lo straordinario invece secondo Rahner, non consiste tanto che la creatura possa divenire qualcosa d'altro, ma che il mistero dell'incarnazione esiste in Dio stesso immutabile, «che *egli* – benché per se stesso in se stesso immutabile – può diventare qualcosa d'altro» (*Ib.*, 289). Una tale mutazione in Dio viene esclusa invece da Tommaso. «Ita nec *fieri* nec *factum esse* dicitur de Deo, nisi secundum rationem mutatione circa ipsum existente» (*STh*, I, q.13, a. 7).

[79] G. W. F. HEGEL, *Lezioni sulla filosofia della religione*, Parte III. La religione assoluta, Roma-Bari 1983, 64.

sione hegeliana affermando che la vita divina è creatrice, s'attualizza in un'abbondanza inesauribile. Dio è creatore, poiché è Dio. È dunque assurdo domandarsi se la creazione sia un atto necessario o un atto contingente di Dio, dato che la dottrina della creazione non è il racconto di un avvenimento che si produsse un giorno, ma è la descrizione fondamentale della relazione tra Dio e mondo[80].

Per Jüngel la creazione esprime l'essere di Dio come essere che liberamente si limita. «Se la creatura è l'*altro voluto* da Dio, allora Dio *vuole essere* – in un senso che deve essere ben compreso – *limitato* anche attraverso la sua creatura. Creatio ex nihilo, inizio originario di Dio è un atto di autolimitazione creatrice di Dio»[81]. Per comprendere perché l'essere di Dio vuole limitarsi di fronte all'altro, bisogna ricordare che Dio è amore e appartiene all'essenza dell'amore che l'amante si ritiri a favore dell'amato. Come è essenziale al Dio eterno di limitarsi in se stesso come Padre attraverso il Figlio e lo Spirito Santo, così è essenziale per Dio ripetere nell'atto di creazione in modo analogo, ciò che ha luogo in Dio dall'eternità. «Se la creatio ex nihilo esprime Dio nella sua divinità e se Dio definisce se stesso come comunione trinitaria d'amore, allora non c'è contraddizione tra divinità di Dio ed il suo atto creativo di autolimitazione: anzi c'è corrispondenza. Il ritirarsi di Dio a favore della creatura nell'atto del creare è espressione della divinità di Dio: ben inteso, non *si ritira come Dio*, ma in quanto prepara un posto e dona tempo ad un altro accanto a sé, assicurandogli essere ed esistenza nella prossimità del suo essere ed esistenza divini. L'atto divino, in cui hanno origine e sono create tutte le cose, può dunque anche essere chiamato un atto di umiltà divina – come ha fatto la mistica giudaica»[82]. Jüngel si distanzia su questo punto da Hans Jonas, il quale concepisce l'autolimitazione di Dio come un'abdicazione della sua divinità; secondo il nostro Autore, invece, Dio non ha rinunciato ad essere Dio con la creazione del mondo; non ha decretato la fine della sua onnipotenza con l'olocausto di Auschwitz, ma ha manifestato quale onnipotenza debba essere predicata di Dio. «L'onnipotenza di Dio deve piuttosto essere intesa come la potenza del suo amore. Solo l'amore è onnipotente»[83].

---

[80] Cf P. TILLICH, *Théologie systematique*, vol. 2, Paris 1970, 178s (= *Systematic Theology*, Chicago 1951).

[81] E. JÜNGEL, «Gottes ursprüngliches Anfangen», 153.

[82] *Ib.*, 154.

[83] ID., *Dio mistero del mondo*, 38.

L'amore onnipotente di Dio costituisce la critica più radicale della tesi aristotelica secondo cui Dio è Amore amato e non amore amante, in relazione con la creatura[84]. Con la rivelazione cristiana, la storicità, la temporalità e la caducità del mondo trovano senso non tanto in virtù del principio di causalità, quanto in virtù del fatto che Dio ha tanto amato il mondo, da mandare il suo unico Figlio. Tale annuncio rivela una relazione tra Dio e mondo, che, interessando l'essere stesso di Dio (*il suo unico Figlio*), pone una relazione *reale* in Dio stesso. Questo significa che l'annuncio di fede costringe a non pensare Dio *extra totum ordinem creaturae*, ma *in relatione ordini creaturae*[85]. «[Il pensiero trinitario di Dio costringe], a non dover parlare di un'identità di Dio con la sua creazione senza relazione, ma a poter pensare Dio *in rapporto* alla sua creazione, *in praedicamento relationis*»[86].

Ponendo se stesso fuori-di-sé, Dio si relaziona a se stesso. Questo altro-da-Dio sussiste totalmente a partire da Dio e proprio per questa dipendenza totale sussiste in quanto *altro*. Creando il mondo come altro-da-sé, Dio non altera affatto il suo essere: Dio rimane fedele a se stesso anche nella creazione del mondo, proprio perché in questa creazione Dio *si* relaziona in quanto Dio. Jüngel distingue, perciò, l'essere di Dio come *relazione* e l'essere di Dio *in-relazione*. «La teologia evangelica non può pensare la purezza della relazione senza un'origine della relazione, e questa *è* origine della relazione in quanto *si pone in relazione*. Questo porsi-in-relazione è, teologicamente inteso, relazione pura. E visto così, come un porsi-in-relazione, l'essere di Dio è *essenzialmente relazionale*, l'essere di Dio è "relazione pura"»[87]. Dio è in se stesso *rela-*

---

[84] Cf ARISTOTELE, *Metaphysica*, XII (Λ), 7, 1072b, 3-4.

[85] «*Il Dio filosofico è essenzialmente rapportato solo a se stesso*, in quanto è pensiero esclusivamente auto-contemplante. Il Dio della fede, invece, è fondamentalmente inquadrato nella categoria della relazione. E' l'immensità creatrice, che abbraccia l'universo. Ne risultano così un quadro e un aspetto del mondo completamente nuovi: la più alta possibilità di cui l'essere è dotato, non viene più ad identificarsi con la scioltezza assoluta d'un soggetto che basta solo a se stesso e sussiste per conto suo. La suprema modalità dell'essere include invece l'elemento "relazione". Non c'è nemmeno bisogno di rilevare quale rivoluzione debba comportare, per l'orientamento esistenziale dell'uomo, il fatto che l'Essere supremo non si presenti più come autarchia assoluta, ermeticamente chiusa in se stessa, ma denoti invece al contempo relazione, potenza creativa, che crea e sostenta ed ama qualcosa d'altro» (J. RATZINGER, *Introduzione al cristianesimo*, Brescia 1969, 107s [= *Einführung in das Christentums*, München 1968]).

[86] E. JÜNGEL, «Gottes ursprüngliches Anfangen», 159.

[87] ID., *L'Essere di Dio è nel divenire*, 162.

zione come Padre, Figlio e Spirito Santo e allo stesso tempo è *in-relazione* con l'altro-da-sé come Padre, Figlio e Spirito Santo. Dio *si* relaziona come Padre, Figlio e Spirito Santo e in questa relazione è *incluso* anche l'*altro-da-sé* di Dio, con il quale Dio è *in-relazione*. Riprendendo le riflessioni barthiane, Jüngel afferma che le due relazioni, la *relazione* in Dio da un lato e la *relazione* tra Dio e uomo da un altro lato, vivono della stessa libertà. «Nell'analogia delle relazioni il sì del creatore alla creatura corrisponde al sì di Dio a se stesso»[88]. L'identità delle due relazioni non esclude la loro *distinctio rationis*; anche Barth distingue una relazione *ad intra* e una *ad extra*[89]. Dio è libero di fronte al mondo, poiché è già costituito come relazione: poiché Dio è in sé relazione, può relazionarsi all'altro-da-sé. «Dio può entrare in relazione (*ad extra*) con l'altro [...], perché l'essere di Dio (*ad intra*) è un essere *in relazione con se stesso*»[90].

Dio dunque non diventa libero a partire dal creato, ma è libertà originaria e originante (*ex sese*). Poiché Dio è essere relazionale, *diventa* il Dio di un altro, senza doverne dipendere. Non si può dunque considerare il divenire come una realtà *altra da Dio* e farne per Dio la condizione di essere il nostro Dio. «L'autorelazione deve invece essere intesa come un *divenire* che *appartiene* al suo stesso essere, un divenire che ci fa comprendere l'essere di Dio come un "essere nell'atto"»[91]. Anche nella filosofia ebraica di A. J. Heschel ritroviamo affermata quella stessa identità tra essere ed agire, che K. Barth e E. Jüngel predicano di Dio. «L'ontologia biblica non separa l'essere dall'agire. Ciò che è, agisce. Il Dio di Israele è un Dio che agisce, un Dio di grandi opere. La Bibbia non dice come Egli è, ma come agisce. Parla dei Suoi atti di pathos e dei Suoi gesti nella storia; Dio non è concepito come "vero essere", ma co-

---

[88] ID., «Die Möglichkeit theologischer Anthropologie», 220s.

[89] Cf ID., *L'Essere di Dio è nel divenire*, 135.

[90] *Ib.*, 160. «Dio è amore sia nel suo relazionarsi (detto in maniera trinitaria: nella distinzione e nell'essere reciprocamente relazionato come Padre, Figlio e Spirito Santo) che nella relazione all'altro che è a lui opposto: cioè l'*uomo*. Il relazionarsi intradivino avviene come amore in quella autorelazione di Dio, che già include una dimenticanza di sé ancora maggiore. Ma appunto questa dimenticanza di sé sempre maggiore fa uscire "*ad extra*" in libertà il Dio che si rapporta a se stesso: il Dio, che è amore, si crea – ex nihilo – il suo altro, cosicché l'amore che si rivela in Gesù Cristo e si fa sperimentare per lo Spirito Santo si mostra già come fondamento interno della creazione dell'uomo» (ID., «Das Verhältnis von "ökonomischer" und "immanenter" Trinität», 270).

[91] ID., *L'Essere di Dio è nel divenire*, 160s.

me il *semper agens*. Qui la categoria fondamentale è l'azione invece che l'immobilità. Movimento, creazione della natura, azioni all'interno della storia, più che assoluta trascendenza e distacco dagli eventi della storia, sono gli attributi dell'Essere Supremo»[92]. Questo agire, che viene predicato di Dio, si differenzia però dalla pura attualità dell'*Ipsum esse subsistens* della scolastica. Mentre per S. Tommaso Dio, in quanto atto puro, non può essere in relazione reale con un *partner*, poiché ciò comporterebbe un passaggio dalla potenza all'atto, per Barth, Jüngel ed Heschel, Dio, in quanto *semper agens*, può essere in relazione reale con il mondo: in questi autori la relazione tra Dio e mondo non è compresa sulla base di un'unità onnicomprensiva, ma è Dio stesso che si pone – liberamente – in relazione.

1.5. Dio e mondo nell'ontologia di relazione

Jüngel parla di una relazione essenziale di Dio con l'uomo, poiché l'essere di Dio è compreso a partire dalla definizione che «Dio è amore». «E così inteso Dio può, nella sua rivelazione, *essere* πρὸς ἕτερον senza dipendere da questo ἕτερον. Invece dall'altra parte l'uomo e il suo mondo devono se stessi nel loro essere all'essere di Dio πρὸς ἕτερον. Nell'irreversibilità di questa relazione ontologica tra Dio e mondo consiste la differenza ontologica tra i due. Così, Dio può essere il Dio dell'uomo senza essere definito Dio dal suo riferimento all'uomo»[93]. Solo attraverso l'affermazione di una differenza radicale tra Dio e mondo e la comprensione dell'essere di Dio come amore creativo è possibile porre una relazione essenziale tra Dio e mondo. Dio e mondo costituiscono un'unica realtà non tanto perché compresi all'interno di un concetto onnicomprensivo di essere, ma perché Dio è essenzialmente riferito al mondo come *creator ex nihilo*[94].

Il mondo è in relazione a Dio solo in quanto *è* questa stessa relazione. Per un verso Dio *è* l'evento in cui Dio proviene da Dio e viene a

---

[92] A. J. HESCHEL, *Il messaggio dei profeti*, 63.

[93] E. JÜNGEL, *L'Essere di Dio è nel divenire*, 164.

[94] «Secondo la comprensione dell'essere come essere-con, Dio e mondo costituiscono un'unica realtà, tuttavia una realtà in se stessa radicalmente e fondamentalmente differente» (G. EBELING, *Dogmatica della fede cristiana*, 223).

Dio: né riducibile alla relazione con l'uomo, né erigibile a causa o principio dell'uomo, poiché il rapporto con l'uomo non è esterno a Dio, ma muove *dall'interno* il suo essere, per cui Dio si pone come uno dei termini del rapporto. Per altro verso, Dio è *in* rapporto con l'uomo, solo in quanto l'uomo *è* rapporto con Dio. Questo significa, innanzitutto, che l'uomo non è *in* rapporto con Dio, ma *è* relazione a Dio. Se affermiamo che l'uomo e il mondo sono «in» relazione a Dio, distinguiamo ancora l'*essere* dalla *relazione*; mentre se affermiamo che l'*essere* della creatura s'identifica con la sua *creaturalità*, dobbiamo intendere questa relazione creaturale nel senso «sostanziale» e non semplicemente trascendentale.

A questo punto ci potremmo scontrare con la tradizione scolastica che solamente delle persone intratrinitarie ha predicato questo tipo di relazione[95]. Tuttavia, Duns Scotus aveva affermato che tutto l'essere del mondo non è altro che relazione a Dio (*esse ad*)[96]. Anche nell'ambito odierno della teologia cattolica, l'essere della creatura viene compreso a partire dalla libera posizione di Dio. Rahner identifica «creaturalità» con «dipendenza radicale da Dio» e questa «dipendenza» consiste nella «libera posizione da parte del Dio personale»[97]. «Dio stesso pone la realtà posta e la propria distinzione da essa»[98]. Troviamo qui un'affinità con quanto Jüngel e Ebeling affermano sullo statuto ontologico del mondo. La creatura deve il suo essere «all'essere di Dio πρὸς ἕτερον. Nell'irreversibilità di questa relazione ontologica tra Dio e mondo consiste la differenza ontologica tra i due»[99]. La creaturalità definisce, perciò, l'essere della creatura; così come l'essere-creatore definisce l'essere di Dio.

Se la realtà consiste ontologicamente ed è conosciuta come creata a partire dall'autoposizione di Dio, vuol dire che tanto nella *ratio essendi* quanto in quella *cognoscendi*, è necessario cominciare *solo* da Dio. «Se oltre all'essere di Dio ci fosse ancora dell'altro che non è *solo per mezzo di Lui*, Dio sarebbe un essere limitato dall'essente e non si comprenderebbe perché quell'"altro" non dovrebbe essere altrettanto divino; con Dio sarebbe già posto allora un "Dio concorrente". Contrapponendosi a

[95] Cf *STh*, I, q.39, a.1, ad primum.

[96] Cf DUNS SCOTUS, «Ordinatio II, dist. 2, n. 261», in *Opera omnia*, ed. C. BALIC, Civitas Vaticana, 129.

[97] K. RAHNER, *Corso fondamentale sulla fede*, 112.

[98] *Ib.*, 113.

[99] E. JÜNGEL, *L'Essere di Dio è nel divenire*, 164.

queste concezioni dualiste la teologia cristiana deve pensare Dio e null'altro che Dio»[100]. Ciò non esclude che accanto a sé, Dio voglia avere l'altro *voluto da lui*: la sua creatura[101].

Se l'identità ontologica del mondo è data nell'evento in cui Dio, distinguendosi dal mondo, si relaziona al mondo, ciò significa che Dio stesso *in* questa relazione si determina come Dio. Inoltre, se la *relazione a Dio* definisce l'essere del mondo, negando Dio non si ha una contraddizione del mondo, poiché l'identità ontologica del mondo non è data dal suo essere «in» relazione a Dio, ma dal suo essere «relazione». Dio e mondo non sono due realtà l'una accanto all'altra e poste successivamente in relazione, a partire da un'unità ontologica, in cui Dio è il fondamento e il mondo il fondato[102].

Se l'essere del mondo si risolve tutto nella sua relazione, la consistenza del mondo consisterà in questa stessa relazione; per cui solo a partire dalla rivelazione di Dio è possibile scoprire la relazione, con cui il mondo identifica il suo essere, come relazione-a-Dio. In quanto mondo, infatti, esso non rinvia a nient'altro che a se stesso[103]. Jüngel sottolinea che Dio, l'uomo e il suo mondo, sono di per sé interessanti e non necessitano un rimando a qualcosa d'altro perché siano pensati come tali[104].

Un'ontologia della relazione rende così possibile una teologia «più naturale» (*eine natürlichere Theologie*), in cui la realtà di Dio non è più affermata a partire dall'ipotesi che il mondo sarebbe contraddittorio, se Dio non ci fosse, ma a partire dall'evento della sua autocomunicazione. «Dio è interessante di per sé. Dio rende l'uomo di per sé interessante,

---

[100] ID., *Dio mistero del mondo*, 292, nota 66.

[101] Cf ID., «Gottes ursprüngliches Anfangen», 153.

[102] La condizione di possibilità per affermare da un lato una relazione essenziale di Dio con il mondo e dall'altro una relazione che eviti di comprendere Dio e mondo all'interno di un'unità ontologica, è dato dalla concezione trinitaria di Dio. «[...] se vogliamo dunque pensare l'essere di Dio come πρὸς τι e tuttavia salvaguardarlo da una dipendenza da qualunque ἕτερον, senza d'altra parte ridurre la relazione ad accidente di una sostanza che esiste in sé e per sé, dovremo intendere l'essere di Dio essenzialmente come essere *doppiamente* relazionale. In altre parole: Dio può entrare in relazione (*ad extra*) con l'altro (e proprio in questa relazione il suo essere può esistere onticamente, senza con ciò essere ontologicamente dipendente da quest'altro), perché l'essere di Dio (*ad intra*) è un essere *in relazione con se stesso*» (ID., *L'Essere di Dio è nel divenire*, 160).

[103] Cf ID., «Gott – um seiner selbst willen interessant. Plädoyer für eine natürlichere Theologie», in ID., *Entsprechungen*, 197.

[104] Cf ID., *Dio mistero del mondo*, 54.

interessante in modo nuovo»[105]. Questa «novità» predicata dell'uomo e del suo mondo non rende l'uomo e il suo mondo contraddittori, qualora questa novità venisse negata; se così fosse, avremmo compreso il «più», predicato del mondo e dell'uomo, in modo *derivato* dal positivo. E poiché ogni imperfetto implica necessariamente il perfetto, negare il perfetto significa rendere contraddittorio l'essere dell'imperfetto. Secondo Jüngel, invece, il «più» costituisce un *incremento* tale che il *meglio* non rende il bene *peggiore*, ma lo lascia rimanere un *bene*. «Voler leggere all'inverso l'incremento "bene-meglio" – partendo questa volta dal meglio – sarebbe quanto mai irreale. Come incremento escatologico, invece il meglio ritorna ad ogni modo al bene come qualcosa di buono»[106]. Si tratta perciò di un *comparativo critico*, che dà nuova luce a ciò che è naturale lasciandolo però naturale. «Si potrebbe chiamare escatologico questo comparativo, pensando al canto natalizio di Lutero: "Entra la luce eterna, e nuovo traspare il mondo"»[107].

Se il rapporto tra Dio e mondo viene letto *in praedicamento relationis*, bisogna precisare che cosa s'intenda per «sospetto protestante», quando si afferma che Jüngel non è in grado di riconoscere alla «natura» un'autentica autonomia, benché relativa, dinnanzi alla grazia. La stessa critica fu rivolta da Balthasar alla teologia di Barth; il teologo riformato fu accusato di aver compiuto un restringimento (*Engführung*) cristologico dell'antropologia e di non aver riconosciuto sufficientemente la relativa indipendenza ed autonomia della creazione come presupposto (*Voraussetzung*) dell'incarnazione[108].

In un saggio dedicato al dilemma e alla verità della teologia naturale, Jüngel contesta non solo la giustapposizione tra natura e grazia, ma anche il tentativo di Balthasar d'intendere in maniera *relativa* questo rapporto. Secondo Balthasar la grazia non può essere dedotta dalla natura, anche se la grazia è grazia *per* una natura e *in* una natura, per cui logicamente – anche se non cronologicamente – la grazia presuppone sempre una natura[109]. Jüngel ribatte dicendo che «certamente "grazia è

---

[105] *Ib.*
[106] ID., «Extra Christum nulla salus – als Grundsatz natürlicher Theologie? Evangelische Erwägungen zur "Anonymität" des Christmenschen», in ID., *Entsprechungen*, 189.
[107] *Ib.*, 188.
[108] Cf H. U. VON BALTHASAR, *La teologia di Karl Barth*, Milano 1985, 259-264 (= *Darstellung und Deutung seiner Theologie*, Einsiedeln 1976).
[109] *Ib.*, 299.

grazia *per* una natura e *in* una natura". Ma anche la musica è musica *per* uno strumento e *in* uno strumento. Ma non ne segue una priorità logica dello strumento musicale sulla musica. Lo strumento musicale è anzi già radicalmente "musicale". La musica ad esso *esterna* è allo stesso tempo nel suo più interno. In maniera analoga ciò vale per la grazia. La grazia, o meglio l'evento della giustificazione dell'uomo da parte di Dio, è più vicino all'uomo, di quanto questi possa essere vicino a se stesso»[110]. La grazia costituisce per Jüngel un evento di libertà da parte di Dio, per cui se l'uomo è definito a partire dalla *libertà* di un altro, appartiene all'uomo in quanto uomo la libertà dell'incontro con Dio. Sarebbe fatale se si affermasse, però, che l'uomo senza Dio non sarebbe più umano. «Per l'uomo Dio è tanto poco superfluo, quanto ancor meno una funzione necessaria dell'esistere umano»[111]. Poiché Dio è per l'uomo più che necessario, la negazione di Dio non rende l'uomo peggiore.

Possiamo capire a questo punto perché il nostro Autore nega che l'uomo sia di per sé analogo a Dio e *capax dei*: questo non è dovuto ad un sospetto o ad un pessimismo protestante, quanto all'intento di salvaguardare l'umanità dell'uomo e la naturalità della natura[112]. Se l'incarnazione di Dio rende possibile che l'uomo diventi sempre più uomo (*immer noch menschlicher*), questo assioma della teologia cristiana deve rimanere antropologicamente sensato anche a prescindere dalla rivelazione. Anche se nella definizione dell'uomo non compare la parola «Dio», rimane valido che nel comparativo «sempre più umano» è dato il concetto di umanità.

Lo stesso accade quando la teologia definisce l'uomo come essere aperto alla parola; anche prescindendo dall'evento della Parola di Dio, rimane valida questa definizione dell'uomo come essenza linguistica. Ciò non toglie, che prescindendo da Dio, il principio diventa ambivalente nella sua concreta realizzazione, pur rimanendo in se stesso *vero*. Questa ambiguità della verità antropologica rende «evidente che l'uomo deve decidersi o per la fede in questo Dio o per qualcosa d'altro. In ciò

---

[110] E. JÜNGEL, «Das Dilemma der natürlichen Theologie und die Wahrheit ihres Problems. Überlegungen für ein Gespräch mit Wolfhart Pannenberg», in ID., *Entsprechungen*, 168.

[111] ID., «Extra Christum nulla salus», 188.

[112] Cf A. MILANO, «Analogia Christi», 67; H. FRIES, «Gott als Geheimnis der Welt. Zum neuesten Werk von Eberhard Jüngel», in *HerKorr*, 31 (1977), 528.

sta la sua libertà»[113]. Solo nella libertà dell'evento di fede avviene corrispondenza tra Dio e uomo, per cui *homo fit capax dei* e l'essere dell'uomo diventa analogo di Dio.

La tesi che Dio sia *più che necessario* esprime, perciò, il tipo di relazione che si deve predicare tra Dio e uomo. «Se dunque l'uomo è creato come colui che è predestinato all'amore, egli è ciò che è perché si trova in un rapporto con Dio che è determinato dalla libertà e che il discorso della necessità di Dio per l'uomo non potrebbe che sminuire. L'amore fa saltare la relazione della necessità, superandola. Se Dio si rivolge incondizionatamente all'uomo, lo fa non solo perché Dio proviene da Dio, ma più ancora perché Dio non vuole pervenire a se stesso senza l'uomo. Come tale egli è più che necessario»[114]. La necessità non è dunque la forma maggiore per esprimere la prossimità tra Dio e uomo; essa anzi rappresenta la fine della lontananza senza l'inizio della vicinanza, mentre «unità e distinzione di Dio e uomo crescono non in modo indirettamente ma direttamente proporzionale»[115].

L'identità espressa tra Dio e uomo [*(Dio = Dio) = (Dio = uomo)*] non significa, perciò, mancanza di distinzione; anzi l'atto dell'identificarsi può lasciar emergere in tutta la sua radicalità la differenza tra colui che si identifica e colui con il quale ci si identifica. Questo è possibile se si passa da un'ontologia della sostanza ad una di relazione. In questo caso si parla di «evento» (*Ereignis*) in termini d'identità: solo così si salvaguarda la dimensione *relazionale* dell'identificazione escatologica. «Il nostro discorso sull'identità di Dio con l'uomo Gesù ha bisogno di essere precisato, se deve escludere la conseguenza di un'identità reversibile dell'uomo con Dio: identità che tutto pervertirebbe. La non reversibilità (e con questo la libertà) dell'autoidentificazione di Dio con l'uomo Gesù deve essere mantenuta. Dio non può scomparire nell'identità dell'uomo Gesù [...] Dio deve essere pensato come colui che s'identifica con questo uomo e l'identità stessa deve essere pensata come un evento che rimane»[116].

---

[113] R. GARAVENTA, «L'esito della teologia: Dio è altro dall'uomo», 40.

[114] E. JÜNGEL, *Dio mistero del mondo*, 59.

[115] W. KASPER, «Natur – Gnade – Kultur», in *ThQ*, 170 (1990), 93.

[116] E. JÜNGEL, «... keine Menschenlosigkeit Gottes... Zur Theologie Karl Barths zwischen Theismus und Atheismus», in ID., *Barth-Studien*, 339.

2. La rivelazione di Dio in Gesù Cristo

L'autodefinizione di Dio avvenuta in Gesù di Nazaret specifica il modo con cui il Nuovo Testamento parla di *mistero*. A tal riguardo, Jüngel distingue una nozione negativa ed una positiva di mistero; nel primo caso, è mistero ciò che è sottratto alla nostra conoscenza, dunque l'ignoto e l'enigma (*Rätsel*). Questa nozione negativa di mistero è dovuta – secondo il nostro Autore – alla priorità data al pensiero rispetto al *linguaggio*. Per il Nuovo Testamento, invece, è μυστήριον ciò che si dà a conoscere ed è rivelato. La nozione positiva di mistero rinvia all'*annuncio* e alla *proclamazione*[117]. Il mistero è di per sé comunicativo, senza con questo cessare d'essere un mistero. «Alla struttura del concetto positivo di mistero appartiene *da un lato* che esso, se lo si coglie, non smette di rimanere mistero. In ciò si distingue dall'enigma che, com'è capito, smette di essere enigmatico. I misteri non possono essere sciolti, spogliati, denudati. Alla struttura del concetto positivo di mistero appartiene d'*altro lato* il fatto che debba essere colto. Benché non possa essere "sciolto" esso vuole essere colto. Un vero mistero ci attira e ci si confida. Esso rende familiare se stesso *come* mistero. Il mistero è dunque esso stesso il soggetto del lasciarsi-cogliere: esso *si rivela* come mistero»[118].

Per far risaltare come il rapporto tra parola e pensiero abbia ripercussioni teologiche possiamo riferire quanto Eraclito dice a proposito degli dei pagani. «'Αλλὰ τῶν μὲν θείων τὰ πολλά ἀπιστίηι διαφυγγάνει μὴ γιγνώσκεσθαι» (B 86). La maggior parte degli dei, per *mancanza di fiducia*, sfugge, si sottrae per non essere conosciuto (dagli uomini): gli dei non si fanno conoscere quindi per paura o per invidia. L'essere di Dio non è conosciuto, e quindi rimane un mistero nel senso negativo, perché gli dei non si fidano degli uomini. A questa ἀπιστία degli dei subentra, con la rivelazione in Gesù Cristo, la πίστις. C'è quindi una corrispondenza tra la sfiducia degli dei e l'indicibilità di Dio (ἄρρητον τὸ Θεῖον καὶ ἀκατάληπτον), così come tra la fiducia di Dio e la sua dicibilità. All'εὐδοκία τοῦ Θεοῦ corrisponde nel Nuovo Testamento la conoscenza del Suo mistero[119].

---

[117] Cf ID., *Dio mistero del mondo*, 327.
[118] *Ib.*, 328.
[119] Cf Ef 1,8-9.

La rivelazione del mistero di Dio in Gesù Cristo non significa che è eliminato ogni mistero su Dio, ma soltanto che l'assioma del «deus semper maior» non esprime più la riserva di Dio di fronte al mondo, che rende impossibile a un intelletto finito e creato di esaurire radicalmente l'infinità entitativa di Dio, bensì «l'incomprensibilità dell'umanità di Dio»[120].

2.1. *Deus absconditus* e *Deus revelatus*

Il concetto che si ha di *mistero* dipende intrinsecamente dal modo con cui si intende l'essere di *Dio*. Se Dio è compreso essenzialmente e originariamente come un essere chiuso in se stesso, il mistero di Dio è il luogo in cui il suo essere è celato e incomunicabile. Se l'essere di Dio, invece, è «originalissima comunicazione di sé», il nascondimento di Dio non è contrapposto alla sua luce e alla sua maestà, ma è il modo con cui Dio si rende accessibile all'uomo[121]. La tradizione biblica parla del nascondimento di Dio come dell'*attributo primo* di Dio, identico con la sua gloria. «Infatti che Dio sia nascosto nella luce del suo essere è la sua KABOD, la sua *doxa*, la sua *maiestas*, la sua gloria»[122]. Il nascondimento di Dio non rinvia quindi ad un'insondabile oscurità di Dio, ma alla sua luce gloriosa. «L'assoluta invisibilità di Dio è dunque espressione dell'eccesso di luce che per Dio è essenziale»[123].

Il concetto positivo di mistero non ha nulla a che fare con l'*indefinibilità* di Dio, poiché il nascondimento di Dio costituisce già la prima conoscenza che Dio rende possibile di se stesso. «Rivelandosi egli si rivela come il Dio finora nascosto nella *luce* del suo essere»[124]. Questa iniziale conoscenza rivelata di Dio ha tuttavia un carattere ambiguo; poiché nessuno ha mai visto Dio, il suo essere può essere identificato tanto nella vita che nella morte; tanto nel bene che nel male. «In tale promiscuità peraltro l'opera divina acquisisce tratti sinistri, che la equiparano alle divinità del fatalismo pagano»[125].

---

[120] Cf E. JÜNGEL, «Quae supra nos nihil ad nos», 248, nota 169.
[121] Cf ID., *Dio mistero del mondo*, 293; ID., «Il rapporto tra rivelazione e nascondimento di Dio», 87s.
[122] ID., «Il rapporto tra rivelazione e nascondimento di Dio», 90.
[123] *Ib.*, 88.
[124] *Ib.*, 89.
[125] *Ib.*, 98.

A questo nascondimento generale di Dio ne segue uno determinato, in cui Dio si *rivela* in modo preciso ed inequivocabile nella persona di Gesù Cristo: «il Dio nascosto nella luce del suo essere, *è* venuto al mondo»[126]. La rivelazione di Dio in Gesù Cristo rappresenta il *secondo* modo del nascondimento di Dio, che non è altro che un occultamento del primo modo e quindi dell'originario nascondimento. Questa negazione dell'originario nascondimento non è un potenziamento dell'oscurità e tanto meno il disvelamento della gloria di Dio, che si avrà nella visione escatologica, «ma il nascondimento della presenza di Dio in mezzo a noi»[127]. In questa seconda forma di rivelazione, Dio non si nasconde più indifferentemente nella creazione, ma precisa il suo occultamento nella vita e morte di Gesù di Nazaret. In questa determinazione del proprio nascondimento, Dio si fa conoscere *nella carne e nel sangue di Gesù*. «Dio stesso è colui che, sebbene sia nascosto nella luce del suo proprio essere, si nasconde nell'opposto del suo proprio essere, nelle fasce, in un uomo di mondo apostrofato come "mangione e beone" (*Lc.* 7,34), nella sofferenza e morte di un giudeo incriminato»[128]. Celando il suo nascondimento, Dio determina il *modo* con cui vuole nascondersi nel mondo. In questo nascondimento secondario, Dio non è più identificabile come Colui che opera indistintamente tutto in tutte le cose, che «dà morte e rende vivi, fa scendere nello sheol e fa risalire» (*1Sam* 2,6; cfr *Dt* 32,39). Dio ha problematizzato il suo nascondimento indistinto nel mondo, risolvendo l'ambiguità di vita e morte, a favore della vita.

Nella resurrezione di Gesù dai morti, Dio non ha operato la sua volontà nel male o con il male, ma assumendo la morte del crocifisso, Dio ha agito contro il male e il nulla. «*Egli ha preso le nostre infermità e si è addossato le nostre malattie*» (*Is* 53,4). Il fatto originario della fede cristiana, afferma Jüngel, è che «Dio *vince* il male *subendolo* lui stesso. La forza della passione divina è più forte del potere del male e di tutte le sue azioni»[129]. Anche se subendo il dolore, la sofferenza e il male, queste realtà rimangono pur sempre senza spiegazioni, tuttavia, non sono più lasciate nella loro irrelazionalità, ma vengono localizzate nell'essere di Dio che è *amore*.

---

[126] *Ib.*, 92.
[127] ID., «Quae supra nos nihil ad nos», 249.
[128] ID., «Il rapporto tra rivelazione e nascondimento di Dio», 93.

Poiché la morte e il male non manifestano di per sé l'opera di Dio, ma piuttosto la nascondono, è meglio parlarne come di un *opus dei absconditum*, invece che di un *opus dei alienum*. In questo modo si riconosce che il male non ha una spiegazione in se stesso e tanto meno in una volontà nascosta di Dio. Dal nascondimento, in cui il diavolo, la morte e l'inferno manifestano la loro potenza, Dio prepara il suo trionfo definitivo: come un esercito che davanti al nemico si ritira, per organizzare l'attacco finale. L'*opus dei absconditum* non deve essere perciò astratto dal movimento rivelativo di Dio; Dio riconduce al suo stesso agire salvifico tutto ciò che contraddice l'*opus dei proprium*. Ciò che è nascosto è il modo con cui questo avverrà; ma che avverrà, questo è certo. «Chi è reso certo dalla rivelazione di Dio che è amore ricondurrà senz'altro anche l'*opus dei absconditum* al *volere manifesto* di Dio»[130]. Nella morte e resurrezione di Gesù Cristo è avvenuta la corrispondenza tra *opus dei absconditum* e *opus dei revelatum*, così come tra l'agire e l'essere di Dio. «Anche nella massima delle opposizioni pensabili, anche nell'opposizione di vita eterna e morte Dio *è conforme* a se stesso. L'*essere* di Dio è capace di quest'opposizione. Anzi si realizza in questa opposizione senza distruggersi in essa. Dio la sopporta. E questo sopportare l'opposizione di vita e morte è Dio stesso, è la *profondità* della gloria di Dio»[131].

L'essere analogico di Dio si rivela *ad extra* nel nascondimento; nel modo del nascondimento Dio rivela se stesso come Dio. Citando Lutero così afferma Jüngel: «il Dio divenuto uomo è in eterno presso di sé: "Ex Deo non revelato fiam revelatus, et tamen idem Deus manebo"»[132]. Anche Rahner nel suo saggio sul *Nascondimento di Dio* tiene a precisare che il *deus absconditus* non può essere identificato con il Dio che non vuol essere conosciuto da noi, facendoci così conoscere di sé una cosa mentre ce ne nasconde un'altra. Dio invece ha donato tutto se stesso e in questa comunicazione di sé «si è manifestato in maniera radicale precisamente *come* il "deus absconditus" incomprensibile, di fronte al quale l'uomo non può più fuggire e che questi accetta così com'è, appunto co-

---

[129] *Ib.*, 107.
[130] *Ib.*, 109.
[131] *Ib.*, 94.
[132] ID., «Quae supra nos nihil ad nos», 223s.

me l'incomprensibilità che – riconosciuta – diventa la verità propria dell'uomo e – amata – è il suo compimento beato»[133].

Per Jüngel è necessario determinare, però, come si relazionano *deus absconditus* e *deus revelatus*. Il Dio che si è rivelato nell'umanità di Gesù ha la *funzione* di far risaltare non solo che è il Dio nascosto che si è rivelato e non un altro, ma anche che il *deus revelatus* non deve risolversi di nuovo nella trascendenza del Dio ineffabile, per cui di nuovo sarebbe il silenzio l'ultimo atteggiamento dinanzi a Dio. «La distinzione di Lutero di deus praedicatus e deus absconditus non ha dunque la funzione di portare ad un equilibrio dialettico il nascondimento di Dio e la rivelazione di Dio o ancor più di mostrare come bisogna sempre di nuovo problematizzare la rivelazione di Dio attraverso il ricordo del Dio nascosto. [...] Con la distinzione tra Dio nascosto e Dio rivelato Lutero vuole evitare che si parli del Dio rivelato come di un qualsiasi Dio nascosto, che dunque il Dio rivelato non sia preso seriamente [...] questa distinzione ormai troppo logorata non deve evidenziare l'indefinibilità di Dio, ma la definitività della rivelazione di Dio»[134]. In riferimento all'*identità originaria*, il Dio *nascosto* non deve quindi essere interpretato come Dio *non rivelato*, ma come Dio definitivamente rivelato. Riprendendo un'espressione che già aveva usata nelle sue analisi sui presocratici, Jüngel afferma che tra Dio nascosto e Dio rivelato c'è piena corrispondenza in mezzo ad una contraddizione apparente[135]. «*Nell'opposizione, anzi proprio nell'opposizione domina una corrispondenza*»[136].

2.2. Dio soggetto di rivelazione

La corrispondenza tra *deus absconditus* e *deus revelatus* incide sul modo con cui la ragione umana conosce e determina l'invisibilità di Dio. Poiché la ragione elabora il concetto di Dio attraverso la negazione di ciò che nell'ambito mondano non è predicabile di Dio, essa viene a

[133] K. RAHNER, «A proposito del nascondimento di Dio», 374.
[134] E. JÜNGEL, «Quae supra nos nihil ad nos», 229.
[135] *Ib.*, 241.
[136] ID., «Zum Ursprung der Analogie», 86.

distinguere ciò che è conveniente alla divinità da ciò che non lo è, separando il mondano dal sovramondano, il naturale dal soprannaturale. Il presupposto di questo tipo di conoscenza è che Dio e mondo sono originariamente contrapposti tra di loro. Nella conoscenza naturale di Dio l'*in*visibilità di Dio è determinata come la negazione (*in-*) di ogni visibilità mondana; in questo modo si ha una duplicazione del mondo visibile in quello invisibile. Il nascondimento di Dio è determinato secondo il movimento della *negatio negationis*, per cui Dio viene identificato come l'essenza che è «supra nos» e dunque incomprensibile. «La formula *Dio è Dio* è una tautologia che non ci rivela nulla. *"Dio è Dio"* significa qui: Dio non ci riguarda»[137]. In tal modo viene potenziato il nascondimento di Dio. Il Dio nascosto è colui che non vuole rivelarsi al mondo e preferisce essere compreso come «deus *non-revelatus*». Jüngel denota *forma decaduta di rivelazione* questa forma distorta di conoscere Dio[138]. Per salvaguardare la trascendenza di Dio, la ragione umana cerca di determinare il mistero di Dio «extra et supra verbum Dei», ma col voler cercare Dio oltre l'umano, si finisce per non incontrare Dio, proprio perché questa sarebbe la ricerca di un Dio, che essendo troppo divino, è in effetti *troppo umano*[139]. Concepire Dio «extra totum ordinem creaturae» vuol dire comprenderlo come l'ideale a cui aspira il bisogno umano. Tale concezione distorta di Dio rivela all'uomo un Dio che è nemico della natura umana, poiché Dio sarebbe la minaccia del desiderio che l'uomo ha di superare se stesso, per raggiungere la maestà di Dio. «In questo autosuperamento l'uomo va in rovina. Per questo uomo, che si aggiudica la propria rovina, il Dio rivelato è un nemico. In questo si mostra l'identità di deus absconditus e deus revelatus. Il deus absconditus respinge chiunque da sé, cosicché l'uomo che si eleva a lui deve diventare nemico tanto di Dio quanto di se stesso»[140]. Il Dio concepito in tale eccessiva lontananza dall'uomo, al di sopra di noi ed infinitamente superiore a noi, non ci può riguardare. Come afferma Lutero: «Quae supra nos, nihil ad nos»[141].

---

[137] ID., «Quae supra nos nihil ad nos», 226.
[138] Cf ID., «Zum Begriff der Offenbarung», in G. BESIER / B. LOHSE (HRSG.), *Glaube – Bekenntnis -Kirchenrecht*, Hannover 1989, 217.
[139] Cf ID., «Quae supra nos nihil ad nos», 234, nota 118.
[140] *Ib.*, 241.
[141] M. LUTHER, *De servo arbitrio*. 1525, WA 18, 605, 20s = BoA 3, 100,17.

Quando la ragione cerca Dio senza l'umano, percorre vie che non sono quelle che Dio stesso ha percorso; in questo modo la ragione si allontana non solo da Dio, ma anche da se stessa. «Dio percorre le *sue* vie. Il pensiero non raggiungerà (*attingere*) Dio se percorre altre vie»[142]. La ragione umana corrisponde a Dio, se lascia essere Dio come colui che si rivela, senza voler determinare la negatività in cui Dio si nasconde ai suoi occhi. L'invisibilità di Dio non si identifica con l'invisibilità mondana, ma con il nascondimento di questa invisibilità. Nascondendo quel modo vago e indifferenziato con cui è invisibile nella creazione, Dio determina nella carne e nel sangue di Gesù (*Dio è uomo*) la propria invisibilità. «L'invisibilità di Dio non è concepibile come lato negativo della visibilità di questo mondo e della nostra percezione, ma come il nascondimento più determinato *in* questo mondo»[143]. Il massimo velamento di questa invisibilità peculiare, [*non* (*in*visibile) ⇒ *visibile*] che si ha sulla croce, coincide con la massima *visibilità* di Dio. Con lo svanire di ogni bellezza e gloria umane (cf *Is* 53,2) si fa evidente la bellezza gloriosa e luminosa di Dio. A questo punto il crocifisso non è più visto nel contesto del mondo, ma «appare» nella luce di Dio.

La fede nell'incarnazione dunque non è sorta *dopo* la morte di Gesù, ma è dischiusa già *nella* sua morte[144]. Nel crocifisso è contemplato e ricosciuto il *risorto*; perciò, secondo Jüngel, la fede nella resurrezione di Gesù Cristo costituisce «la cosa a livello dogmatico di gran lunga più importante dinnanzi alle apparizioni»[145]. Rivelando l'identità di Gesù, la sua morte manifesta quale tipo di invisibilità e quali attributi debbano essere predicati del *deus absconditus*. La divinità di Dio non può essere più pensata come negazione astratta di ciò che è mondano; la sua divinità deve invece essere pensata a partire dall'evento della morte di Gesù. «Se Dio si è definito *in quanto* Dio nella morte di Gesù, allora la sua morte ha *rilevanze ontologiche* per l'essere di Dio»[146].

Se tra *deus absconditus* e *deus revelatus* sussiste una corrispondenza, ciò significa che l'essere di Dio può essere conosciuto a partire dalla

---

[142] E. Jüngel, *Dio mistero del mondo*, 213.

[143] Id., «Zur Freiheit eines Christenmenschen», 35.

[144] Cf Id., *Morte*, Brescia 1972, 148. Faremo riferimento al testo originale (cf E. Jüngel, *Tod*, Stuttgart 1971) per le parti non tradotte in italiano.

[145] Cf Id., «Thesen zur Grundlegung der Christologie», in Id., *Unterwegs zur Sache*, 286s.

stessa dinamica analogica che è resa possibile dalla rivelazione. Colui che vuole conoscere Dio, trasgredendo o prescindendo dall'evento di incarnazione, non incontra più Dio ma la sua negazione; come afferma Lutero: «Iam extra Iesum quarere deum est diabolus»[147].

3. Gesù Cristo: analogia di Dio

Per comprendere la struttura dell'*analogia dei* è necessario comprendere l'identificazione escatologica di Gesù Cristo come evento, in cui *Dio* e *uomo* si corrispondono nella salvaguardia sia della loro identità sia della loro differenza. Perché l'evento di questa corrispondenza non sia compreso come risultato di un'astratta giustapposizione di due realtà, Jüngel afferma che l'orizzonte interpretativo, in base al quale poter giudicare sul *vere homo* e il *vere deus*, è costituito dalla croce. «La fede cristiana tratta in quanto tale dell'identità di Dio con la vita e la morte di quest'uomo Gesù: identità rivelatasi nella resurezione di Gesù Cristo dai morti. Gesù Cristo è in unità indivisibile, ma per questo in distinzione senza confusione; Gesù Cristo è vero Dio e vero uomo nell'evento dell'identificazione di Dio con la vita umana, che fonda escatologicamente la differenza di Dio e uomo. Identificazione non significa affatto mancanza di distinzione. L'atto dell'identificarsi può anzi lasciar emergere in tutta la sua radicalità la differenza tra colui che si identifica e colui con il quale ci si identifica»[148].

Anziché comprendere l'unione ipostatica da questo evento escatologico, Calcedonia ha preferito partire dalla previa definizioni delle due nature. Il dogma calcedonese dichiara, infatti, che la natura *umana* e quella *divina* sono unite ipostaticamente nella *persona divina* del Verbo: questa affermazione dogmatica può essere anche espressa nella formula di *due* nature (umana e divina) unite nella persona di Gesù Cristo. Ciò che è importante rilevare è che la relazione tra la natura umana e la persona di Gesù Cristo si differenzia dalla relazione che c'è tra la natura divina e la persona di Gesù Cristo. «La natura divina è originariamente

---

[146] ID., «Vom Tod des Lebendigen Gottes», 119.
[147] M. LUTHER, *In XV Psalmos graduum*. 1532/3, WA 40/III, 337,11.
[148] E. JÜNGEL, «Der Gott entsprechende Mensch», 297.

identica con la persona di Gesù Cristo, in quanto la persona di Gesù Cristo è identica con la seconda persona trinitaria del Figlio eterno di Dio. La natura umana di Gesù Cristo non è invece identica originariamente con la persona di Gesù Cristo, ma riceve esistenza concreta *nella* persona di Gesù Cristo in forza dell'assumptio humanae naturae che si realizza come incarnazione»[149]. Benché lo scopo della definzione di Calcedonia consista nell'affermare tanto l'insuperabile «essere-insieme» di Dio e uomo nella persona di Gesù Cristo quanto la distinzione più radicale tra i due, tuttavia, divinità e umanità vengono comprese come due lati di una persona; la *Formula Concordiae* parla di due assi incollate tra di loro, dove «nessuna delle due dà o prende qualcosa dall'altra»[150].

Per superare questa comprensione astratta dell'unione ipostatica, che risente di una metafisica della sostanza, Jüngel afferma che le due nature devono essere comprese come «due poli di una differenza e tensione che determina l'unica persona divino-umana. La *contrapposizione* fra Dio e uomo costituisce l'unità della persona del Dio divenuto uomo»[151]. Riprendendo la definizione di Calcedonia, Jüngel rilegge la dottrina delle due nature alla luce della dottrina della «communicatio idiomatum». In ambedue le dottrine, l'unione tra Dio e uomo è concepita in maniera contraddittoria; poiché il divino è definito come ciò che non è umano e viceversa, al momento in cui vengono attribuiti alla persona divina i predicati dell'una e dell'altra natura, si deve precisare che i predicati della natura divina vengono riferiti in maniera *propria* alla persona del Verbo, mentre quelli della natura umana in maniera *impropria*. Il Verbo ha certamente sofferto e patito, ma si aggiunge «secondo la natura umana»: il Verbo ha compiuto miracoli e prodigi ma, si aggiunge, «secondo la natura divina». Proprio questa differente predicazione (*proprio – improprio*) rende impossibile una reale comunicazione. «Non si può venire ad una communicatio idiomatum essenziale delle due nature, poiché non è permesso all'essere della persona di essere toccata dall'unio naturarum che si è realizzata attraverso di loro e che in loro si realizza»[152].

---

[149] ID., «Vom Tod des lebendigen Gottes», 111.

[150] Cf *De persona Christi*, art. VIII, 5. La *Formula Concordiae* fu elaborata nel 1577 in seguito alle lotte tra le varie correnti luterane.

[151] E. JÜNGEL, *Dio mistero del mondo*, 476, nota 54.

[152] ID., «Vom Tod des lebendigen Gottes», 112.

Dire che Dio è *realmente* uomo rimane perciò contraddittorio. Questo può essere affermato di Dio, solamente se si rimane in un piano di *attribuzione nominale* (*rationis tantum*). Per questo Zwingli parla semplicemente di una *praedicatio verbalis*; una comunicazione *verbale* di tipo tropologica e metaforica tra le due nature. In sintonia con la tradizione dei Padri, anche il teologo di Zurigo vede nelle sofferenze del Figlio di Dio nient'altro che un'esempio pedagogico per le nostre sofferenze. Contro questa concezione astratta della *communicatio* si avventa Lutero, giudicandola un'opera diabolica e un inganno della ragione[153]. «Guardati, guardati – ti dico – dall'alleosi: è la maschera del diavolo. [...] Infatti se credo che solo la natura umana abbia sofferto per me, allora il Cristo è un cattivo salvatore per me. Anche lui ha bisogno così di un salvatore. [...] Se la vecchia maga ragione, nonna dell'alleosi, qui dicesse: "La divinità non può né soffrire e né morire". Tu dovresti rispondere: "È vero, ma tuttavia perché divinità e umanità sono in Gesù Cristo una sola persona, la Scrittura, a causa di questa unità personale, attribuisce anche alla divinità tutto ciò che succede all'umanità, e viceversa"»[154].

Al centro della riflessione di Lutero e della cristologia luterana c'è, innanzitutto, la persona concreta di Gesù Cristo e non una teoria *astratta* sul concetto di natura. L'unione delle due nature costituisce un evento nell'essere della persona di Gesù Cristo, che supera la semplice giustapposizione di due nature. La dogmatica luterana parlerà della relazione reciproca delle due nature, servendosi del termine «genus majestaticum». «*Genus majestaticum* significa che i predicati della divinità eterna posssono e devono essere affermati anche della natura umana»[155]. Questa relazione reciproca si realizza come *storia*, «in cui né la divinità né l'umanità possono essere astratte dalla persona e quindi anche la divinità non può essere più astratta dall'umanità (e viceversa)»[156]. L'umanità assunta dal Verbo non è un abito che il Verbo può indossare e riporre come gli piaccia. «Nel modo più impressionante ha dichiarato Martin Lutero in riferimento alla persona di Gesù Cristo: "No, amico, dove mi

---

[153] Sulla concezione luterana della «communicatio idiomatum» si veda l'articolo di S. KNAEBEL, «Vrai Dieu et Vrai homme», 129-131.

[154] M. LUTHER, *Vom Abendmahl Christi*, Bekenntnis, 1528. BoA III, 390,33 – 391,5; 391, 19-26. 35-38 = WA 26, 319, 29-40; 321, 19-26; 322, 3-5.

[155] D. BONHOEFFER, *Cristologia*, Brescia 1984, 75s (= *Christologie*, München 1960).

[156] E. JÜNGEL, «Vom Tod des lebendingen Gottes», 114.

metti Dio, lì mi devi mettere l'umanità. Non si possono separare o dividere l'una dall'altra. È divenuto una persona e non si separa l'umanità, come il signor Giovanni si toglie la veste quando va a dormire"»[157]. La divinità di Dio non rimane quindi intangibile o indifferente di fronte all'assunzione della natura umana; anzi la divinità viene toccata e determinata dall'evento dell'unione ipostatica. Per questo non bisogna considerare la divinità come se fosse un'idea o un modello che si realizza e si rispecchia nella sua immagine; in tal caso la manifestazione può scomparire, senza che la sua idea venga toccata minimamente dalla sua scomparsa. Un'immagine può essere distrutta, senza che l'originario venga sfiorato. «La vita dell'uomo Gesù, invece, è per la fede cristiana legata talmente con la vita propria di Dio, che non c'è certezza di Dio, che non si fondi nella vita di questo uomo. Per questo la fede cristiana confessa nella persona di Gesù Cristo l'unità indissolubile di Dio e uomo. E per essere fedeli a questa confessione la fede deve pensare con tutto il suo rigore che le sofferenze di questo uomo sono le sofferenze proprie di Dio, che la misera morte di quest'uomo attrae a sé Dio stesso nella miseria della morte»[158].

Pur facendo sua la tesi, secondo cui la *relazione* tra la natura umana e la natura divina costituisce la *persona* di Gesù, Jüngel obietta alla cristologia luterana il rischio di venire a divinizzare l'umanità di Gesù Cristo. «È da contestare la tesi luterana della partecipazione *divinizzante* della natura umana di Gesù Cristo alla natura divina. L'unità cristologica tra Dio e uomo non deve essere compresa in modo tale, da rendere impensabile una relazione umana con Dio»[159]. In questa correzione della *communicatio naturarum* di Lutero si sente l'eco della tradizione riformata e in particolare di Barth. «E questo è l'evento dell'incarnazione secondo Barth e secondo ogni teologia riformata. Lo si potrebbe formulare in questo modo: Dio divenne uomo, affinché Dio e uomo possano venire definitivamente distinti l'uno dall'altro»[160]. Non abbiamo quindi una corrispondenza reciproca tra divinità e umanità, per cui si potrebbe par-

---

[157] ID., «Karfreitag – Das dunkle Wort vom "Tode Gottes"», in *Von Zeit zu Zeit. Betrachtungen zu den Festzeiten im Kirchenjahr*, München 1976, 37.

[158] *Ib.*, 35s.

[159] ID., «Thesen zur Grundlegung der Christologie», 278.

[160] ID., «... keine Menschenlosigkeit Gottes... Zur Theologie Karl Barths zwischen Theismus und Atheismus», 343.

lare di un'umanizzazione di Dio e di una divinizzazione dell'uomo. «All'umanità di Dio non corrisponde la divinità dell'uomo, ma l'umanità»[161]. Se Dio è umano nella sua divinità, mentre l'uomo è esclusivamente umano nella sua umanità senza dover rinunciare alla sua umanità per essere divino, non è più consentito a livello cristologico di pensare l'umanità e la divinità di Gesù come grandezze che si completano in qualche modo a vicenda. Come Gesù è veramente Figlio di Dio *nel* suo essere uomo e non accanto ad esso, così il Figlio di Dio è veramente l'uomo Gesù, quando costui agisce come Dio e non quando cessa di esserlo[162].

A commento della cristologia di Jüngel, Sebastian Greiner afferma che «la dottrina secondo cui la natura umana ha il suo fondamento ontologico nella natura divina, si avvicina al monofisismo»[163]. Simile accusa fu rivolta a suo tempo da Y. Congar alla cristologia di Lutero[164]. A nostro giudizio, sia Greiner che Congar non tengono conto che, in Lutero come ancor più in Jüngel, l'unione ipostatica affermata nel Concilio di Calcedonia viene pensata *in praedicamento relationis* e non *substantiae*. «Bisogna assumere il contenuto veritativo presente nella dottrina tradizionale delle due nature in modo tale da interpretare la categoria di natura attraverso la categoria ontologicamente più adatta di relazione»[165]. Lutero non considera la natura divina contrapposta a quella umana; in tal caso l'evento escatologico dell'unione ipostatica sarebbe irrilevante per il significato ermeneutico e per la comprensione dogmatica dell'essere di Gesù Cristo. Anche prescindendo dall'unione delle nature, afferma Jüngel, si saprebbe già che cosa sia natura divina e natura umana.

Per evitare di pensare Gesù Cristo come il risultato di una commistione di umanità e divinità (*persona synthetos*), Jüngel parte dall'origi-

---

[161] ID., «Das Sakrament – Was ist das?», in E. JÜNGEL – K. RAHNER, *Was ist ein Sakrament*, Freiburg – Basel – Wien 1971, 58.

[162] Cf ID., «Zur dogmatischen Bedeutung der Frage nach dem historischen Jesus», in ID., *Entsprechunen*, 240.

[163] S. GREINER, «Gott ist Liebe. Ein Beitrag zum Gespräch mit Eberhard Jüngel», in *ThGl*, 80 (1990), 142s.

[164] Cf Y. CONGAR, «Regards et réflections sur la christologie de Luther», in A. GRILLMEIER – H. BACHT (HRSG.), *Das Konzil von Chalcedon*, Würzburg 1954, 485s).

[165] E. JÜNGEL, «These zur Grundlegung der Christologie», 277.

naria corrispondenza che sussiste tra le due nature: Gesù Cristo è *vere
deus*, in quanto è incluso nell'eterno venire di Dio a se stesso. «Dio proviene da Dio e solo da Dio, ma non viene solo a Dio. Dio viene anche
all'*uomo*. Egli *è* venuto all'uomo nella persona di Gesù Cristo»[166]. Poiché la relazione tra Dio e uomo è una relazione essenziale e non semplicemente accidentale e provvisoria, è necessario pensare questa stessa relazione come ciò che definisce l'essere di Dio: appunto come l'essere
del Figlio di Dio. «La persona del Figlio di Dio è la "relatio subsistens",
è la relazione che esiste concretamente tra Dio e questo uomo – una relazione, che in quanto tale implica la relazione con tutti gli altri
uomini»[167]. Il rischio di monofisismo, inoltre, è evitato da Jüngel in virtù
della correzione alla tesi luterana sopra esposta. Se divinità ed umanità
si determinassero reciprocamente, Jüngel finirebbe di comprendere Dio
e uomo ancora all'interno di un orizzonte ontologico onnicomprensivo e
quindi *in praedicamento substantiae*. La comprensione dell'unione ipostatica *in praedicamento relationis* evita di ridurre, invece, in senso mitologico l'unione personale ad una commistione tra l'essenza divina e
l'umana, «che da un lato produce un mezzo dio e dall'altra concepisce
erroneamente in modo mitologico l'unione ipostatica come qualcosa
d'apparente e provvisorio»[168]. Inoltre, la comprensione relazionale
dell'unione ipostatica permette di pensare l'incarnazione del Verbo in
modo non accidentale, ma essenziale per Dio. Infatti, se si afferma che il
Verbo avrebbe potuto anche non incarnarsi, non si esclude che il Dio incarnato possa lasciare la *forma incarnationis*. Tale sembra l'opinione di
Gregorio di Nissa, il quale afferma nell'*Adversus Apollinarem* (LVII)
che Cristo nel suo secondo avvento non apparirà più secondo la forma
umana (κατὰ τὸ ἀνθρώπινον σχῆμα), ma secondo la comunione della
natura e potenza divina (κατὰ τὴν κοινωνίαν τῆς θείας φύσεώς τε
καὶ, δυνάμεως). La comprensione che Jüngel ha di Calcedonia non ammette dubbi a riguardo: l'incarnazione definisce talmente la divinità del
Logos, da escludere qualsiasi «assumptio *provvisoria* della natura umana da parte del Figlio di Dio»[169].

---

[166] ID., *Dio mistero del mondo*, 496.

[167] ID., «Zur dogmatischen Bedeutung der Frage nach dem historischen Jesus», 240.

[168] ID., «Die Wahrheit des Mythos und die Notwendigkeit der Entmythologisie-
rung», in *Hölderlin Jahrbuch 1990-1991*, begr. von F. Beibner und P. Kluchhon. Im
Auftr. der Hölderlin-Ges, Stuttgart 1991, 47.

[169] *Ib.*

3.1. Unione ipostatica *in praedicamento relationis*

Jüngel interpreta *in praedicamento relationis* non solo la categoria di natura, ma anche la persona di Gesù. Poiché Gesù vive ed esiste totalmente a partire dall'annuncio del Regno, è la «βασιλεία τοῦ θεοῦ» a costituire l'identità della persona di Gesù di Nazaret[170]. «In questo senso l'essere dell'uomo Gesù è essenzialmente un *essere nell'atto della parola*»[171]. Gesù non sarebbe Gesù *senza* la relazione essenziale con la βασιλεία τοῦ Θεοῦ; in questa relazione essenziale alla parola di Dio, Gesù manifesta la sua figliolanza. La persona di Gesù, infatti, non mette in risalto se stessa, ma la persona di Dio Padre.

Questa figliolanza si manifesta con due modalità differenti: *anipostatica* ed *enipostatica*. Nella cristologia neocalcedonese questi due termini precisano il rapporto tra natura umana e persona divina. La dottrina dell'*anipostasia* afferma che il principio di sussistenza nell'unione ipostatica è dato dalla persona *divina* del Verbo: la persona *umana* di Gesù non ha (*an-*) alcuna sussistenza propria. Il problema che nasce è come possa darsi una natura umana senza una sua sussistenza. La dottrina dell'*enipostasia* risponde che la natura umana sussiste come persona *divina* nella (*en-*) persona del Verbo. La natura umana di Gesù sussiste quindi nella persona del Verbo. La dottrina dell'anipostasia presuppone quindi l'enipostasia: la natura umana di Gesù non ha una *propria* sussistenza, poiché la sua sussistenza è la persona stessa del Verbo.

Jüngel riprende questa terminologia della cristologia antica ma, come già avevano fatto B. Welte e K. Rahner, ne supera la visione metafisico-statica e interpreta queste due modalità dell'unione ipostatica non più come relazioni tra natura (umana e divina) e persona, ma come possibilità «ontiche» dell'esistenza di Gesù Cristo[172]. «Non dobbiamo temere di pensare la storicità dell'essere di Gesù Cristo come una storia, nella quale le relazioni ontologicamente identiche dell'an- e dell'enipostasia si distinguono storicamente l'una dall'altra nell'orizzonte del tempo

---

[170] Cf ID., «Jesu Wort und Jesus als Wort Gottes. Ein hermeneutischer Beitrag zum christologischen Problem», in ID., *Unterwegs zur Sache*, 134.

[171] *Ib.*, 129.

[172] Cf *Ib.*, 135, nota 27; *Ib.*, 138, nota 32; K. RAHNER, «Teologia dell'incarnazione», in ID., *Saggi di cristologia e mariologia*, 109s, nota 4 (= «Zur Theologie der Menschwerdung», in Id., *Schriften zur Theologie*, Bd. IV, Einsiedeln 1960).

come relazioni ontiche, senza separarsi ontologicamente l'una dall'altra»[173]. La modalità dell'anipostasia determina l'essere prepasquale della persona di Gesù: Jüngel chiama questa modalità anche «un essere nell'azione della parola del Regno di Dio». La modalità dell'enipostasia determina, invece, l'essere postpasquale di Gesù ovvero «un essere nell'azione della Parola». Il Gesù terreno *è esistito* secondo l'anipostasia, mentre il Gesù postpasquale esiste nel Logos secondo l'enipostasia dell'essere umano e dunque come Logos. «Di volta in volta esiste perciò lo stesso essere, ma esiste lo stesso essere in modo diverso. Così l'esistenza di Gesù Cristo è un'esistenza nella differenza dei tempi»[174].

Alla luce di questa differenza dei tempi, viene affrontata la questione se il Gesù terreno si sia attribuito o meno dei titoli cristologici. Secondo Jüngel, nel tempo prepasquale Gesù non annuncia se stesso come *la* Parola, ma in quanto relazione con la Parola è l'annunciatore della parola del Regno. Perciò prima di Pasqua «Gesù non si è attribuito alcun titolo cristologico e nemmeno ha dichiarato per sé dignità cristologica»[175]. In tal proposito il nostro Autore rilegge la *povertà* e la *debolezza* di Gesù in un'ottica non meramente etica ma piuttosto ontologica, in quanto la povertà cristologica evidenzia che Gesù non è «niente per se stesso e non ha parole per sé»[176]. In questo si manifesta la sua radicale obbedienza verso il Padre, resa possibile poiché dall'eternità Gesù è il Figlio[177].

Si manifesta così una corrispondenza tra il Gesù prepasquale e il Gesù postpasquale; un'analogia fondata nella chenosi e nell'abbassamento della Parola eterna di Dio. Anche se questa obbedienza della Parola eterna è condizione di possibilità della chenosi e dell'abbassamento dell'uomo Gesù, che esiste solamente in relazione alla Parola del Regno

---

[173] E. JÜNGEL, «Jesu Wort und Jesus als Wort Gottes», 138.

[174] *Ib.*, 139s.

[175] *Ib.*, 134; cf ID., *Paolo e Gesù*, 283; ID., *Morte*, 152. La posizione qui esposta di Jüngel non si discosta da quella che W. Kasper espone in un saggio dedicato ai nuovi orientamenti nella cristologia contemporanea (cf W. KASPER, «Neuansätze gegenwärtiger Christologie», in ID. (HRSG.), *Christologische Schwerpunkte*, Düsseldorf 1980, 17-36. «Anche se Gesù non ha usato per sé il titolo di Figlio o Figlio di Dio, è pur vero che la sua relazione col Padre è quella dell'unico Figlio e in quanto tale ci rende innanzitutto figli» (*Ib.*, 27).

[176] E. JÜNGEL, «Jesu Wort und Jesus als Wort Gottes», 143.

[177] Cf *Ib.*, 140.

di Dio, tuttavia questa condizione di possibilità non appare evidente nel corso della vita terrena di Gesù. Solo a partire dalla resurrezione, «il *divenire* della parola eterna di Dio si mostrerà come relazione preveniente di Dio verso questo uomo e dunque la relazione del Logos verso Gesù come condizione di possibilità della relazione di Gesù con il Padre»[178].

Non c'è dubbio, dunque, che fin dal momento dell'incarnazione Gesù sia *vere deus*. Come già B. Welte e W. Pannenberg avevano messo in risalto, è la relazione di Gesù con Dio Padre che fonda la sua unità di persona con Dio Figlio. Jüngel precisa, però, che il Gesù prepasquale vive verso il Padre e dal Padre, poiché il Verbo eterno rivolto al Padre agisce nell'umanità di Gesù come grazia preveniente[179]. «La relazione tra Gesù e il Padre è possibile solamente perché il Figlio è obbediente al Padre da tutta l'eternità e in questa relazione d'obbedienza a Dio Padre, il Figlio si volge all'uomo Gesù in modo preveniente come *Colui che rende possibile* l'unione ipostatica e dunque così l'essere uomo di Dio»[180].

Questo cammino di *identificazione* con la Parola raggiunge il suo punto decisivo nella morte di croce: qui l'essere-in-sé di Gesù coincide totalmente con l'essere-in-Dio. «La forza del Regno, annunciata da Gesù, si dimostrò come debolezza. Tuttavia proprio in questa identità di forza (del regno) e debolezza (di Gesù), il regno di Dio *si fece tutt'uno* con la persona del Signore»[181]. Nella resurrezione ovvero nell'identificazione dell'ἔσχατον con il Gesù storico, viene pronunciato il giudizio definitivo sulla vicenda del crocifisso e Gesù di Nazaret viene localizzato nella stessa vita divina[182]. «Dio si è identificato con la povertà di Gesù. [...] Mentre il Gesù povero si è posto dalla parte di Dio, la fede pone Dio dalla parte di Gesù. Così il Gesù povero, annunciatore del Regno di Dio, divenne Cristo annunciato. Così il crocifisso per debolezza divenne κύριος, vivente nella forza dello Spirito»[183].

---

[178] *Ib.*, 141.

[179] Cf ID., «Das Verhältnis von "ökonomischer" und "immanenter" Trinität», 272.

[180] ID., «Jesu Wort und Jesus als Wort Gottes», 141.

[181] ID., *Paolo e Gesù*, 334.

[182] «Il divenire della Parola, rivolgendosi a Gesù, si rivela prima di tutto in questo suo divenire, dove Dio Padre lascia diventare *nuova* questa Parola in unità con questo uomo, in quanto chiama ad un nuovo essere Gesù morto: appunto all'essere di Gesù come Parola di Dio» (ID., «Jesu Wort und Jesus als Wort Gottes», 142).

[183] ID., «"Theologische Wissenschaft und Glaube" im Blick auf die Armut Jesu», in ID., *Unterwegs zur Sache*, 29.

Possiamo ora comprendere la dinamica della rilettura evangelica della persona di Gesù Cristo. Mentre l'essere terreno di Gesù faceva conoscere solamente la relazione di lui con Dio Padre e questo è accessibile anche all'analisi storica, rimanendo nascosto il mistero della personale identità di Gesù, con la resurrezione dai morti è manifestata la relazione stessa di Dio Padre con Gesù e quindi la figliolanza divina di Gesù. «Tuttavia nella luce della resurrezione dai morti diventa evidente che Gesù proprio nel suo voler essere uomo e nient'altro che uomo, è esistito totalmente a partire da Dio ed è rimasto radicato nella volontà di Dio, nel modo in cui solamente il Figlio può ek-sistere dal Padre»[184]. L'enunciazione dogmatica riferisce – sulla base dell'identità di Dio con Gesù – la relazione *unica* di Gesù con Dio alla relazione *unica* di Dio con Gesù come il Figlio di Dio[185]. Perché Gesù è la Parola di Dio, ha potuto *ek-sistere* della Parola e dalla Parola. L'annunciatore diventa così contenuto dello stesso annuncio e colui che era stato testimone della fede, diventa destinatario della fede umana[186].

I Vangeli rileggono nella fede pasquale la storia di Gesù, non partendo dal Gesù terreno (κατὰ σάρκα), ma da Dio stesso (κατα πνεῦμα). Questo non significa che la fede mi «ri-ad-presenta» un *altro* Gesù, un Gesù quasi divino o un semi-dio, ma che la fede mi rivela Dio nell'identità con l'uomo crocifisso. Il racconto evangelico fa risaltare la divinità di Gesù, senza sfocarne l'umanità: Gesù è divino proprio perché è totalmente umano. Ritroviamo qui un'applicazione *cristologica* della struttura dell'analogia; poiché nell'evento escatologico della croce il crocifisso corrisponde al Figlio di Dio, l'*analogia dei* non si dissolve più in una sempre maggiore dissomiglianza, ma trova la sua definizione nel crocifisso. «Ciò che avvenne sulla croce di Gesù è nella sua unicità un evento che schiude le profondità della divinità. Il particolare evento escatologico dell'identificazione di Dio con l'uomo Gesù è contemporaneamente il segreto più intimo dell'essere di Dio»[187]. L'ulteriorità e l'eccedenza che si predica del Dio crocifisso non riguardano tanto l'*essere* di Dio, ma la ricchezza e l'effervescenza dei vari titoli cristologici che ora vengono attribuiti all'uomo Gesù[188].

---

[184] ID., «Zur dogmatischen Bedeutung der Frage nach dem historischen Jesus», 240.
[185] Cf ID., *Dio mistero del mondo*, 457.
[186] Cf ID., *Morte*, 151s.
[187] ID., *Dio mistero del mondo*, 290.
[188] Cf ID., «Jesu Wort und Jesus als Wort Gottes», 142.

Se l'identità di Gesù Cristo è l'evento dell'identificazione tra la persona divina del Verbo e l'uomo Gesù, la persona del Figlio di Dio costituisce la relazione sussistente (*Dio = Dio*), con la quale è identico l'uomo Gesù, poiché tutto il suo essere *vere homo* consiste nella relazione che esiste tra Dio Padre e l'uomo Gesù (*Dio = uomo*)[189]. Questa relazione essenziale (*ad extra*) tra Dio e uomo corrisponde alla relazione essenziale (*ad intra*) del Verbo di Dio. Questa analogia [*(Dio = Dio) = (Dio = uomo)*] costituisce la storia di Gesù Cristo come storia del Verbo, nel senso precisato da Rahner quando afferma che «quanto è avvenuto presso di noi in Cristo come divenire e storia, è precisamente storia del Verbo stesso di Dio, il suo proprio divenire»[190]. Anche Jüngel è d'accordo con Rahner nel sottolineare che la storia dell'autocomunicazione di Dio al mondo è storia di Dio (genitivo soggettivo), benché non costituisca una necessità naturale, ma sia la conferma della decisione libera di Dio. D'altro canto, Jüngel si distanzia da quanto Rahner afferma successivamente. Rahner precisa che l'immutabilità e la beata sicurezza di Dio in se stesso devono essere salvaguardate al di là della storia creaturale, per non arrivare – come fanno invece alcune teologie cristiane odierne (di autori cattolici e protestanti) – ad affermare che «Dio avrebbe realmente una storia nel mondo» o a sostenere «una storia di Dio nella sua divinità più propria»[191]. Jüngel risponde a Rahner dicendo che non si deve intendere la *storia* di Dio come un semplice disvelamento dell'eterno; perciò, è insufficiente affermare che il Verbo ha assunto una storia umana per rendere accessibile all'uomo (*quoad nos*) l'eterno mistero di Dio. Così facendo non si farebbe altro che tacere e sorvolare su ciò che costituisce invece il cardine dell'incarnazione. La *storia* di Gesù di Nazaret è da intendersi quale storia propria *del* Verbo (*quoad se*). La divinità del *deus absconditus* deve essere interpretata senza prescindere dalla rivelazione di Dio; nella storia di Gesù di Nazaret Dio ha definito talmente la sua *divinità* da non poter «essere relativizzata o problematizzata attraverso una riserva nel senso di un deus absconditus: la rivelazione salvifica è definitiva»[192].

---

[189] Cf Id., «Zur dogmatischen Bedeutung der Frage nach dem historischen Jesus», 240.

[190] Cf K. RAHNER, «Teologia dell'incarnazione», 108.

[191] Id., «Sulla specificità del concetto cristiano di Dio», in Id., *Scienza e fede cristiana. Nuovi saggi IX*, Roma 1984, 268s.

[192] E. JÜNGEL, «Das Verhältnis von "ökonomischer" und "immanenter" Trinität», 272.

Per questo Jüngel preferisce parlare del Logos eterno, precedentemente all'incarnazione, già in termini di *verbum incarnandum* o *incarnatum*, piuttosto che di λόγος ἄσαρκος[193]. La divinità di Dio non è salvaguardata dall'immutabilità o dalla beata sicurezza di Dio in se stesso, ma dalla dottrina trinitaria di Dio, che confessa una dimenticanza di sé sempre più grande in un riferimento a sé pur così grande. «Con la distinzione fra Dio e Dio, orientata al Crocifisso, abbiamo comunque notevolmente corretto la dottrina classica di Dio. Infatti mediante la distinzione fra Dio e Dio, fondata sulla croce di Gesù Cristo, sono stati distrutti l'assioma dell'assolutezza e con questo l'assioma dell'apatia e l'assioma dell'immutabilità come assiomi inadatti al concetto cristiano di Dio»[194].

3.2. La morte di Dio

Nello sviluppo del dogma cristologico ha suscitato sempre grandi difficoltà l'interpretazione della *passione* e della *morte* di Gesù Cristo. «La cristologia della chiesa antica, attraverso la formula teopaschita ἕνα τῆς ἁγίας τριάδος πεπονθέναι σαρκί ha fatto il tentativo di bloccare la problematica insorgente, a proposito dell'essere di Dio in riferimento alla morte di Gesù Cristo. E non dovrebbe essere un caso che proprio l'evento della morte di Gesù Cristo in croce – evento che mette in questione l'*essere* di Dio – necessita di una formulazione *trinitaria*»[195]. L'evento della morte di Gesù mette in questione ogni concetto tradizionale di Dio: per la metafisica «Dio» e «morte» sono due realtà contraddittorie. Nello stesso tempo la teologia non può eludere la sfida a elaborare un concetto di Dio conveniente non tanto alla ragione fondativa,

---

[193] Cf *Ib.*, 271. Già P. Schoonenberg, L. Bouyer, W. Pannenberg ed in un certo senso anche K. Rahner identificano il Verbo eterno generato dal Padre come *verbum incarnandum* o *verbum vere incarnatum*. In proposito Jüngel fa riferimento a ciò che K. Barth definisce la storia primordiale dell'eterna alleanza tra Dio e Gesù. «Se [la] storia primordiale vuol essere realmente storia tra Dio e l'uomo, allora il Figlio di Dio non può essere pensato in questa storia senza l'uomo Gesù, il λόγος eterno non può essere pensato come λόγος ἄσαρκος. Se in questa storia Dio è *già* presso l'uomo, allora quest'uomo deve per la stessa ragione essere *già*, da parte sua, presso Dio» (ID., *L'Essere di Dio è nel divenire*, 145).

[194] ID., *Dio mistero del mondo*, 483s.

[195] ID., *L'Essere di Dio è nel divenire*, 76; Cf ID., «Vom Tod des lebendigen Gottes», 117.

quanto alla parola della croce. «Alcuni tratti del Nuovo Testamento indicano la riflessione sistematica in questa direzione. Paolo vuole conoscere e annunciare il risorto come colui che sta dalla parte di Dio in quanto crocifisso. L'annuncio che Paolo fa della parola della croce in termini di εὐαγγέλιον trascende l'iniziale intento soteriologico per arrivare a conoscere nel crocifisso Dio stesso. Dio non è solo Colui che ha risuscitato Gesù dai morti; non è solo come Colui che chiama il non essere ad essere. Dio è Colui che – proprio agendo così -si è definito in un *morto* e così allo stesso tempo ha definito il morto come Figlio di Dio: ὁρισϑεὶς υἱὸς Θεοῦ (*Rom* 1,4)»[196].

Se Dio vuole essere chiamato «Dio» nell'evento di questa morte in croce, ciò vuol dire che il significato di Dio ha a che fare con questa morte. «Così come la vita è *vita di Dio*, così ora anche la morte è *morte di Dio*»[197]. Tra l'essere di Dio e l'atto essenzialmente a lui estraneo della morte avviene un incontro tale che l'essenza della vita è messa in questione alla presenza della morte. Questo incontro tra *vita* e *morte* era già iniziato nella vita terrena di Gesù, attraverso l'annuncio e le opere di guarigione. Strappando gli ammalati, i disprezzati e i ricchi peccatori dall'isolamento sociale, dall'irrelazionalità e dal risucchio nella morte, Gesù aveva già anticipato la battaglia finale della croce, in cui il Dio vivente e maestoso si trova esposto alla potenza della negazione.

A questo punto S. Greiner solleva però un'importante obiezione[198]. Se l'evento della morte interessa non solo l'umanità di Gesù ma anche la sua divinità, come si potrà ancora distinguere l'uomo da Dio? Identificando il dolore e l'amore di Dio come *infinito*, mentre il dolore e l'amore umano come *finito*, non rischia Jüngel di ricadere nell'*analogia entis*? Greiner fa riferimento in particolare ai seguenti due testi di Jüngel: «L'uomo può soffrire in modo finito. Dio non è colui che non soffre, ma colui che soffre in modo *infinito* e soffre in modo infinito a causa del suo amore»[199]; «Dio si rivela come un essere che *ama* infinitamente l'uomo finito»[200]. Tra Dio e uomo verrebbe predicata in tal modo

---

[196] *Ib.*, 118.

[197] *Ib*, 124.

[198] Cf S. GREINER, «Gott ist Liebe. Ein Beitrag zum Gespräch mit Eberhard Jüngel», in *ThGl*, 80 (1990), 146ss.

[199] E. JÜNGEL, *Tod*, Stuttgart 1971, 143: questo brano non è presente nella traduzione italiana del testo (cf ID., *Morte*).

[200] ID., *Morte*, 157.

una distanza così grande come nella dottrina tradizionale dell'analogia: una distanza infinita. A questa obiezione di Greiner possiamo rispondere dicendo che la differenza tra la morte di Gesù e quella di Dio è data dal fatto che morendo Gesù rimane soggetto *alla* morte: Gesù è ingoiato dalla morte. Dio, invece, non rimane soggetto alla morte, ma divenendo soggetto *di* morte Dio si inserisce proprio là dove si spezzano i rapporti e le relazioni vengono meno. «E in questo disinteressato esporsi di Dio si rivela la sua stessa essenza. In quanto si identifica con l'uomo morto Gesù di Nazaret a vantaggio di tutti gli uomini, Dio si rivela come un essere che *ama* infinitamente l'uomo finito. Infatti, là dove tutto è stato privato dei suoi rapporti, solo l'amore può intesserne di nuovi. Dove tutte le relazioni sono state interrotte, solo l'amore ne crea di nuove»[201]. Divenendo soggetto di morte, Dio vince la morte; ciò succede non perché Dio non può morire, ma perché Dio è amore. Solamente perché il suo essere è amore, Dio può morire senza rimanere soggetto alla morte. «Questo vuol dire il canto luterano: "Ahimé, Dio stesso giace morto". Questa reciproca messa in questione termina con la resurrezione di Gesù. Poiché Dio ha *patito* la morte, la morte non ha affermato se stessa. Anzi patendo così la morte, Dio ha affermato se stesso»[202]. Si può quindi parlare di una morte *di Dio* solo in termini *trinitari*. Se Dio stesso è amore, assumendo e sopportando la morte, la vita ha sconfitto la morte a favore di se stessa, cosicché la negazione della morte «ha disposto nell'essere di Dio un posto per noi»[203]. Se nell'evento escatologico della croce Dio rivela il suo essere come *Dio per noi*, vuol dire che la morte è stata privata della sua potenza, «depotenziata nell'impotenza del Figlio di Dio»[204].

Alla luce dell'evento di Pasqua, possiamo leggere il «negativo» dell'identità teologica (Dio = *non*-uomo) in maniera diversa da quanto fa Hegel nel suo *venerdì santo speculativo*. Nella logica hegeliana dell'identità, il *finito* è conservato nell'infinito come *in*finito (*non*-finito) e non come finito; il mondo, l'umano, l'alterità e la finitezza, benché non più estranei a Dio, diventano momenti che in Dio stesso svaniscono[205]. Per Jüngel, invece, la resurrezione di Gesù dai morti non costitui-

---

[201] *Ib.*
[202] ID., «Vom Tod des lebendigen Gottes», 120.
[203] *Ib.*, 123.
[204] *Ib.*, 120.
[205] Cf G. W. F. HEGEL, *Lezioni sulla filosofia della religione*, 155.

sce una *negatio negationis*, ma «un nuovo inizio: un inizio dal nulla, non solo come era in principio (Gen 1,1), ma un nuovo inizio dal nulla annichilante della morte, un nuovo inizio in mezzo a quella totale irrelazionalità, che ha valore come risultato di una vita che si è perduta. La fede cristiana annuncia questo nuovo inizio come resurrezione dai morti»[206]. L'umanità di Gesù non è *tolta* in Dio, non è *annullata*, ma *ri*creata, «per questo il risorto appare come il crocifisso. Per questo le piaghe del Signore sono i segni della sua Signoria»[207]. L'identificazione escatologica di Dio con il crocifisso non dissolve perciò l'uomo Gesù nell'infinito di Dio, ma il crocifisso è custodito nel mistero trinitario. All'interno dell'identità relazionale di Dio è ricondotta l'irrelazionalità della morte, affinché Dio sia «l'essenza ricca di relazioni nell'unità di vita e di morte a favore della vita. È il mistero di una sempre maggiore donazione di sé in una pur così grande autorelazione trinitaria»[208].

L'identificazione di Dio con Gesù crocifisso non elimina, quindi, la differenza tra Dio e uomo, ma obbliga a parlare dell'identità di Dio come di un'identità relativa, in cui il Dio «in-sé» è il Dio «per-noi». Esponendo se stesso in Gesù, Dio compie il suo movimento esodale (*Deus extra se*), fino a identificare se stesso nel momento in cui l'*altro*-da-Dio perde la sua identità. Questo momento cruciale è appunto l'evento della morte: il quarto canto del servo di Jahwè ci dice che l'apparenza del servo era così sfigurata, fino a non-essere-più-un uomo (cf *Is* 52,14). Nell'evangelista Giovanni (12,20-33) il vile aspetto della morte rivela la gloria del Gesù terreno[209]. Come dice la sequenza di Pasqua, vita e morte si confrontano: *Mors et vita duello conflixere mirando*. In questo momento di disumanità (*non uomo*), in cui l'umanità di Gesù viene contraddetta dalla morte, Dio appare come colui che risolve la contraddizione della morte, non attraverso la negazione della negazione [*non* (non-uomo)], ma con l'affermazione dell'identità di Dio attraverso la morte del crocifisso (*uomo = Dio*). «Nell'ora della morte il Padre dà al Figlio e questo dà al Padre ciò che è suo: δόξα. Ma questo vuol dire: in questo evento Dio vuole essere *Dio*»[210]. Per questo l'evangelista Luca compie

---

[206] ID., «Der Tod als Geheimnis des Lebens», in ID., *Entsprechungen*, 347s.
[207] ID., «Vom Tod des lebendigen Gottes», 123.
[208] ID., «"Meine Theologie" – kurz gefaßt», 6.
[209] Cf ID., «Vom Tod des lebendigen Gottes», 118, nota 29.
[210] *Ib.*, 118.

l'interpretazione della morte di Gesù a partire dal Salmo di intronizza-
zione; la glorificazione di Gesù in croce rivela la generazione eterna del
Figlio dal Padre. «E noi vi annunziamo la buona novella che la promes-
sa fatta ai padri si è compiuta, poiché Dio l'ha attuata per noi, loro figli,
risuscitando Gesù, come anche sta scritto nel salmo secondo: *Mio figlio
sei tu, oggi ti ho generato*» (*At* 13,33-34).

Poiché Dio ha definito se stesso nella morte del crocifisso, la resurrezione di Gesù dai morti non può essere letta semplicemente come un
intervento di Dio nel contesto del mondo che non coinvolga l'essere
stesso di Dio. «Nella resurrezione di Gesù non si tratta solo di un agire
divino, ma dell'essere divino»[211]. Proprio perché la morte di Gesù ha rilevanza teologica, contro Ario e qualsiasi forma di modalismo, si deve
affermare che la figliolanza di Gesù non è una semplice adozione a figlio, ma interessa l'*essere* stesso di Dio. «L'identificazione di Dio con il
Gesù morto implica in questo senso un'autodistinzione in Dio. L'essere
di questo morto determina l'essere proprio di Dio in modo tale che bisogna parlare di una distinzione tra Dio e Dio. D'altra parte bisognerà aggiungere subito che è un atto di Dio stesso a provocare l'identità di Dio
con il Gesù morto e, come condizione di ciò, la distinzione fra Dio e
Dio»[212].

Per comprendere come mai nell'identificazione di Dio con la morte
di Gesù non solo la realtà di Gesù Cristo, ma anche quella di Dio giun-
gano alla loro verità, Jüngel sottolinea ripetutamente che sulla croce Dio
consegna la sua divinità alla presa della morte, «per esser così – patendo
la morte – Dio *per* l'uomo. Esserci per qualcuno, significa: relazionarsi
a lui»[213]. Quando il centurione (cf *Mc* 15,34-39) riconosce nel modo di
morire di Gesù, che questi è Figlio di Dio, è la divinità di Dio che si manifesta come evento di un *nuovo* relazionarsi di Dio all'uomo. Questa
relazione nuova e creativa di Dio, che ha origine dalla croce, disvela il
modo originario con cui Dio si relaziona a se stesso. Identificandosi con
Gesù morto, Dio ha rivelato se stesso non come colui che è identico con
se stesso per se stesso, ma come colui che patisce *per gli altri* e solo così
è identico con se stesso. «La localizzazione del nulla nell'essere divino,
in quanto azione divina, è un atto dell'essere divino, un atto di autode-

---

[211] ID., *Dio mistero del mondo*, 472.
[212] *Ib.*
[213] ID., «Karfreitag – Das dunkle Wort vom "Tode Gottes"», 47.

terminazione divina. Chi è veramanente *per gli altri* e vuole *essere* se stesso si espone sempre contemporaneamente al nulla. In ogni autodeterminazione a favore degli altri avviene quella particolare dialettica di essere e non-essere, di vita e morte che, in quanto dialettica pacificata, si chiama *amore*. Con ciò si rivela, come senso autentico del discorso teologico della morte di Dio, l'annuncio della più originaria autodeterminazione di Dio all'*amore*, dove questa autodeterminazione di Dio stesso fa parte dell'amore. Dio si è definito nella croce di Gesù come amore. *Dio è amore (1Gv. 4,8)*»[214].

L'evento escatologico della croce non solo evidenzia la divinità di Gesù e la verità dell'essere di Dio come amore, ma riconosce dignità ontologica alla caducità. «Se si crede all'identità di Dio con il crocifisso, sorge per il pensiero il compito *ontologico* di comprendere l'essere di Dio nella caducità in modo tale che il discorso della morte di Dio assuma un significato più profondo di quello di un'acuta metafora per l'autodisgregazione del pensiero metafisico di Dio»[215]. W. Kasper afferma che la cristologia di Jüngel rappresenta una critica della concezione *adialettica* e *statica* del Dio immutabile[216]. Secondo F. Meessen, tuttavia, la rivalutazione di ciò che è contingente e caduco suscita delle perplessità. Non c'è il rischio di dissolvere la contingenza della croce? «Non c'è qui il pericolo di superare i limiti, per cui la confrontazione di Dio con la morte è dedotta logicamente e concettualmente dall'essenza dell'essere di Dio e non più in una libera decisione, sebbene non immotivata, di Dio?»[217]. Meessen risponde alle perplessità, notando che questo pericolo è evitato da Jüngel attraverso l'irrinunciabile distinzione concettuale tra trinità immanente e trinità economica. «Perciò un'interpretazione di Jüngel nel senso di una filosofia hegeliana della storia non sarebbe in senso globale giustificata. Ciò che rimane, è una chiara tendenza ad una sistematizzazione ontologica, che può provocare un'eventuale comprensione errata»[218]. Ricordiamo che Jüngel aveva previsto già una simile obiezione, cioè il voler dedurre l'evento contingente dell'incarnazione dall'essere trinitario di Dio. Il nostro Autore risponde che

---

[214] ID., *Dio mistero del mondo*, 289.
[215] *Ib.*, 277.
[216] Cf W. KASPER, «Abschied vom Gott der Philosophen», in *EK* 10 (1977), 622.
[217] F. MEESSEN, *Unveränderlichkeit und Menschwerdung Gottes*, 318.
[218] *Ib.*, 320.

l'evento dell'autoidentificazione di Dio con l'uomo Gesù è certamente
un momento contenutistico ed intrinseco della sua autoidentificazione,
ma pur sempre libero, «senza necessità *interna*, ma un momento non
senza la più intima partecipazione»[219]. Inoltre, dobbiamo tener presente
che «la morte di Gesù non è un evento mondanamente necessario per il
contesto del mondo. E la glorificazione di un morto da parte di Dio è
piuttosto superflua che necessaria»[220]. L'evento della croce rimane perciò *ratio cognoscendi* della trinità immanente e non principio dell'essere
di Dio. La trinità non si *costituisce* sulla croce; nella parola della croce è
narrato «l'avvenimento della *libertà* attraverso cui Dio si determina sia
nei confronti di se stesso che nei confronti dell'uomo. Nei confronti di
se stesso: è il momento trinitario dell'autodeterminazione; nei confronti
degli uomini: è il momento cristologico. [...] Ma, in tutto questo, si tratta
della *stessa* autodeterminazione, la stessa *libertà* che agisce»[221].

Anche J. B.Webster accusa Jüngel di ontologizzare il particolare e
il contingente, dissolvendo così in un sistema olistico tutto ciò che può
essere nella storia discordante. Webster afferma che Jüngel viene ad attribuire ad *un* determinato evento, cioè alla storia di Gesù di Nazaret,
un'eccessiva importanza. In questo Jüngel si manifesta vero discepolo di
Barth; anche lui si era sforzato di tracciare le *grandi linee* della storia,
partendo da un evento particolare e concreto, garantendo così in questo
centro focale la fondamentale coerenza del sistema[222]. Questo implica
non solo un restringimento cristologico, ma anche la dissoluzione di tutti gli aspetti particolari e contingenti della storia.

Secondo noi la critica di Webster non tiene sufficientemente conto
che anche Jüngel è contrario a qualsiasi concezione totalizzante della
storia[223]. Bisogna tener presente che il nostro Autore fa uso di una dialettica *creatrice*, dove ciò che è aporetico non è negato per affermare
l'identità del medesimo, ma è affermato per la *potenza creatrice* di Dio
che crea qualcosa di nuovo e di differente da ciò che è negativo, erratico

---

[219] E. JÜNGEL, *Dio mistero del mondo*, 291.
[220] ID., «Das Sakrament – Was ist das?», in E. JÜNGEL – K. RAHNER, *Was ist ein
Sakrament?*, Freiburg – Basel – Wien, 1971, 52.
[221] G. LAFONT, *Dieu, le temps et l'être*, 289.
[222] Cf J. B. WEBSTER, *Eberhard Jüngel. An introduction to his theology*, Cambridge 1986, 117.
[223] Cf E. JÜNGEL, «Die Welt als Möglichkeit und Wirklichkeit», 206.

o aporetico (*creatio ex nihilo*) e non per la *potenza* della «negatio negatio-nis». La negazione non è negata dalla potenza di Dio, ma sopportata e tolle-rata da Dio, senza però che Dio ne sia annientato. «Una volta accolto nell'essere di Dio, [il nulla] subisce per così dire un capovolgimento creati-vo della propria funzione. Esso riceve una *determinazione* e perde così il suo vuoto astratto e la sua tetra attrazione»[224]. La determinazione, che il ne-gativo *riceve* dalla potenza di Dio e non da stesso, rende concreta la nega-zione ed essa acquisisce la nuova funzione di potenziare la possibilità dell'essere. Nella negatività della morte bisogna distinguere, infatti, ciò che è autenticamente negativo (la *tendenza al nulla*) da ciò che è ontologicamen-te positivo della caducità (la *possibilità*). «Il possibile è quanto vi è di auten-ticamente positivo nell'essere caduco»[225]. L'identificazione di Dio con la morte di Gesù non dissolve il contingente nell'ontologico, ma schiude que-sto evento particolare a possibilità che innalza la realtà della croce sopra la pura fattualità e ne fa un evento storico ricco di rapporti; in questo senso, il nulla «diviene la forza differenziante all'interno dell'identità dell'essere»[226].

3.3. La parola della morte di «Dio»

Poiché l'evento della croce definisce l'essere di Dio, per comprende-re il significato della parola «Dio» è necessario ritornare all'intenzionalità originaria, in cui è dato il *senso minimo* di questa parola, «al di là del qua-le la parola che gli si riferisce e l'*Erlebnis* che nella parola si esprime do-vrebbero scomparire. A quel punto solo una convenzione potrebbe tratte-nere la parola, ma con questo si dichiarerebbe la perdita ed insieme la cor-rispondenza intenzionale, quella appunto che la convenzione decide di tra-scurare»[227]. Secondo Jüngel la parola «Dio» trova il suo spazio semantico originario nell'esperienza della croce, dischiusa dalla parola della croce (ὁ λόγος τοῦ σταυροῦ). Dalla parola di Dio è possibile denotare la parola «Dio» e quindi l'elaborazione di un concetto corrispondente di Dio[228].

---

[224] ID., *Dio mistero del mondo*, 289.
[225] *Ib.*, 281.
[226] *Ib.*, 289.
[227] V. MELCHIORRE, *Essere e Parola*, 158.
[228] Jüngel sviluppa le sue riflessioni sul senso della parola «Dio» specialmente nel saggio «Gott – als Wort unserer Sprache» in *Unterwegs zur Sache*. Per una introduzione generale all'ermeneutica del linguaggio religioso in Jüngel si veda A. CISLAGHI, *Interru-zione e corrispondenza*, 127-155.

Su questo punto Jüngel si differenzia da tutta la tradizione filosofica e in maniera specifica da W. Pannenberg, per il quale il significato minimo della nozione di Dio consiste in un «concetto quadro» (*Rahmenbegriff*), in grado di legittimare le pretese di verità di ogni messaggio religioso. Preposta ad elaborare un concetto adeguato di «Dio» è la riflessione filosofica; suo compito è di dare criteri e di porre le condizioni minime «perché un nostro discorrere di Dio possa essere preso sul serio»[229]. Se non si ammette la possibilità di questo «concetto quadro», il discorso cristiano diventa immotivato e non può pretendere validità universale. Per H. Fries tale concetto universale di Dio è indispensabile per la comprensione della rivelazione, altrimenti come dovrebbe essere qualificato teologicamente ciò che precede ed è esterno all'evento cristiano? Come si potrà avere una teologia della religione e delle religioni? In modo concreto: come potrebbe arrivare il centurione alla confessione di fede, senza l'ausilio dell'idea dell'infinito e dell'assoluto?[230]. Se la rivelazione di Dio richiede come condizione della sua intelligibilità un concetto di Dio, ciò significa che Dio è identificabile come *Dio*, prescindendo dalla sua rivelazione.

A questo punto è inevitabile il riferimento alla definizione del Vaticano I che nella costituzione dogmatica *Dei Filius* dichiara che Dio può essere conosciuto dalla ragione umana «e rebus creatis» (DS 3004). Senza questa capacità, ribadisce il *Catechismo della Chiesa Cattolica*, l'uomo non potrebbe accogliere la Rivelazione di Dio (n. 36). Questa *capacità* o *disposizione* ad accogliere la rivelazione, tuttavia, nell'attuale ordine storico, è opera della grazia preveniente (cf DS 1525; 1526). Per questo motivo le prove dell'esistenza di Dio non sostituiscono la fede, ma rendono evidente alla ragione umana che la fede in Dio non contraddice affatto la ragione, ma che questa conoscenza le è donata come *sua* possibilità (*certo cognosci posse*). Questo è confermato nella definizione conciliare (cf DS 3015), quando si afferma che la fede rende accessibile non solo quelle cose che eccedono la ragione (*mysteria, quae humanae mentis intelligentiam omnino superant*), ma anche quelle cose che non le sono impervie (*quae naturalis ratio in rebus divinis pertingere potest*). Se la fede è la condizione di possibilità perché si dia «di fatto»

---

[229] W. PANNENBERG, *Teologia sistematica*, 124.
[230] Cf H. FRIES, «Recensione a: *Gott als Geheimnis der Welt*», 529.

un concetto di Dio, vuol dire che la *possibilità* di una conoscenza di Dio deve essere compresa a partire dalla rivelazione. Se si comprende la conoscenza di Dio all'interno dell'ordine concreto della rivelazione, sottolinea H. U. von Balthasar, non sussiste contrasto tra le posizioni barthiane e quelle del Vaticano I[231]. Le tesi di Barth, e potremmo includere anche quelle di Jüngel sulla conoscenza naturale di Dio, non sono affatto specificamente protestanti o riformate, ma sono fatte proprie anche da autori cattolici contemporanei[232].

La particolarità della posizione del nostro Autore si manifesta piuttosto nel confronto con la teologia naturale di Pannenberg. In un saggio scritto in risposta al primo volume della *Teologia sistematica*, Jüngel afferma di non accettare che criteri esterni alla rivelazione possano verificare la «divinità» di ciò che viene rivelato o possano costituire presupposti per il concetto di Dio; «fa differenza se, partendo dall'esperienza di sé e del mondo, si possa mostrare la possibilità di un'esperienza di Dio, oppure all'inverso se, partendo dalla rivelazione di Dio, si intenda far comprendere l'esperienza umana di sé e del mondo in una *nuova* luce. Nel secondo caso più che nel primo, si considera più adeguatamente il problema della teologia naturale e si tiene maggior conto dell'esperienza»[233].

Il procedimento seguito tradizionalmente dalla teologia naturale – presupposto nella posizione sia di Pannenberg sia di Rahner – è quello di definire l'essere di Dio partendo dagli attributi che risolvono l'ipotesi della contraddittorietà dell'esperienza: immutabilità, eternità ed onnipotenza. Questi attributi sono riconosciuti come *divini* in quanto presuppongono che Dio sia quel fondamento necessario che dà senso al mondo. La questione del senso e la questione di Dio sono infatti identiche; se non lo fossero, afferma Rahner, la questione del senso sfocerebbe in fondo nel vuoto, nel nulla, che nulla spiega, rivelando come insensata tale domanda[234]. Rifiutando di identificare l'orizzonte della domanda di

---

[231] Cf H. U. VON BALTHASAR, *La teologia di Karl Barth*, 329ss.

[232] Cf *Ib.*, 348.

[233] E. JÜNGEL, «Das Dilemma der natürlichen Theologie und die Wahrheit ihres Problems», 175.

[234] Cf K. RAHNER, «La questione del senso come questione di Dio», in ID., *Scienza e fede cristiana*. Nuovi saggi IX, 284 (= «Die menschliche Sinnfrage vor dem absoluten Geheimnis Gottes», in ID., *Schriften zur Theologie*, Bd. XIII, Einsiedeln 1978).

senso con l'orizzonte dischiuso dalla parola «Dio», Jüngel fa notare che dinnanzi all'esperienza del non essere non è detto che si debba parlare necessariamente di Dio in virtù del principio di ragion sufficiente. «Questo è il senso della nostra affermazione, rivolta contro Leibniz e la tradizione metafisica, che Dio è privo di fondamento»[235]. La domanda di senso non esclude un esito negativo accanto a quello positivo; se questo sbocco negativo è escluso a priori, dicendo che si renderebbe insensata la questione del senso, non ci si rende conto che tale obiezione non è altro che una *petitio principii*, in quanto si presupporrebbe già che la positività dell'essere è il senso ultimo e definitivo della realtà. A questo punto, però, «Dio» come parola della nostra lingua non avrebbe di per sé niente più da dire[236]. Inutili e non convincenti giudica Jüngel gli sforzi di Rahner e di Pannenberg, i quali si muovono ancora sul terreno della vecchia metafisica. «Non si possono interpretare i limiti dell'esistenza e della conoscenza umana in modo da sentirsi autorizzati a postulare al di là di tali limiti qualcosa che potrebbe anche meritare il nome di Dio; in realtà questo qualcosa al di là potrebbe anche essere il nulla o forse il demonio»[237]. Il dato di fatto, da cui bisogna partire, è che l'essere dell'essente è «in se stesso ambivalente e non esclude che l'essente possa essere annientato dal nulla»[238]. Parlando di come la possibilità dell'essere e del nulla sia originaria rispetto alla pura positività dell'essere, B. Welte afferma che «non ci è possibile risolvere l'equivocità di tale esperienza. Dobbiamo piuttosto lasciare aperte ambedue le possibilità. Infatti, il nulla sperimentato non dice appunto nulla e quindi non ci dà alcun chiarimento. Esso è semplicemente silenzio»[239].

Tra l'ineffabilità del mistero assoluto di Rahner e il silenzio di Welte, Jüngel incunea la parola della croce, la quale costituisce la critica di quell'atteggiamento della teologia occidentale che «ha sempre avuto paura di pensare un Dio troppo umano. Per questo si è preoccupata di decidere, secondo leggi umane, come Dio poteva e non poteva essere ed

---

[235] E. JÜNGEL, *Dio mistero del mondo*, 53.
[236] Cf ID., «Gott – als Wort unserer Sprache», 82.
[237] R. GARAVENTA, «L'esito della teologia: Dio è altro dall'uomo», 40.
[238] *Ib.*
[239] B. WELTE, *La luce del nulla*. Sulla possibilità di una nuova esperienza religiosa, Brescia 1983, 40 (= *Das Licht des Nichts. Von der Möglichkeit neuer religiösen Erfahrung*, Düsseldorf 1980).

agire»[240]. Pensare che Dio sia *fondamento* e *senso* del mondo in opposizione ad ogni relativo, «assolutamente e solamente divino in opposizione a tutto ciò che è umano, in breve: pensare che Dio potesse e che a Dio fosse permesso solamente di essere il totalmente altro, tutto questo si mostra insostenibile, sbagliato e pagano, di fronte al fatto che Dio *sia* e *agisca* propriamente così in Gesù Cristo»[241]. In modo ancor più radicale, il nostro Autore afferma che l'essere di Dio non esclude da sé il nulla (*extra nihilum sistere*), ma Dio include il nulla nel proprio essere. La relazione di Dio al nulla (*sistere in nihilum*) avviene in modo non necessario, ma *libero* e *creativo*; l'essere divino non include il nulla come ciò che non può essere, ma come ciò che può essere in virtù di Dio creatore. Proprio in questo *sistere in nihilum* è rivelato Dio come «il fondamento della vittoria sulla morte»[242]. Sulla croce Dio non si è rivelato come essere onnipotente, ma si è rivelato in quel nulla, a cui giunge la sapienza del mondo, qualora persegua Dio sulle strade del senso. Dio non appare come risultato o termine di una dimostrazione, seguendo la via «affermazione-negazione-eminenza»; Dio non si dissolve nel procedimento della *maior dissimilitudo*, ma dona se stesso in una sempre maggiore vicinanza. Passando attraverso la caducità, senza escludere la morte dal suo essere, Dio si è rivelato in Gesù Cristo come Colui che fonda il mondo, amandolo. «Ciò che Aristotele nega esplicitamente all'essere di Dio, cioè il lasciarsi muovere dall'amore per gli altri o da altro motivo (ed ora il lasciarsi addirittura indurre alla sofferenza), e ciò che l'Antico Testamento escludeva come cosa naturale da Dio, cioè il preoccuparsi dei morti (ed ora addirittura l'identificarsi con un morto), tutto questo secondo la comprensione cristiana *deve* essere affermato se si vuole realmente fare un vero discorso su *Dio*»[243].

Anche Rahner aveva sottolineato la discontinuità tra Antico e Nuovo Testamento nel modo con cui *finito* e *infinito* s'incontrano nel mistero dell'incarnazione, per cui «l'ontologia deve orientarsi secondo il messaggio della fede e non farla da maestra a tale messaggio»[244]. Per la fede cristiana «il finito non è più l'opposto dell'infinito, bensì ciò che lo stes-

---

[240] E. JÜNGEL, «Karfreitag – Das dunkle Wort vom "Tode Gottes"», 26.

[241] *Ib.*, 54.

[242] ID., *Dio mistero del mondo*, 294.

[243] ID., *Morte*, 157s.

[244] K. RAHNER, *Corso fondamentale sulla fede*, 288.

so infinito è diventato»[245]. Rifiutando qualsiasi docetismo e ogni tentativo di riduzione del mistero dell'incarnazione unicamente alla dimensione del finito, come ha fatto invece la scolastica predicando solamente *della* creatura e non di Dio il divenire dell'incarnazione, Rahner sottolinea più volte la necessità di predicare *di Dio* la storia di Gesù Cristo[246]. Tuttavia Rahner rimane pur sempre legato a categorie scolastiche, che gli rendono impossibile di pensare una *passione* e una *morte* come veramente *di Dio*: «morte e finitudine appartengono solo alla realtà creaturale di Gesù, stanno al di qua della distanza infinita tra Dio e la creatura, sul lato creaturale dell'unico Dio-uomo; il Logos eterno in quanto tale non può patire nella sua *divinità* alcuna storicità, alcuna morte obbedienziale»[247]. Rahner qualifica come gnosticismo o schellinghianesimo tutti i tentativi di voler intendere l'unione ipostatica, nel senso di un coinvolgimento della vita intima di Dio nel dramma del peccato umano: si vuol far soffrire il Dio eterno, immutabile e impassibile, perché ne abbia beneficio l'umanità. Ma «il destino di Gesù lascia inviolata la vita propria di Dio con la sua sovrastoricità, impassibilità e beatitudine innocente; infatti, la realtà di Dio e la creaturalità di Gesù rimangono incommiste»[248].

Il motivo latente, che costringe Rahner ad affermare questa radicale distinzione tra finito ed infinito, è che ogni nostra affermazione su Dio – e anche sul Dio rivelato – deve terminare sempre nel mistero della sua inconoscibilità, per cui non possiamo sapere nulla sulla vita interna di Dio: Rahner conclude che preferirebbe schierarsi dalla parte dei nestoriani ortodossi, piuttosto che dalla parte dei monofisiti ortodossi, tra i quali oltre a Moltmann, Hans Urs von Balthasar ed Adrienne von Speyr – citati espressamente da Rahner – ci sono tutti gli altri rappresentanti della *teologia crucis*, tra cui sicuramente anche Jüngel[249].

Non solo Rahner e tutta la metafisica teistica hanno difficoltà a pensare la morte del crocifisso come definizione della divinità di Dio,

---

[245] *Ib.*, 294.

[246] Cf *Ib.*, 282ss.

[247] ID., «Gesù Cristo, senso della vita», in ID., *Scienza e fede cristiana*. Nuovi saggi IX, 296 (= «Jesus Christus – Sinn des Lebens», in ID., *Schriften zur Theologie*, Bd. XV, Einsiedeln 1983).

[248] *Ib.*, 297.

[249] Cf P. HIMHOF – H. BIALLOWONS (HRSG.), *Im Gespräch mit K. Rahner*, vol. 1, München 1982, 245s.

ma anche la metafisica ateistica. Secondo Nietzsche il Dio della predicazione paolina è la negazione di ogni divinità: «deus, qualem Paulus creavit, dei negatio»[250]. Jüngel fa notare perciò «quanto acutamente Nietzsche abbia colto l'incompatibilità della comprensione cristiana di Dio con il pensiero metafisico di Dio»[251]. La divinità di Dio contraddice la negatività della morte, nel senso che la esclude dal suo essere. Se Dio ha sofferto, lo ha fatto in quanto uomo (ἐν σαρκί), ma non in quanto Dio; ma sottrarre Dio all'evento di questa morte significa privare l'essenza della fede cristiana di ciò che ha di specifico; la fede riconosce Dio ai piedi della croce e non al di là del crocifisso. Diversamente si assoggetta la parola «Dio» ad una manipolazione di senso. Ma, se Dio si è definito come Dio in un morto, allora la parola «Dio» è sottratta a questo tradimento[252]. Se Gesù è la Parola di Dio, la parola «Dio» si è consegnata e si è lasciata scoprire nell'evento della fede, che dischiude l'orizzonte nel quale la parola «Dio» acquista un nuovo e peculiare significato. Dall'orizzonte polisemico ed equivoco la parola «Dio» è trasferita nel contesto kerygmatico della croce. «La parola "Dio" appartiene – nei limiti del nostro linguaggio – solamente al nostro linguaggio, se in esso funziona in modo tale, da significare una funzione nell'ambito del nostro mondo. D'altronde ha senso parlare di Dio solamente se la funzione della parola "Dio" è univoca e incommutabile. Nessun'altra parola nell'ambito del nostro mondo può avere la stessa funzione che assume la parola "Dio" e quindi sostituirla»[253].

Jüngel individua una circolarità ermeneutica tra parola di Dio (*Wort Gottes*) e la parola «Dio» (*das Wort «Gott»*). Perché la parola mondana «Dio» diventi univoca e insostituibile, è necessario verificare tale parola in contesto kerygmatico; nell'annuncio della Buona Notizia Dio viene «al linguaggio come colui che parla da sé»[254]. La parola «Dio» svolge in tal senso non solo una funzione informativa, ma anche *sacramentale*, poiché include l'ascoltatore, con la sua storia, nella vicenda

---

[250] F. NIETZSCHE, «L'Anticristo». Maledizione del Cristianesimo, in G. COLLI – M. MONTINARI, *Opere di Friedrich Nietzsche*, vol. VI, tomo III, Milano 1970, 230 (= «Der Antichrist», in G. COLLI – M. MONTINARI (HRSG.), *Nietzsche Werke. Kritische Gesamtausgabe*, Berlin 1969).

[251] E. JÜNGEL, *Dio mistero del mondo*, 273.

[252] Cf ID., «Vom Tode des lebendigen Gottes», 121.

[253] ID., «Gott – als Wort unserer Sprache», 93s.

[254] *Ib.*, 94.

della passione e morte di Gesù. Ogni uomo è ripresentato all'evento di croce attraverso l'annuncio e in questa *rappresentazione* narrativa l'ascoltatore della Parola fa la scoperta di Dio, nel momento stesso in cui questa parola lo libera dal suo *hic et nunc* per trasferirlo nell'*illic et tunc* della croce[255]. «La fede è riferimento al crocifisso. La parola della croce supera il nostro essere-qui ed essere-ora, anzi il nostro *Dasein* in assoluto, in modo tale che il presente si schiude ora come presente di Dio e al tempo stesso come nostro proprio presente»[256].

Se la parola «Dio» è verificata in contesto kerygmatico, la sua validità universale non deriva da un «concetto quadro» di Dio, ma dall'efficacia universale dell'evento di salvezza[257]. «L'identità di Dio con l'uomo Gesù crocifisso dà alla morte di Gesù un significato *universale*»[258]. Jüngel individua la *particula veri* della teologia naturale nel suo sforzo di dar ragione dell'universalità e ragionevolezza della fede cristiana; tuttavia, è errato voler distinguere la teologia naturale dalla teologia della rivelazione. «Deve essere contestata una teologia naturale, che pretenda di poter costruire un concetto di Dio che non possa essere contraddetto dalle determinazioni di Dio, di cui parla la rivelazione. Per ciò che merita di essere chiamato "Dio" sarebbe già dato un *concetto quadro*, in base al quale giudicare ogni genuina affermazione teologica»[259]. Se si pensa Dio all'interno dell'unico evento cristologico, non si potrà non porsi in una distanza critica nei confronti di ogni concetto di Dio elaborato «extra Christum». Avviene per il concetto di Dio, quanto è successo per i titoli cristologici (Re, Messia, Figlio di Dio), una volta che questi vengono usati per comprendere l'evento escatologico. Dinanzi alla croce di Gesù, non solo la categoria di Messia, ma anche il concetto di Dio è stato messo in crisi: non solo perché inadeguato, ma anche perché è stato confutato nel suo modo di intendere la divinità. La prossimità di Dio (*deo proximo*), nella quale l'essere di Dio diventa pensabile, non può essere più acquisita teoreticamente alla luce della positività dell'essere, ma

---

[255] Cf ID., *Dio mistero del mondo*, 402.

[256] Cf *Ib.*, 243; ID., «Gott – als Wort unserer Sprache», 103.

[257] Cf ID., «Gelegentliche Thesen zum Problem der natürlichen Theologie», in ID., *Entsprechungen*, 198.

[258] ID., «Das Sein Jesu als Ereignis der Versöhnung Gottes mit einer gottlosen Welt: Die Hingabe des Gekreuzigten», in ID., *Entsprechungen*, 282.

[259] ID., «Das Dilemma der natürlichen Theologie und die Wahrheit ihres Problems», 177.

nella visione del crocefisso. «Per questo la croce di Gesù Cristo è fondamento e misura della formazione di metafore adeguate a Dio»[260].

A questo punto si potrebbe obiettare che solo la cristologia è *vera* teologia: ma se questo è l'esito del pensiero di Jüngel, quale valore teologico può essere ancora riconosciuto alle religioni non cristiane? Tale questione non viene affrontata tematicamente dal nostro Autore; egli si limita ad affermare che la verità concreta della fede non può e non deve essere ridotta ad un caso particolare di una verità universale[261]. Per questo motivo, concetti come *cristianesimo anonimo* sono fuorvianti: tutt'al più si dovrebbe parlare di un cristianesimo *pseudonimo*[262]. Questa preoccupazione di Jüngel è condivisa anche da altri autori cattolici, tra i quali W. Kasper[263]. Karl-Heinz Weger ha cercato di rispondere a queste obiezioni, sottolineando che il concetto rahneriano di cristianesimo anonimo non intende affatto ridurre il carattere unico e definitivo dell'evento di Gesù Cristo, ma vuol dar ragione dell'universalità dell'opera salvifica di Gesù Cristo[264].

Jüngel è però del parere che il significato universale della salvezza non passa attraverso un'astratta ed imprecisa conoscenza di Dio, ma attraverso la distinzione tra *forma* e *contenuto* di rivelazione. Sebbene la rivelazione di Cristo sia *per tutti*, non *da tutti* è accolta e riconosciuta come salvezza; il contenuto escatologico della fede, che consiste nell'identificazione definitiva di Dio in Gesù Cristo, è distinto dalla forma con cui si presenta. Jüngel distingue la forma *cristologica* di questa

---

[260] ID., «Verità metaforica», 172.

[261] Cf ID., «Gott – um seiner selbst willen interessant», 194s.

[262] Cf ID., «Extra Christum nulla salus».

[263] «Questa teoria dei cristiani anonimi consente a Rahner di rendere nuovamente comprensibile, sul piano teologico, l'universalità della fede in Cristo e della salvezza donataci da Gesù Cristo, senza dover ricorrere ad una demitizzazione che scardini il cristianesimo storico. Tuttavia questa impostazione, tipicamente rahneriana, solleva con estrema chiarezza alcuni interrogativi critici. Ci si chiede tra l'altro se, avanzando una simile teologia e cristologia evolute in chiave antropologica, non si riduca unilateralmente ad un dato metafisico il cristianesimo storico e se non si elimini, sul piano della speculazione filosofica, lo scandalo della sua singolarità» (W. KASPER, *Gesù il Cristo*, Brescia 1975, 63 [= *Jesus der Christus*, Mainz 1974]).

[264] Cf K. H. WEGER, *Karl Rahner. Eine Einführung in sein theologisches Denken*, 108; cf anche quanto afferma la *Gaudium et spes* al n.22: «Cristo, infatti, è morto per tutti e la vocazione ultima dell'uomo è effettivamente una sola, quella divina, perciò dobbiamo ritenere che lo Spirito Santo dia a tutti la possibilità di venire a contatto, nel modo che Dio conosce, col mistero pasquale».

salvezza universale, forma che non è definitiva e quindi non ancora universale. In questa forma cristologica di rivelazione trova senso l'espressione «deus semper maior»; tale assioma non vuole relativizzare il *contenuto* di rivelazione, ma rinviare all'incomprensibilità dell'umanità di Dio che solo nell'*eschaton* raggiunge la sua forma definitiva di rivelazione, quando «lo vedranno coloro ai quali non era stato annunciato e coloro che non ne avevano udito parlare, comprenderanno» (*Is* 52,15)[265]. La dimensione noetica, che corrisponde a questa forma escatologica di rivelazione, sarà data dalla visione beatifica, che consiste nell'eliminazione di ogni forma di nascondimento[266]. Nell'*eschaton* si avrà così la definitiva ed immediata evidenza della rivelazione di Dio e ognuno proclamerà che *Gesù è il Cristo*. L'accoglienza esplicita e quindi non anonima della fede struttura essenzialmente e non accidentalmente la fede cristiana. «La fede cristiana non è da riconoscere solo dal nome di colui a cui si deve e al quale si riferisce, ma vuole essere riconosciuta in questo nome e presso di essa custodita. Perciò appartiene alla fede del cuore la confessione della bocca (*Rom* 10,9s)»[267]. In questa prospettiva escatologica, potremmo parlare di una «cognitio dei abscondita», piuttosto che di cristianesimo anonimo. Con tale espressione rimane chiaro che la fede cristiana rimane «cognitio dei revelata», criterio di giudizio per ogni conoscenza di Dio; tuttavia, la fede costituisce criterio e norma per ogni conoscenza di Dio non in virtù della sua forma non definitiva, ma in virtù del contenuto della fede. Come nell'evento cristologico Dio ha svelato il proprio segreto, così nel giudizio universale la Parola di Dio «metterà in luce i segreti delle tenebre e manifesterà le intenzioni dei cuori» (*1Cor* 4,5). Anche se la Parola di Dio è definitiva ed universale, solo col giudizio universale saranno manifestati i segreti di ogni cuore e «ogni lingua proclamerà che Gesù Cristo è il Signore» (*Fil* 2,11). La validità universale dell'evento escatologico non si dissolve in un'affermazione astratta di universalità del cristianesimo, ma nel primato della Parola di Dio che si dà a conoscere in forme diverse.

---

[265] Cf E. JÜNGEL, «Zum Begriff der Offenbarung», 216.
[266] Cf ID., «"Auch das Schöne muß sterben" – Schönheit im Lichte der Wahrheit. Theologische Bemerkungen zum ästhetischen Verhältnis», in ID., *Wertlose Wahrheit*, 394.
[267] ID., «Extra Christum nulla salus», 178.

4. Il compimento dell'identità originaria di Dio

Nell'esaminare la dinamica del movimento rivelativo di Dio, avevamo affermato che il momento *Dio = non-uomo* esprime l'identificazione tra Dio e la morte di Gesù. Tale evento escatologico rivela l'identità originaria di Dio come relazione (*Dio = Dio*). Dio rivela il suo essere trinitario in tre modi diversi: come *creatore*, *salvatore* e *riconciliatore*. In tutte e tre queste modalità Dio si manifesta come Colui che non vuole esserci solo per sé, «ma che rende attiva anche all'esterno la comunione del reciproco essere altro, il suo essere Dio trino, nel momento in cui si crea un essere creato che gli stia di fronte e nel momento in cui assicura a questa sua creatura fedeltà senza interruzione»[268]. Per indicare come in questi tre modi di rivelazione si ripresenti l'identità trinitaria, sia Barth che Jüngel usano tanto il termine «ripetizione» (*Wiederholung*) quanto quello di «corrispondenza» (*Entsprechung*). Come è essenziale al Dio eterno limitarsi in se stesso come Padre attraverso il Figlio e lo Spirito Santo, così è essenziale a Dio ripetere questa limitazione intratrinitaria nell'atto di creazione[269]. Questa autolimitazione assume in Gesù Cristo la sua piena rappresentazione simbolica, poiché l'essere dell'uomo corrispondente a Dio «è da un lato l'autorelazione di Dio come relazione all'uomo Gesù e da un altro lato come relazione di Gesù con se stesso in quanto relazione a Dio»[270].

Riprendendo le riflessioni sul dogma cristologico di Calcedonia, Jüngel afferma che l'uomo Gesù realizza il suo essere persona nella relazione a Dio; come persona Gesù non è solo relazionato a Dio, ma «è relazionato costitutivamente a tutti gli altri uomini. Per questo è Dio e uomo in *una* persona, poiché *in quanto persona* è totalmente da Dio *e* totalmente rivolto a noi»[271]. Il Gesù prepasquale fa emergere questa sua relazione essenziale con ogni uomo, nella dimenticanza di sé che supera qualsiasi affermazione di sé. Questa libertà di Gesù scaturisce dalla prossimità di Dio a Gesù di Nazaret e, in forza della sua disponibilità all'evento dell'amore di Dio, la storia di Gesù Cristo è divenuta storia per ogni uomo. Offrendo al peccatore, al malato, ai più piccoli degli uo-

---

[268] ID., «Leben aus Gerechtigkeit», 354.
[269] Cf ID., «Gottes ursprüngliches Anfangen», 154.
[270] ID., «Thesen zur Grundlegung der Christologie», 277.

mini uno spazio in cui sentirsi accolti ed amati, Gesù ripete nella sua umanità l'autolimitazione (*Selbstbegrenzung*) di Dio. L'incontro liberante tra Gesù e questi individui, incurvati in se stessi, rende possibile la realizzazione della loro umanità, poiché dalla relazione con Gesù ha origine una comprensione di sé non più fondata sulle proprie prestazioni materiali o morali, ma su un amore donato e gratuito. «*Nella storia di Gesù, l'ἔσχατον costruisce la propria storia come storia d'amore*»[272].

Sulla croce ha trovato piena realizzazione l'umanità di ogni uomo, poiché in Gesù crocifisso Dio si rapporta in modo nuovo con tutti coloro con cui Gesù era venuto ad identificarsi nel periodo prepasquale. «Poiché il Dio eterno si è identificato con quest'uomo e poiché l'uomo Gesù *è il Figlio di Dio*, è integrata nel suo essere uomo *l'intera umanità*. Perciò *noi tutti* siamo presenti nell'uno, cosicché vale: "Uno è morto per tutti, dunque tutti sono morti" (*2Cor* 5,15; cfr *Rom* 5,12-21). Perciò l'*homo humanus* Gesù è identico con la natura *humana*, cosicché il dogma ha giustamente parlato del mistero dell'incarnazione di Dio non come *assumptio hominis*, ma come *assumptio humanae naturae in personam filii dei*. Con questo la vecchia teologia ha espresso nel suo linguaggio e nel suo modo di pensare – determinati dall'ontologia di sostanza – la portata *universale* dell'identità del Figlio di Dio con quell'insostituibile uomo che è Gesù ed ha osato *pensare*, che Gesù Cristo sia il *sacramentum mundi*, il sacramento riconosciuto per eccellenza (cf *1Tim* 3,16)»[273]. Se l'essere uomo di Gesù è tutt'uno con la persona del Figlio di Dio e questo evento escatologico integra l'essere uomo di tutti gli uomini, allora la sua morte *è* la morte di noi tutti. Da questa morte è resa possibile non solo la corrispondenza tra uomo e Dio, ma la stessa struttura relazionale dell'uomo: struttura *societaria* dell'uomo che Jüngel definisce con il termine «pace» (*shalom*). «L'essere di Gesù Cristo è dunque un essere-persona ricco di relazioni e di eventi, perché crea la pace in mezzo all'assenza di pace della realtà umana»[274]. Dalla croce di Cristo l'uomo ritrova pace con se stesso, con gli altri e con Dio, poi-

---

[271] ID., «Person und Gottebenbildlichkeit», 80s.

[272] ID., *Paolo e Gesù*, 253.

[273] ID., «Das Opfer Jesu Christi als sacramentum et exemplum. Was bedeutet das Opfer Christi für den Beitrag der Kirchen zur Lebensbewältigung und Lebensgestaltung?», in ID., *Wertlose Wahrheit*, 273.

[274] ID., «La rilevanza dogmatica del problema del Gesù storico», 183.

ché partecipando di essa gli uomini possono accontentarsi «di essere degli *uomini umani* (*homines humani*), invece che degli dèi infelici»[275].

Per essere nella pace l'uomo non deve cercare di ripetere lo statuto ontologico della persona di Cristo. Solo in Gesù di Nazaret il divenire uomo *di Dio* è coinciso con il divenire uomo *dell'uomo*, cosicché in lui «la storia dell'incarnazione dell'uomo è legata costitutivamente alla storia dell'incarnazione di Dio e fondata con questa nella storia di Dio»[276]. Riprendendo quanto già Barth diceva a proposito dell'umanità di Gesù, Jüngel afferma che Gesù è il fondamento ontologico e gnoseologico di ogni analogia[277]. «L'uomo non è analogo di per sé. Dio non ha analogia nell'essente come tale. Ma attraverso la morte del Figlio di Dio e la sua risurrezione dai morti si giunge all'analogia, noi diventiamo analoghi a lui, al Figlio di Dio»[278]. Ciò che l'incarnazione di Dio ha reso per noi possibile in Gesù è di poter diventare *conformi* a Dio, se corrispondiamo alla nostra specifica determinazione di essere uomini, così come Gesù è stato conforme alla determinazione specifica del suo essere persona, accettando di essere pienamente uomo. «All'umanità di Dio non corrisponde la divinità dell'uomo, ma l'umanità dell'uomo»[279].

L'analogia tra Gesù Cristo e noi costituisce un'autentica corrispondenza fra Dio e uomo, nel momento in cui l'uomo non si possiede più, ma nella comunità di almeno due uomini che dicono «noi» corrisponde al Dio trino: «la comunione trinitaria di reciproca alterità trova [nella comunità dei credenti] la sua corrispondenza terrena più espressiva»[280]. L'immagine terrena di questa comunione è la chiesa; come *analogatum* rinvia a Gesù Cristo, che è *analogans*. «In quanto *analogatum* [la chiesa] dà a conoscere che è Gesù Cristo colui che *porta* a corrispondere a sé gli uomini come chiesa»[281]. La comunità dei credenti diventa *analogia* del Dio trino, annunciando e testimoniando al mondo il Regno-che-viene, rifiutando qualsiasi identificazione con ciò che annuncia. «La chiesa non è il regno di Dio sulla terra»[282].

---

[275] *Ib.*, 185.
[276] ID., «Person und Gottebenbildlichkeit?», 71.
[277] Cf ID., «Die Möglichkeit theologischer Anthropologie», 212.
[278] ID., *Dio mistero del mondo*, 500.
[279] ID., «Das Sakrament – Was ist das?», 58.
[280] ID., «"Meine Theologie" – kurz gefaßt», 13.
[281] ID., «Die Kirche als Sakrament?», in ID., *Wertlose Wahrheit*, 328.
[282] ID., «Säkularisierung – Theologische Anmerkungen zum Begriff einer weltlichen Welt», in ID., *Entsprechungen*, 289.

Per precisare che tipo di rapporto sussista tra Gesù Cristo e comunità dei credenti, Jüngel si serve della stessa analogia che intercorre tra Gesù prepasquale e Gesù postpasquale. I due modi di esistenza, *anipostatico* ed *enipostatico*, predicati dell'essere di Gesù, vengono ora predicati della comunità dei cristiani. Esistendo in modo *anipostatico*, la chiesa rinvia a Gesù nell'ineliminabile e salutare distinzione da Gesù Cristo e solo in questa differenza lo può rappresentare[283]. L'anipostasia dei credenti consiste nella libertà da se stessi, nel servizio alla Parola di Dio. L'identità *enipostatica* della chiesa sarà rivelata, invece, con la parusia, quando Dio verrà nel mondo in modo tale che il mondo stesso sarà condotto a Dio e da Dio giudicato e glorificato. Questa enipostasia, tuttavia, «*è già ora* il fondamento ontologico affinché il cristiano viva l'anipostasia del suo essere-nel-mondo»[284]. Vivendo già fin d'ora la libertà dei figli di Dio (come chiesa invisibile), i credenti possono sperare già fin d'ora, «di vivere un giorno l'enipostasia del loro essere in e con Gesù Cristo»[285].

Se nell'evento della morte di croce Dio ha determinato il vortice annichilante dell'irrelazionalità, localizzando il *nihil nihilans* del peccato nell'identità stessa di Dio, con l'avvento della parusia si compirà la fine di ogni irrelazionalità, per cui là dove ha regnato il peccato e la morte, Dio comincerà qualcosa di nuovo, che non potrà essere altro che una *nuova nascita* o che potrà essere paragonato ad una *resurrezione dai morti*. Per definire il *luogo*, nel quale Dio ha distrutto il peccato, Jüngel si serve dell'immagine del *paradiso*[286]. Nell'annientamento dell'ultimo nemico e nella creazione di un cielo nuovo e una terra nuova, si rivelerà «per la prima volta che cosa sia Dio»[287]. Alla fine dei tempi Dio dimostrerà che il peccato, la morte e l'inferno non contraddicono affatto l'essere di Dio; anzi proprio nell'averli assunti su di sé e nell'averli subiti in se stesso con la morte in croce, Dio ha realizzato la sua vittoria: *victor quia victima*! Persino nel peccato del mondo, Dio si corrisponde[288]. Se è conforme all'essenza divina «sopportare» la contraddizione tra vita eterna e morte mondana; se il «patire» non contraddice l'essere di Dio, ciò

---

[283] Cf ID., «Prefazione all'edizione italiana», in ID., *L'Essere di Dio è nel divenire*, 16.
[284] ID., «Jesu Wort und Jesus als Wort Gottes», 142, nota 45.
[285] *Ib*.
[286] Cf ID., «Karfreitag – Das dunkle Wort vom "Tode Gottes"», 50.
[287] ID., *Dio mistero del mondo*, 289.
[288] Cf ID., «Il rapporto tra rivelazione e nascondimento di Dio», 106.

significa che Dio concede tempo all'uomo, affinché alla fine possa trionfare il suo amore. Con la resurrezione di Gesù dai morti, il tempo offerto all'uomo si rivela dunque come tempo della pazienza, in cui Dio «mira a che l'uomo non finisca nell'inferno provocato proprio da lui stesso, che la morte non si riservi l'ultima parola e che il diavolo non trionfi alla fine sulle sue vittime. La pazienza di Dio punta al trionfo dell'amore e solo dell'amore»[289].

Alla fine della storia il Dio *eterno* sarà al τέλος di se stesso *di nuovo* ἀρχή[290]. Dio confermerà così «ad extra» ciò che è «ad intra». L'*analogia relationis* permette quindi di comprendere la *relatio ad intra* (*Dio = Dio*) e la *relatio ad extra* (*Dio = uomo*) in reciproca corrispondenza. Il *non essere* «assoluto» che si fa presente nella forza annientante dell'inferno, della morte e del demonio sarà posto «in-relazione» e quindi reso relativo con il *non essere* di Dio come Padre, Figlio e Spirito Santo. «Il personale essere-altro di Padre e Figlio implica l'opposizione di vita e morte. Non si può pensare l'opposto essere-altro in modo più estremo. E invece di opporsi tra di loro in modo distruttivo, si uniscono creativamente per la forza dello Spirito Santo nella *comunione* di opposto essere-altro. Così Dio è in accordo con se stesso, senza con ciò escludere da sè l'essere-altro, ma anzi affermandolo in se stesso»[291]. La realizzazione dell'*analogia dei* è il superamento di una dialettica indeterminata tra essere e non-essere, tra vita e morte o, in termini escatologici, tra giudizio e misericordia.

Ma questa comprensione della storia non è un modo di riproporre la dottrina dell'*apocatastasi*? Ricordiamo che Karl Barth ha sostenuto più volte la tesi che se anche l'uomo volta le spalle a Dio, Dio non lo abbandona al suo destino[292]. Barth ha rifiutato però sempre di identificare questa sua tesi come apocatastasi: per il teologo riformato, infatti, la dottrina dell'apocatastasi non fa che ridurre la salvezza ad un sapere e la grazia di Dio ad una realtà dovuta all'uomo. Bisogna insistere, invece, sul valore gratuito ed immeritato della salvezza universale che rimane, perciò, un oggetto da sperare e una certezza di fede, e non la conclusione di un ragionamento teologico.

---

[289] ID., «Pazienza di Dio – pazienza dell'amore», 32.
[290] Cf ID., «Das Entstehen von Neuem», in ID., *Wertlose Wahrheit*, 148.
[291] ID., «Leben aus Gerechtigkeit», 353.
[292] Cf K. BARTH, *KD*, II/2, Zürich 1974[5], 450.

Su posizioni analoghe a quelle di Barth troviamo anche H. U. von Balthasar[293]. Per quanto riguarda più direttamente Jüngel, egli riprende le riflessioni barthiane anche se non parla esplicitamente in termini d'apocatastasi. Tuttavia, Jüngel afferma che la frase «Dio è amore» «deve poter accompagnare ogni discorso su Dio – anche quello dell'ira e del tribunale di Dio! – affinché possa corrispondere a Dio»[294]. Ciò non significa cadere in un facile ottimismo o in una mancanza di senso per la tragicità dell'esistenza, ma ciò vuol dire affermare con fermezza che la cosa più seria e più importante non è il giudizio di condanna di Dio, ma la vittoria che Dio ci ha donato sulla croce: «cioè la vittoria dell'amore, il cui fuoco poi in effetti brucerà – ma non per distruggere, bensì per purificare e trasformare ciò che necessita di purificazione e trasformazione mediante la forza dell'amore»[295].

Sul fondamento dell'*analogia dei* possiamo comprendere perché Jüngel rifiuti la condanna del Concilio di Trento nei confronti di coloro che professavano la fiducia nella salvezza eterna (DS 1533; 1534). L'assioma del «deus semper maior» è l'espressione logico-linguistica di *questa* dottrina cattolica, con la quale è impossibile trovare una comprensione ecumenica[296]. La fede cristiana non può accettare di sottoporre la novità della rivelazione cristiana all'assioma di un Dio ignoto, la cui parola di salvezza non è certa e nemmeno garantita. Se il mistero personale di Dio è *trinitario*, cioè originalissima comunicazione di sé, non si può più affermare che Dio è in se stesso incomprensibile ed incomunicabile mistero. È ribaltata la prospettiva secondo cui «quanto più un evento interiore dello spirito è personale, tanto meno può essere comunicato agli altri»[297]. In base all'*analogia adventus*, bisogna affermare invece che quanto più Dio è evento personale, tanto più può essere comunicato agli altri. «Questo è il Dio che è amore: colui che in un riferimento a sé pur così grande è sempre ancora più dimentico di sé e *così* trabocca e potenzia il suo proprio essere»[298].

---

[293] Cf H. U. VON BALTHASAR, *Kleiner Diskurs über die Hölle*, Ostfildern 1987.

[294] E. JÜNGEL, *Dio mistero del mondo*, 409.

[295] ID., «La pazienza di Dio», 35.

[296] Cf ID., «Quae supra nos, nihil ad nos», 248.

[297] Cf M. SCHMAUS, *Dogmatica cattolica*, vol.1, Casale 1959, 179 (= *Katholische Dogmatik*, Bd. I, München 1956).

[298] E. JÜNGEL, *Dio mistero del mondo*, 479.

5. Mistero trinitario come *mysterium salutis*

Nel *minimum denotativum* della parola «Dio» è riassunta la storia dell'amore di Dio. La parola «Dio», infatti, rende possibile «pensare Dio come amore e questo, dice Jüngel, è il compito della teologia»[299]. Se la parola «Dio» rinvia alla storia di Gesù Cristo, questa storia giunge alla sua verità quando è espressa come dottrina della trinità. «In questa misura la dottrina della trinità fa parte del concetto, correttamente inteso, della parola di Dio»[300].

Riprendendo le riflessioni di Rahner, Jüngel afferma che la dottrina trinitaria di Dio è la sintesi del Vangelo: solo in questa dottrina è possibile raccontare la storia *dell'uomo Gesù* come la storia stessa *di Dio*. La dottrina della trinità, riassumendo *breviter* la storia di Gesù Cristo, garantisce questa stessa storia contro qualsiasi riduzione razionalistica o mitica di Dio e ancor più garantisce dal pensare Dio, escludendo l'uomo o viceversa dal pensare l'uomo come se Dio non ci fosse. In questa correlazione tra Dio e uomo si manifesta il carattere di «mistero di salvezza» della dottrina trinitaria. «Il mysterium trinitatis è mysterium salutis»[301].

La rilevanza salvifica del mistero trinitario risulta evidente, se pensiamo alla dinamica della confessione di fede. Confessando la divinità di Gesù (*Gesù è il Signore*), l'uomo riconosce la verità del proprio peccato in quanto *perdonato* da quell'amore, la cui origine è l'essere di Dio. «L'amore si basa dunque in Dio poiché evidentemente egli solo può provocare, mettere in moto l'evento dell'amore, poiché egli solo può *cominciare* senza motivo ad amare, anzi ha cominciato da sempre ad amare»[302]. Solo questo amore-dono può pretendere di essere predicato di Dio. Se Dio fosse solo colui che ama eternamente se stesso, «la distinzione fra Dio e Dio sarebbe oziosa e Dio nella sua identità assoluta non vivrebbe affatto. Avrebbe allora ragione Spinoza: "Deus proprie loquendo neminem amat"»[303]. Nell'evento della croce è rivelato, invece, che Dio non vuole amare se stesso senza amare con ciò un altro: l'uomo.

---

[299] *Ib.*, 410.

[300] *Ib.*, 448.

[301] Id., «Das Verhältnis von "ökonomischer" und "immanenter" Trinität», 270.

[302] Id., *Dio mistero del mondo*, 426.

[303] *Ib.*, 429.

Dio non è chiuso quindi in un circolo esclusivo tra amante ed amato, ma in Gesù l'amore di Dio diventa estatico: un evento-per-noi. L'amore-dono predicato di Dio è dunque quello scaturito dalla croce, in quanto solo l'*amor crucis* rivela l'amore di Dio come *creativo*, capace di dischiudere relazioni anche là dove regna la morte.

In questo tipo di amore, l'uomo non è tanto amato per qualcosa o perché è qualcuno, ma per nulla. «L'amore di Dio non trova, ma crea l'oggetto del suo amore, l'amore dell'uomo è suscitato dal suo oggetto» (*Amor Dei non invenit sed creat suum diligibile. Amor hominis fit a suo diligibile*)[304]. In questa gratuità si distingue l'amore umano da quello divino. «L'amore che è Dio può dunque essere compreso solo come amore che si *irraggia* nell'assenza di amore. Esso *entra* nell'assenza di amore. Il suo contrapposto non è ciò che esso trova degno d'amore, bensì esso rende per la prima volta degno d'amore ciò che non è per niente degno d'amore. E lo fa *amando*. Il discorso della forza trasformatrice del fuoco dell'amore che è richiesta nella venuta dello Spirito santo è la fonte tanto critica quanto soteriologica del giudizio "Dio è amore"»[305]. Poiché l'evento dell'amore non basta per definire il tipo di amore che viene predicato di Dio, non è possibile fondare una dottrina della trinità, mettendo insieme esegeticamente delle affermazioni bibliche sul Padre, sul Figlio e sullo Spirito: il materiale biblico «offre in quanto tale solo una possibilità, non una necessità per fondare una dottrina trinitaria»[306]. Solo l'identificazione di Dio con Gesù crocifisso costringe alla distinzione fra Dio Padre, Dio Figlio e Dio Spirito Santo[307].

A questo punto possiamo capire perché l'affermazione «Dio è trinità» sia un giudizio *a posteriori*, non contenuto analiticamente nel concetto di amore. Questa definizione rimanda ad un fatto – l'evento di croce – che può essere colto come atto libero dell'amore di Dio, se è Dio stesso ad interpretarlo. Solo la fede ci fa riconoscere nell'evento di croce *che* Dio è amore. In questo modo non si rischia di rendere superflua la parola «Dio», venendo ad identificarla *tout court* con la parola «amore». Con la parola «Dio» non si fa riferimento a qualsiasi esperienza d'amore

---

[304] Cf M. LUTERO, «Disputa di Heidelberg» (1518), in V. VINAY (ED.), *Scritti religiosi di Martin Lutero*, Torino 1967, 202 (= WA 1, 365, 1-5).

[305] E. JÜNGEL, *Dio mistero del mondo*, 429.

[306] ID., «Das Verhältnis von "ökonomischer" und "immanenter" Trinität», 268.

[307] Cf ID., *Dio mistero del mondo*, 428.

tra esseri umani, ma solamente ad una determinata esperienza. Perciò è necessario precisare che il soggetto nell'affermazione «Dio è amore» è soltanto Dio e non l'amore. Questa distinzione evita di ridurre l'affermazione «Dio è amore» ad una tautologia (l'amore è amore) oppure all'affermazione «l'amore è il massimo». In entrambi i casi l'amore sarebbe «la morte della fede»[308]. La differenza tra l'amore divino e l'amore umano consiste nel fatto che solo Dio può iniziare ad amare dove non c'è nulla degno di essere amato, dove non si è amati per primi. Questa gratuità di Dio è espressa nella definizione che Dio «è» amore; l'uomo tutt'al più «ha» amore.

5.1. Trinità immanente e Trinità economica

Se la croce è l'evento fondatore della fede trinitaria, «il concetto dell'essenza divina non può essere più pensato astratto *dalla storia dell'esserci trinitario* di Dio»[309]. Anche se l'identificazione escatologica è la «ratio cognoscendi» dell'identità teologica [*(Dio = Dio)* ⇒ *(Dio = uomo)*], tuttavia l'identità trinitaria di Dio costituisce la «ratio essendi» dell'evento escatologico [*(Dio = Dio)* ⇐ *(Dio = uomo)*]. La Trinità non si costituisce infatti sulla croce, ma sulla croce Dio corrisponde a ciò che è già fin dall'eternità[310]. Per evitare una storicizzazione della trinità la teologia ha voluto distinguere la dottrina della trinità immanente, che comprende Dio a prescindere dal suo rapporto con l'uomo, dalla dottrina della trinità economica, che comprende invece l'essere di Dio nel suo rapporto con l'uomo. Perché la distinzione tra l'essere «ad intra» (*Dio = Dio*) e l'essere «ad extra» (*Dio = uomo*) non si riduca ad una giustapposizione di due trinità, Jüngel afferma con Rahner che la trinità *economica* è la trinità *immanente* e viceversa. «La frase è giusta poiché nell'abbandono da Dio e nella morte di Gesù (*Mc.* 15,34-37) avviene Dio stesso. Ciò che la storia della passione narra è espresso concettualmente dalla dottrina della trinità»[311]. Non abbiamo, dunque, a che fare con una

---

[308] ID., «What does it Mean to Say: "God is Love"?», 304.
[309] ID., «Das Verhältnis von "ökonomischer" und "immanenter" Trinität», 274.
[310] Cf ID., *L'Essere di Dio è nel divenire*, 99.
[311] ID., *Dio mistero del mondo*, 479s.

corrispondenza o analogia tra una trinità immanente nel cielo e una trinità economica sulla terra: la trinità economica, cioè la rivelazione di
Dio, è la stessa trinità immanente. Ciò non toglie che tra autodistinzione
divina (*trinità immanente*) e autoidentificazione di Dio con Gesù (*trinità
economica*) ci sia una distinzione di ragione, che salvaguarda la priorità
e la libertà di Dio[312].

Se trinità immanente (*Dio* = *Dio*) e trinità economica (*Dio* = *uomo*)
esprimono l'identità *originaria* di Dio, le missioni extratrinitarie non possono essere più interpretate come appropriazioni successive a questa o a
quella ipostasi, ma sono realmente le missioni di ogni ipostasi e coinvolgo-
no l'essere stesso di Dio. Riprendendo le riflessioni di Barth, Jüngel afferma che «l'atto di appropriare non deve essere dunque inteso come qualcosa
che si aggiunge successivamente alla distinzione dei rapporti originari in
Dio. L'appropriazione è un procedimento successivo soltanto in quanto *il
teologo per appropriationem* si decide a designare come tali i singoli modi
di essere di Dio. Ma questo atto di significazione deve appunto corrispondere a quel fatto che articola la differenziazione dei rapporti originari nella
distinzione dei modi di essere di Dio, là dove Dio si assegna il proprio essere *come* Padre, *come* Figlio e *come* Spirito»[313].

Anche per le singole missioni e processioni trinitarie, come è per la
trinità in generale, la predicazione di un'identità reale non esclude una
loro *formale* distinzione. Parlando della missione del Logos, Jüngel afferma che «ciò che *accade* a livello "economico" nell'incarnazione, deve già essere realmente inteso ontologicamente a livello "immanente" o
almeno come condizione di possibilità di questo *evento*, se l'ipostasi del
Figlio è ontologicamente creata, in modo tale che questa e solo questa
può rivelare Dio in un uomo. La funzione ipostatica è la condizione di
possibilità della sua incarnazione»[314].

5.2. Trinità e corrispondenza

La distinzione di ragione tra trinità immanente e trinità economica
mette in evidenza che nel movimento di identificazione di Dio non si dà

---

[312] Cf ID., «Das Verhältnis von "ökonomischer" und "immanenter" Trinität», 275.
[313] ID., *L'Essere di Dio è nel divenire*, 111.
[314] ID., «Das Verhältnis von "ökonomischer" und "immanenter" Trinität», 272.

contraddizione tra *essere* e *divenire*, ma l'*essere* di Dio sussiste *in* dive-nire[315]. «In tal senso la decisione originaria di Dio è insieme anche la "relazione originaria" tra Dio e uomo, in cui Dio si volge all'uomo ed è così presso l'uomo *già* prima che questi sia creato. La decisione origina-ria costituisce la relazione originaria di Dio con l'uomo, e in questa rela-zione originaria si compie la "storia originaria" in cui Dio *prima* di ogni creazione dell'uomo *si rapporta già* a lui»[316]. La definizione trinitaria di Dio ci costringe a concepire così l'essere di Dio *in praedicamento rela-tionis*: [*(Dio = Dio) = (Dio = uomo)*]. «Dio corrisponde a se stesso: questa formula esprime una relazione. La frase dice, a proposito dell'es-sere di Dio, che questo essere è strutturato in forma relazionale»[317]. Jün-gel precisa che il concetto di struttura non deve esser inteso qui come si-nonimo di immobilità, ma in senso dinamico come relazioni *genetiche*, «in forza delle quali l'essere di Dio è differenziato in diversi modi di es-sere»[318].

Jüngel riprende le osservazioni di Barth sul concetto di *modo di sussistenza* (*Seinsweise*) o, nella terminologia dogmatica tradizionale, di τρόπος ὑπάρξεως. Per avere una relazione, è necessario innanzitutto presupporre due termini di relazione – *terminus a quo* e *terminus ad quem* -. Nel caso in cui si predica essenzialmente dell'essere di Dio la relazione, è necessario pensare la relazione tra i due termini come rela-zione intrinseca ai termini; in caso contrario, la relazione sarebbe estrin-seca ed accidentale. Inoltre i termini verrebbero posti in relazione tra lo-ro da altro-da-sé. Per predicare di Dio una relazione essenziale che co-stituisca in libertà sia i termini della relazione che la relazione stessa, Jüngel viene a distinguere tre *relazioni* o *movimenti* (τρόποι) in Dio: *a quo* (Dio viene *da* Dio), *ad quem* (Dio va *a* Dio) e la *relatio* stessa (Dio viene *come* Dio). L'essenza di Dio è infatti una pericoresi relazionale: «Relatio in divinis [...] est ipsa divina essentia»[319].

Dio è *Padre*, in quanto Dio proviene sempre da Dio (*Dio ⇒ Dio*). Il Padre è«l'origine senza origine di ogni essere, che come Padre comu-nica se stesso»[320]. Dio è *Figlio* in quanto Dio viene a Dio (*Dio ⇐ Dio*);

---

[315] Cf Id., *L'Essere di Dio è nel divenire*, 106.

[316] *Ib.*, 140s.

[317] *Ib.*, 100.

[318] *Ib.*

[319] *STh*, I, q.29, art.4; q.28, art.2.

[320] E. Jüngel, «Das Verhältnis von "ökonomischer" und "immanenter" Trinität», 275.

il venire di Dio a Dio è stato riconosciuto nel fatto che Dio è venuto all'uomo. «La conseguenza del riconoscimento del fatto che Dio è venuto all'uomo nella persona di Gesù Cristo era infatti prima di tutto la costituzione del concetto cristiano di Dio e dunque anche la conoscenza della verità che Dio proviene da Dio»[321]. Dio è *Spirito* come *relazione* con se stesso (*Dio* ⇒ *Dio*). «Dovunque pervenga, Dio perviene sempre a Dio. Infatti Dio, *essendo* Dio, perviene a se stesso da se stesso»[322]. In questo «venire» di Dio, Jüngel distingue un'*origine*, una *mèta* e un *venire*: ma nel suo venire a se stesso, Dio non è *solo*, ma in compagnia dell'uomo. «Dio proviene da Dio e solo da Dio, ma non viene solo a Dio. Dio viene anche all'*uomo*. Egli *è* venuto all'uomo nella persona di Gesù Cristo. Da questo fatto deve prendere le mosse ogni conoscenza cristiana di Dio»[323].

Se la rivelazione determina la conoscenza di Dio come mistero trinitario, diversa sarà la trattazione della *quaestio de analogia* nel momento in cui, per comprendere Dio, si voglia prescindere dal suo rapporto con l'uomo. Il tipo di analogia dipende quindi da come viene definito originariamente l'essere di Dio: se in termini di autocomunicazione oppure di incomunicabile mistero.

---

[321] ID., *Dio mistero del mondo*, 496.
[322] *Ib.*, 497, nota 6.
[323] *Ib.*, 496.

CONCLUSIONE

1. Quale analogia per la teologia?

La discussione contemporanea sull'analogia si è concentrata sul problema relativo al suo statuto epistemologico. Pur nel loro diverso modo di fondare la possibilità del discorso teologico, sia Przywara che Barth sono d'accordo nel riconoscere l'inevitabilità dell'analogia in teologia; così anche Jüngel afferma che senza analogia non ci sarebbe discorso responsabile su Dio. Tuttavia, poiché ci sono diversi modelli di analogia, «occorre decidere quale uso *teologico* dobbiamo fare dell'analogia affinché si possa affermare a buon diritto di parole umane che esse corrispondono a Dio. Non a caso l'analogia è contestata nella teologia»[1].

Durante la polemica tra Przywara e Barth, la *quaestio de analogia* è divenuta più un problema di carattere confessionale che epistemologico. Da un lato l'*analogia entis*, principio e forma del pensare cattolico; dall'altro la condanna di Barth nei confronti di questo tipo d'analogia ritenuta invenzione dell'Anticristo[2]. Questo giudizio radicale di Barth si è andato attenuando nel corso della redazione della *Dogmatica ecclesiastica*; nel confronto con G. Söhngen e H. U. von Balthasar, Barth ha precisato ulteriormente la sua posizione in particolare sulla questione della possibilità di una conoscenza naturale di Dio, necessario caposaldo dell'*analogia entis*. Questo avvicinamento non deve però ingannare; anche nel volume IV/3 della *Dogmatica ecclesiastica* Barth non ritratta la sua condanna della dottrina filoso-

---

[1] E. JÜNGEL, *Dio mistero del mondo*, 367.
[2] Cf E. PRZYWARA, *Analogia entis*, Einsiedeln 1962C, 5; 261; K. BARTH, *KD*, I/1, VIII.

fica dell'*analogia entis*. Ciò che è mutato dal precedente periodo «dialettico» è il tipo di accusa rivolto all'*analogia entis*: questa non viene più condannata perché pretende di colmare prometeicamente la differenza e la dissomiglianza tra Dio e uomo evocando il Dio totalmente Altro, ma perché trascura la *vicinanza* di Dio[3].

Se l'uso teologico dell'analogia consistesse nel rispettare Dio come il totalemente Altro, niente sarebbe più adatto dell'*analogia entis*. La concezione che Przywara ha dell'analogia sarebbe in tal senso adeguata e corrispondente al mistero di un Dio che trascende la sua stessa rivelazione (*deus semper maior*)[4]. Riprendendo le riflessioni di Przywara, Balthasar se ne differenzia riguardo alla superiorità della dissomiglianza sulla somiglianza. L'unione ipostatica di Dio e uomo rappresenta per Balthasar «l'estrema misura tra due, e in tal modo la stessa "concreta *analogia entis*", ma questa analogia non è in nessun senso oltrepassabile in direzione dell'identità»[5]. Balthasar rifiuta di dissolvere il mistero di Dio in una *sempre più grande* dissimilitudine e, difendendosi con veemenza contro una teologia eccessivamente apofatica, sottolinea come Dio si sia adeguatamente definito in Gesù Cristo. Ricordiamo che il testo del Lateranense IV, a cui fa riferimento Przywara per formulare il suo principio fondamentale del cattolicesimo, è diverso da quello attuale (cf DS 806): esso riportava un «*tanta* similitudo notari» anziché il semplice «similitudo notari». Pur affermando che «la persona di Gesù Cristo attraversa l'abisso che divide essenzialmente ed ineliminabilmente la natura divina e l'umana», Balthasar non accetta di fondare l'analogia su una *maior similitudo in dissimilitudine*; preferisce una *maior dissimilitudo in similitudine*, per evitare che la libertà dell'economia venga dissolta nel processo del mondo e che così Dio debba ritornare a se stesso attraverso questo processo. Per questo Balthasar rifiuta l'assioma rahneriano, accettato invece da Jüngel, secondo cui «la trinità economica *è* la trinità immanente»[6]. Questo equivale a negare però quanto Baltha-

---

[3] Cf E. JÜNGEL, «Die Möglichkeit theologischer Anthropologie», 210ss.

[4] Cf E. PRZYWARA, «Analogia entis (Analogie)», 471s.

[5] H. U. VON BALTHASAR, *Teodrammatica*, Milano 1983, 208 (= *Theodrammatik*, Teil 2, Einsiedeln 1978).

[6] Cf T. R. KRENSKI, *Passio Caritatis*. Trinitarische Passiologie im Werk Hans Urs von Balthasar, Einsiedeln 1990, 366.

sar aveva dichiarato a proposito della vita immanente di Dio: cioè
che è Dio che «si esprime così adeguatamente e definitivamente nella
vita di Cristo, che non possiamo più tentare definizioni sull'immanenza di Dio»[7]. Si ritorna così all'analogia della riserva, al «deus
semper maior» di Przywara o all'«inter finitum et infinitum nullam
esse proportionem» di Spinoza.

Jüngel ritiene insopportabile e blasfema questa interpretazione
del vangelo di Dio fatto uomo, che non fa altro che riportare la *quaestio de analogia* nel ritmo del «maior sit dissimilitudo quae notari
potest». Come già a suo tempo Barth, così anche Jüngel precisa che
«con *questa* dottrina cattolica non ci può essere "comprensione ecumenica"»[8]. Con insistenza il nostro Autore ripete che «la differenza
fra Dio e uomo, che costituisce l'essenza della fede cristiana, non è
perciò la differenza di una non affinità sempre maggiore, ma al contrario la differenza di un'affinità sempre maggiore fra Dio e uomo in
una non affinità pur tanto grande»[9]. Anche V. Melchiorre avverte che
è indispensabile riformulare l'equilibrio tra dissomiglianza e somiglianza, proposto nel IV Concilio Lateranense, ricentrando l'equilibrio sulla somiglianza. Infatti, qualora «ci si ponga nell'ottica della
rivelazione cristiana, si deve dire del Verbo che si è fatto carne, che
cioè ha portato l'affinità con l'uomo sino ai limiti del possibile. Vale
allora l'invito di Jüngel a superare l'oscillazione di Przywara: non
una "differenza sempre maggiore in un'affinità ancora così grande",
ma piuttosto una "affinità sempre maggiore in una non affinità pur
tanto grande"»[10]. Anche A. Milano, da parte cattolica, riafferma che
«l'infinita sproporzione fra Dio e uomo, che appartiene all'essenza
della fede cristiana, non è perciò semplicemente la "differenza ontologica" di una non affinità sempre maggiore, bensì al contrario, la
differenza sempre maggiore in una affinità pur tanto grande»[11]. Ciò
che rimane insuperabile e sottratto ad un ulteriore oltrepassamento è
la sempre maggiore somiglianza tra Dio e uomo, la quale non ha bi-

---

[7] *Ib.*

[8] E. JÜNGEL, «Quae supra nos nihil ad nos», 248.

[9] ID., *Dio mistero del mondo*, 376.

[10] V. MELCHIORRE, «L'analogia chiave di lettura della creazione», in *RFNS*, 84
(1992), 583.

[11] A. MILANO, «Analogia Christi», 66s.

sogno di una riserva di dissomiglianza per evitare che la differenza tra Dio e uomo si risolva in un'identità priva di relazioni. Non ogni identità implica l'annullamento della differenza: ciò avviene quando due grandezze sono pensate già in origine l'una accanto all'altra senza relazione tra di loro. «L'identità come termine della lontananza, ma senza vicinanza, porta però a stabilire una distanza *assoluta* fra le due grandezze. Due grandezze divenute in questo senso identiche sarebbero *assolutamente* lontane l'una dall'altra. D'altro canto si deve indicare come mistero del Dio che si identifica con l'uomo Gesù quell'accentuazione dell'affinità e vicinanza fra Dio e uomo che è più che *solo identità*, e che proprio nell'andare al di là del mero essere identico libera la *differenza concreta* fra Dio e uomo»[12].

L'opera teologica di Jüngel è il tentativo di mettere in evidenza come nella *quaestio de analogia* siano in rapporto stretto *logica* e *ontologia*[13]. Il *legame* – il più bello di tutti i legami – attraverso il quale non si dà teologia, non solo rende possibile il *discorso* analogico su Dio, ma ci permette di leggere Dio come essere analogico: tuttavia, sempre a partire da Dio! Senza analogia non sarebbe possibile, infatti, alcun discorso su Dio.

K. Barth, H. U. von Balthasar e ultimamente anche A. Milano, hanno suggerito di individuare nell'evento cristologico il fondamento ontologico adeguato dell'analogia[14]. Se diversi sono i modelli di analogia, Jüngel ha scelto quello che maggiormente corrisponde alla dinamica dell'evento escatologico, in cui il riferimento a sé e la dimenticanza di sé non si contraddicono ma si *corrispondono*. La traduzione *teologica* del movimento analogico, che afferma una sempre maggiore somiglianza tra Dio e uomo in una dissomiglianza pur tanto grande, è data dalla definizione dell'essere di Dio come amore. «Questo è il Dio che è amore: colui che in un riferimento a sé pur così grande è sempre ancora più dimentico di sé e *così* trabocca e potenzia il suo proprio essere»[15].

---

[12] E. JÜNGEL, *Dio mistero del mondo*, 376.

[13] Cf P. SEQUERI, «Analogia», 350.

[14] Cf A. MILANO, «Alétheia. La "concentrazione cristologica" della verità», in *Fil-Teo* 4 (1990), 13-45.

[15] E. JÜNGEL, *Dio mistero del mondo*, 479.

Tale definizione di Dio, unica e definitiva, che esprime l'umanità di Dio, deve poter accompagnare, afferma Jüngel, ogni discorso su Dio[16]. Per realizzare questo progetto di concentrazione cristologica della *quaestio de analogia*, è necessario avviare una critica radicale della metafisica, evitando però di costruire il discorso teologico sul «clinamen» della differenza ontologica. Questa è invece la soluzione prospettata da Melchiorre il quale, riprendendo le analisi di G. Siewerth e di E. Przywara, comprende l'analogia come movimento circolare che custodisce e garantisce il pensiero dell'ineffabile. Per Melchiorre l'analogia è costituita da un movimento *catabatico*, discendente (λέγειν) dell'univocità, che dall'Essere va all'ente, e uno *anabatico*, ascendente (ἀναλέγειν), che dagli enti ritorna all'Essere. «G. Siewerth ha giustamente parlato a tale riguardo, dell'ἀναλέγειν come di un rafforzamento del λέγειν: l'ἀναλογίζεσθαι dunque, come raccoglimento, disposizione del diverso, come composizione dei molti in un tutto. E. Przywara, in modo simile, ha richiamato l'attenzione sul prefisso ἀνά e sul suo frequente correlativo ἄνω: analogia, dunque, come pensiero di un'oscillazione, di un ritmo orizzontale di polarità e infine come unità degli opposti; e, ancora, analogia come ritmo verticale tra il "sopra" e l'"in", fra trascendenza ed immanenza; insomma, analogia come pensiero di un *Über-hinaus* (immanenza trascendente) ed insieme di *Von-Oben-hinein* (trascendenza immanente)»[17].

Il movimento originario del λέγειν trova la sua misura nella coscienza, la quale determina l'identità originaria (ἕν) dell'ultima e assoluta positività nella molteplicità (πάντα) delle sue distinzioni, servendosi di negazioni: ogni determinazione è una negazione (*omnis determinatio est negatio*). Certamente, la coscienza della negazione rimanda sempre ad una radicale positività, che nel momento riflessivo (ἀνα – λέγειν) viene indicato come Essere[18]. Tuttavia, tale positività dell'Essere non è mai conosciuta e nominata: «il pensiero dell'Essere si accompagna così all'impossibilità di comprenderlo o di

---

[16] Cf *Ib.*, 409.
[17] V. MELCHIORRE, *Essere e Parola*, 186.
[18] Cf G. SIEWERTH, *Analogie des Seienden*, Einsiedeln 1965, 10-11.
[19] V. MELCHIORRE, *Essere e parola*, 240.

nominarlo propriamente»[19]. Parlando di Dio, il vecchio apologeta
Aristide diceva che Dio non ha un nome, poiché tutto ciò che ha un
nome è creatura[20]. Parlare di Dio *nella* differenza ontologica vuol dire
destinare il linguaggio all'ammutolimento e al silenzio su Dio. Questa «reductio in mysterium», che ha affascinato tanti teologi di entrambe le confessioni, è l'espressione dell'esito aporetico della metafisica classica: cioè del non essersi esposta al movimento dell'essere,
ma anzi di averlo omesso e cancellato attraverso il pensiero logico.
In tale omissione, ricorda Jüngel, sono state le leggi del pensiero a
determinare le leggi dell'essere: secondo il frammento di Parmenide
pensare ed essere si identificano (τὸ γὰρ αὐτὸ νοεῖν ἐστίν τε και
εἶναι). Questa identificazione ha reso impossibile una parola che dica
in modo proprio l'essere, per cui l'essere è esprimibile solamente in
infinite parole. Se l'essere risulta inoggettivabile e dunque ineffabile
in forza della «differenza ontologica», che ne sarà del divino? Come
si potrà mai – percorrendo i sentieri interrotti dell'essere – giungere a
intravedere il volto del Dio di Gesù Cristo?

Piuttosto che rispondere a questa domanda, la metafisica è costretta a rinchiudersi in un circolo vizioso: se per pensare il divino bisogna da un lato far riferimento a quei nomi e a quelle parole che dicono propriamente Dio, dall'altro lato per dire il divino è necessario
già aver nomi e parole che diano a pensare sul divino[21]. Anche la dialettica tra *storicità* dell'interpretazione del pensiero e *memoria*, che
incessantemente trascende ogni interpretazione storica ed invita a
nuove ed ulteriori interpretazioni, non fa altro che confermare questa
circolarità «viziosa»[22]. La memoria, infatti, è già interpretazione degli
eventi; e se è memoria storica, come sarà mai possibile riconoscere
Dio, senza averne una qualche conoscenza? E se tra conoscenza e parola sussiste un'intrinseca relazione, sarà mai possibile riconoscere
Dio senza una parola che adeguamente lo esprima?

---

[20] Cf W. ELERT, *Der christliche Glaube*, Hamburg 1960, 201.
[21] Cf V. MELCHIORRE, *Essere e parola*, 238.241.
[22] Cf *Ib.*, 241.

2. Ἐν τοῖς δεσμοῖς τοῦ εὐαγγελίου

A. Milano ci ricorda che «essere-pensiero-parola» si richiamano a vicenda senza confondersi, ma anche senza potersi del tutto disarticolare: «stabiliscono una circolarità o, per meglio dire, una pericoresi. Un'indagine globale sull'analogia non potrebbe configurarsi diversamente che come indagine su questa pericoresi»[23]. La compenetrazione tra essere-pensiero-parola non è mai *neutrale*: «risulta sempre storicamente condizionata all'interno di una determinata, presupposta "visione del mondo". E questo vale per la riflessione antica e medievale come per quella moderna e contemporanea»[24]. Se la riflessione metafisica sfocia nell'indicibilità e nell'oblio dell'essere (*Seinsvergessenheit*), significa che il modo con cui si è articolata la circolarità di essere-pensiero-parola è aporetico. Non basta distinguere tra memoria e interpretazione per uscire dal circolo vizioso sopra indicato: è necessario compiere una distinzione, meglio ancora un'*interruzione* (*Unterbrechung*) nell'ambito stesso della storia. Fin tanto che il pensiero si muove all'interno della memoria di una positività astratta (*l'incontraddittorio*), nessun nome potrà corrispondere a Dio, poiché a lui si addicono tutti i nomi delle cose che sono.

Con *interruzione* non s'intende qualsiasi evento in cui il finito si scontra o s'incontra con la propria negazione. Non si può affermare che «là dove l'uomo si interrompe, nell'emergenza misteriosa di una tensione incontenibile, si deve pensare invece la corrispondenza più completa»[25]. In questo caso il *negativo* del finito (*infinito*) sarebbe un'interruzione che avviene all'interno della totalità mondana: il positivo, a cui rimanda negativamente l'infinito, si annuncerebbe nel mondo e nel linguaggio mondano come un *novum* che sta già nella latenza stessa della storia. Ogni qualvolta le strutture regolari del mondo fossero interrotte, lì si rivelerebbe il Regno di Dio. In questo modo, però, la rivelazione diventerebbe predicato dell'interruzione elementare del mondo e non sarebbe più la rivelazione ad interrom-

---

[23] A. MILANO, «Analogia Christi», 56.
[24] *Ib.*
[25] A. CISLAGHI, *Interruzione e corrispondenza*, 220.

pere l'orizzonte mondano[26]. Tuttavia, ci sono eventi che pur mettendo in questione l'ovvietà di un'esistenza, non promettono alcun senso; così come ci possono essere frammenti che senza far parte di una totalità hanno senso: «la verità può anche essere un frammento»[27]. Così ad interrompere il finito non è tanto la negatività dell'*in*finito e dunque la sua eccedenza su tutto ciò che non è totalità di senso, ma il venire stesso del Regno di Dio al mondo.

La *positività*, a cui fa riferimento incessantemente la memoria storica, non è l'ultimità di senso non più rinviabile che la negazione della negazione sottende, ma è il *positum* dell'evento escatologico che interrompe come evento *nella* storia la totalità *della* storia e la verità dei suoi singoli eventi. Nell'*illic et tunc* della morte di Gesù Dio è venuto al mondo, per cui ogni uomo viene trasferito facendo memoria di quell'evento dal suo *hic et nunc* ai piedi della croce. «La fede è riferimento al crocifisso. La parola della croce supera il nostro essere-qui ed essere-ora, anzi il nostro *Dasein* in assoluto, in modo tale che il presente si schiude ora come presente di Dio e al tempo stesso come nostro proprio presente»[28].

Se Dio si è lasciato definire e si fa presente in un evento della storia *ut deus*, non si può dire che la parola «in quanto divina non si lascia definire da nessun evento e da nessun dato»[29]. Se Dio ha voluto manifestare se stesso nel *positum* dell'evento escatologico di Gesù Cristo, non è più impossibile determinare *il* nome di Dio, in quanto è Dio stesso che lo comunica. Al di sopra di ogni altro nome (*Fil* 2,9) non c'è l'*innominabile* o il *senza nome* (τὸ ἀνώνυμον), ma Colui che ha un nome (τὸ ὄνομα): «nel nome di Gesù». Per questo motivo diventa essenziale per Jüngel l'annuncio esplicito della parola. «Il cristianesimo non è per sua natura anonimo, ma apertamente nemico dell'anonimità»[30]. L'assioma di Dionigi l'Areopagita, secondo cui Dio non avrebbe nome (τὸ ἀνώνυμον), è quindi superato nella predicazione evangelica confessa che non c'è altro nome: «οὐδὲ γὰρ ὄνο‐ μά ἐστιν ἕτερον» (*At* 4,12).

---

[26] Cf E. JÜNGEL, «Zur dogmatischen Bedeutung der Frage nach dem historischen Jesus», 221.

[27] ID., «Die Welt als Möglichkeit und Wirklichkeit», 206.

[28] ID., *Dio mistero del mondo*, 243.

[29] V. MELCHIORRE, *Essere e Parola*, 238.

[30] E. JÜNGEL, «Extra Christum nulla salus», 178.

La priorità dell'essere sul pensiero, resa possibile attraverso la *mediazione* della parola, permette perciò una dizione definitiva di Dio e fa sì che diventi necessaria una riformulazione del principio dell'analogia. Se vi è pensiero di Dio solo partendo dalla parola che Dio rivolge, ciò significa che l'ultima parola su Dio non è tanto la distanza (τὸ ἀνώνυμον) e quindi la dissimilitudine, quanto la vicinanza (τὸ ὄνομα) e la similitudine tra Dio e uomo: poiché «Dio nel suo eterno essere è pieno di movimento e in questa sua dinamicità interiore è già un Dio espressamente *umano*», non solo viene al mondo come se stesso (*zur Welt kommen*), ma in questo suo «ad-venire» si fa prossimo come se stesso al linguaggio (*zur Sprache kommen*)[31]. Dio non è dicibile dal linguaggio se non per se stesso; ed è propriamente dicibile dal linguaggio umano, poiché l'essere di Dio è in se stesso anche umano. Nell'*umanità* di Dio è data la condizione di possibilità del discorso evangelico su Dio e diventa possibile un'analogia che esprima una somiglianza sempre maggiore in una pur così grande differenza tra Dio e uomo.

Nel corso dell'analisi sulla concezione dinamica dell'analogia in Jüngel abbiamo visto come la dimensione *logico-linguistica* dell'analogia esprima la dimensione *ontologica* «dell'essere di Dio che si compie come *abnegazione sempre maggiore in una pur così grande relazione a se stesso* e in questa misura è *amore*. Ma l'amore preme per essere espresso. Dell'amore fa parte la dichiarazione e la conferma dell'amore. Poiché Dio non è solo uno che ama, ma è l'amore stesso, non solo si *deve*, bensì si può *anche* parlare di lui. Infatti l'amore è padrone del linguaggio: *caritas capax verbi*»[32].

L'amore, quale fondamento e struttura del movimento analogico, è stato formulato a livello teologico nel seguente modo: [*(Dio = Dio) = (Dio = uomo)*]. «Dio proviene da Dio, ma non vuole venire a sé senza di noi. Dio viene a Dio, ma con l'uomo. Perciò appartiene già alla divinità di Dio anche la sua umanità. Questo è ciò che la teologia deve finalmente imparare»[33]. Dall'eternità, Dio non vuole essere Dio senza l'uomo. Dio non è riconoscibile come Dio e non è pen-

---

[31] ID., «La pazienza di Dio», 20.
[32] ID., *Dio mistero del mondo*, 389.
[33] *Ib.*, 58.

sato come Dio, se allo stesso tempo non viene riconosciuta e pensata la sua umanità. Dio proviene da se stesso; si espone al nulla della creazione e si fa uomo in Gesù di Nazaret, per ritornare attraverso l'irrelazionalità della morte in croce nell'identità originaria di sé come Dio. Tra Dio-in-sé *(Dio = Dio)* e Dio-per-noi *(Dio = uomo)* c'è fin dalle origini una relazione essenziale ovvero una corrispondenza. «Dio corrisponde a se stesso: questa formula esprime una relazione. La frase dice, a proposito dell'essere di Dio, che questo essere è strutturato in forma relazionale»[34]. La definizione trinitaria di Dio costringe a concepire l'essere di Dio *in praedicamento relationis*.

Il diverso paradigma, con cui viene interpretata la fede cristiana, solleva delle perplessità in riferimento ad alcuni punti della dottrina cattolica. Poiché Jüngel assolutizza così radicalmente la rivelazione, c'è il rischio che la sua teologia appaia una forma di teopanismo: questo è evidente laddove è affermata una stretta connessione posta tra identità e identificazione di Dio. Infatti, se l'essere della creatura è risolto totalmente in Dio, l'autonomia e la consistenza ontologica della creatura rischiano di venir dissolte nel movimento teologico di autoidentificazione divina. Poiché oltre l'essere di Dio non c'è nient'altro, non si comprende come la creatura possa sussistere nella sua alterità *coram deo*. Le conseguenze di tale determinazione dello statuto ontologico della creatura sono la riduzione della creazione all'evento di incarnazione e la tipica concentrazione luterana della cristologia alla teologia della croce. A motivo di tale appiattimento, risulta impossibile per Jüngel riconoscere una rivelazione naturale nella storia, così come attribuire valore teologico alla conoscenza di Dio delle altre religioni. La coincidenza del piano creaturale con quello redentivo comporta decisive conseguenze anche sul piano antropologico: per esempio, l'esclusione di una divinizzazione dell'uomo. Secondo Jüngel, infatti, la croce di Gesù Cristo non rende possibile l'elevazione per grazia dell'uomo, dato che il peccato ha distrutto totalmente l'umanità dell'uomo. Solo con l'evento pasquale diventa possibile la realizzazione di quella umanità che l'uomo aveva perso, ponendosi fuori dalla relazione con Dio.

---

[34] ID., *L'Essere di Dio è nel divenire*, 100.

Nell'elaborazione dell'*analogia dei*, il nostro Autore è preoccupato di comprendere ogni evento storico «sub specie dei»; in tal modo, però, si rischia non solo di dissolvere la consistenza ontologica della creatura, ma di trascurare il carattere tragico e contingente del negativo presente nella storia. Non si può ridurre, infatti, l'aspetto negativo della caducità ad una tendenza al nulla, a cui contrapporre il positivo della possibilità, così come è riduttivo ontologizzare il peccato, considerandolo un nulla nullificante (*nihil nihilans*). Il rifiuto libero e responsabile che l'uomo attua nei confronti di Dio non può essere definito semplicemente come una forza differenziante all'interno dell'identità dell'essere[35]. Così facendo, si rende il male un evento predeterminato da Dio stesso. Anche se gli accenni in direzione della dottrina dell'apocatastasi vogliono evitare che il male finisca per annientare l'essere di Dio, tuttavia, sono proprio questi accenni a confermare quanto sia inadeguato l'approccio di Jüngel nei confronti della fattualità storica e della paradossalità umana.

Anche il rapporto tra *trinità immanente* e *trinità economica* risente della riduttiva comprensione della storicità del mondo. Ciò è dovuto al fatto che nella teologia di Jüngel il termine *trascendenza* non è usato nel suo senso forte, per indicare che l'essere di Dio è al di sopra o al di là di ogni ente, ma per esprimere solamente il rapporto originario e originante di Dio con il mondo. Infatti, il nostro Autore evita di pensare la trascendenza di Dio a prescindere dalla sua relazione d'immanenza al mondo. Dio è all'origine della relazione, in quanto è fondamento e centro della relazione: Dio *non* dipende da nessun ἕτερον. In questo senso si può dire che la trinità immanente sia trascendente rispetto alla trinità economica; allo stesso tempo, però, bisogna precisare questa indipendenza come *potestas relationis*, che corrisponde all'*esse relationis* di Dio.

Il limite della concezione del nostro Autore sta nel fatto che i due significati di trascendenza, come al di là di ogni ente (ἐπέκεινα ὄντος) e come relazione originante, non possono essere disgiunti l'uno dall'altro. La trinità immanente è all'origine della relazione *ad extra*, poiché è al di fuori di tutto l'ordine creato; non basta, quindi, la tematizzazione della *relazione* in Dio, perché sia possibile una re-

---

[35] Cf ID., *Dio mistero del mondo*, 289.

lazione extradivina. Solo affermando una trascendenza nel senso forte, si evita di dissolvere il movimento intratrinitario nel divenire mondano.

Le difficoltà, presenti nel pensiero teologico di Jüngel, hanno bisogno certamente di essere ulteriormente elaborate. Sarebbe auspicabile che nel dialogo ecumenico i lati oscuri dell'*analogia fidei seu relationis* venissero rischiarati dall'*analogia entis* e le aporie dell'*analogia entis* ricomprese alla luce della prospettiva analogica di Jüngel. Nel 1934 G. Söhngen a proposito dell'*analogia entis* si esprimeva così: «analogia fidei assumens analogiam entis. Vuol dire in definitiva: Gesù Cristo, Deus et homo, Verbum divinum assumens humanam naturam est nostra analogia fidei assumens analogiam entis»[36]. Commentando questa interpretazione dell'*analogia entis*, Barth dichiarava che «se questa fosse la dottrina romano-cattolica dell'*analogia entis*, dovrei ritirare la mia passata affermazione, per cui l'*analogia entis* non era altro che la scoperta dell'Anticristo»[37]. Ponendo in tensione ermeneutica *analogia entis* e *analogia fidei* sarà possibile comprendere queste due forme di analogia non più come due opinioni di scuola o due forme confessionali alternative di pensiero, l'una cattolica l'altra evangelica, ma come due momenti nella storia dell'essere. «La critica dell'*analogia entis* va realizzata in prospettiva storica: è l'*analogia entis* stessa che "passa", essendo "accettata-approfondita"»[38].

Dinanzi alla presente crisi della teologia e in vista anche di un superamento dell'attuale stagnazione, in cui si trova il dialogo ecumenico tra cattolici e protestanti, ci è sembrato opportuno riandare alle origini della razionalità teologica. La prospettiva di Jüngel ci può aiutare a riscoprire l'analogia come il più bello di tutti i legami: «δεσμῶν δὲ κάλλιστος» (*Timeo* 31c). Andando oltre Platone, Jüngel ci ha mostrato che il mondo è tenuto insieme nel suo più profondo dai vincoli di Colui che è venuto tra i suoi e tuttavia essi «non l'hanno riconosciuto» (Gv 1,11). Quanto più la teologia comprenderà l'analogia «ἐν τοῖς δεσμοῖς τοῦ εὐαγγελίου», tanto più riconoscerà che Dio è il mistero del mondo.

---

[36] G. Söhngen, «Analogia fidei: Die Einheit in der Glaubenswissenschaft», in *Catholica*, 4 (1934), 208.

[37] Cf K. Barth, *KD*, II/1, 90.

[38] S. Cannistrà, «La posizione di E. Jüngel», 445.

BIBLIOGRAFIA

1. Opere consultate di E. Jüngel

(per una bibliografia completa delle opere di E. Jüngel e degli studi critici sull'Autore si consulti la sezione bibliografica del testo di A. CISLA-GHI, *Interruzione e corrispondenza*, 223-262).

«Der Schritt zurück. Eine Auseinandersetzung mit der Heidegger-Deutung Heinrich Otts», in *ZThK* 58 (1961), 104-122.

Paulus und Jesus. Eine Untersuchung zur Präzisierung der Frage nach dem Ursprung der Christologie, Tübingen 1962 (*Paolo e Gesù*. Alle origini della cristologia, Brescia 1978).

Gottes Sein ist im Werden. Verantwortliche Rede vom Sein Gottes bei Karl Barth, Tübingen 1965 (*L'essere di Dio è nel divenire*, Casale Monferrato 1986).

Tod, Stuttgart 1971 (*Morte*, trad. it. di G. Moretto, Brescia 1972).

E. JÜNGEL – K. RAHNER, *Was ist ein Sakrament*, Freiburg – Basel – Wien 1971.

Unterwegs zur Sache. Theologische Bemerkungen (Theologische Erörterungen I), München 1972.

Von Zeit zu Zeit. Betrachtungen zu den Festzeiten im Kirchenjahr, München 1976.

«Gott entsprechendes Schweigen? Theologie in der Nachbarschaft des Denkens von Martin Heidegger», in *Martin Heidegger. Fragen an sein Werk. Ein Symposion*, Stuttgart 1977, 37-45; già in *Frankfurter Allgemeine Zeitung*, 25.05.1977, 25.

Gott als Geheimnis der Welt, Tübingen 1977 (*Dio mistero del mondo*. Per una fondazione della teologia del crocifisso nella disputa fra teismo e ateismo, Brescia 1982).

I. U. DALFERTH – E. JÜNGEL, «Sprache als Träger von Sittlichkeit», in *Handbuch der christlichen Ethik*, Bd.II, Freiburg – Basel – Wien 1978, 722-727.

Zur Freiheit eines Christenmenschen. Eine Erinnerung an Luthers Schrift, München 1978.

Entsprechungen: Gott – Wahrheit – Mensch (Theologische Erörterungen II), München 1980.

E. JÜNGEL – I. U. DALFERTH, «Person und Gottebenbildlichkeit», in F. BÖCKLE, F. X. KAUFMANN, K. RAHNER, B. WELTE, *Christlicher Glaube in Moderner Gesellschaft*, Enzyklopädische Bibliothek, Teilband 24, Freiburg – Basel – Wien 1981, 57-99.

Barth-Studien (Ökumenische Theologie Bd. 9), Zürich / Köln / Gütersloh 1982.

E. JÜNGEL, «La signification de l'analogie pour la théologie», in P. GISEL – PH. SECRETAN (éd.), *Analogie et dialectique. Essais de théologie fondamentale* (Lieux Théologiques 3), Genève 1982, 247-258.

«Metaphorische Wahrheit. Erwägungen zur theologischen Relevanz der Metapher als Beitrag zur Hermeneutik einer narrativen Theologie», in *Entsprechungen: Gott -Wahrheit – Mensch* («Verità metaforica», in E. JÜNGEL – P. RICOEUR, *Dire Dio. Per una ermeneutica del linguaggio religioso*, Brescia 1982, 109-180).

E. JÜNGEL – M. TROWITZSCH, «Provozierendes Denken. Bemerkungen zur theologischen Anstößigkeit der Denkwege Martin Heideggers», in *NHP*, 23 (1984), 59-74.

«Zur Lehre vom Bösen und von der Sünde», in *Wissenschaft und Kirche. Festschrift für E. Lohse*, Bielefeld 1989, 177-188.

«Zum Begriff der Offenbarung», in G. BESIER / B. LOHSE (HRSG.), *Glaube Bekenntnis -Kirchenrecht*, Hannover 1989, 215-221.

Wertlose Wahrheit. Zur Identität und Relevanz des christlichen Glaubens (Theologische Erörterungen III), München 1990.

«Die Offenbarung der Verborgenheit Gottes. Ein Beitrag zum evangelischen Verständnis der Verborgenheit des göttlichen Wirkens», in E. JÜNGEL, *Wertlose Wahrheit*, 163-182 (in italiano: «Il rapporto tra rivelazione e nascondimento di Dio. Dialogo critico con Lutero e Barth», in *La Teologia in discussione*, Napoli 1991, 83-110).

«Zur dogmatischen Bedeutung der Frage nach dem historischen Jesus», in E. JÜNGEL, *Wertlose Wahnrheit*, 214-242 («La rilevanza dogmatica del problema del Gesù storico», in G. PIROLA – F. COPPELLOTTI (EDD.), *Il «Gesù storico».* Problema della modernità, Casale Monferrato 1988, 161-185).

«What does it Mean to Say "God is Love"», in T. A. HART – T. D. P. HIMELL (EDD.), *Christ in Our Place: The Humanity of God in Christ for the reconciliation of the World. Essays Presented to Professor J. Torrance*, Exeter 1990, 294-312.

«Die Wahrheit des Mythos und die Notwendigkeit der Entmythologisie-
rung», in *Hölderlin Jahrbuch 1990-1991*, begr. von F. Beibner und P.
Kluchhon. Im Auftr. der Hölderlin-Ges, Stuttgart 1991, 32-50.

2. Letteratura consultata

ABBAGNANO, N., *Dizionario di filosofia*, Torino 1971, 168s.

AERTS, L., *Gottesherrschaft als Gleichnis? Eine Untersuchung zur Auslegung der Gleichnisse Jesus nach Eberhard Jüngel* (Europäische Hochschulschriften. Reihe XXIII: Theologie; Diss. Pont. Univ. Greg. Roma, 1989, Frankfurt am Main, Bern – Lang, 1990).

ARISTOTELE, «Primi Analitici», «Secondi Analitici», vol. I, Roma-Bari
1973.

ID., «Metafisica», in *Opere*, vol. III, Roma-Bari 1973

ID., «Poetica», in *Opere*, vol. IV, Roma-Bari 1973.

AUBENQUE, P., «Sur la naissance de la doctrine pseudoaristotélicienne de
l'analogie de l'être», in *EPh*, juillet-décembre 1989, 291-304.

BALTHASAR, H. U. VON, *La teologia di Karl Barth*, Milano 1985 (= *Darstellung und Deutung seiner Theologie*, Einsiedeln 1976).

ID., *Teodrammatica*, vol. 2, Milano 1983 (= *Theodrammatik*, Teil 2, Einsiedeln 1978).

ID., *Kleiner Diskurs über die Hölle*, Ostfildern 1987.

BARTH, K., *Die kirchliche Dogmatik*, I/1, Zürich 1947.

ID., *Die kirchliche Dogmatik*, II/1, Zürich 1948.

ID., *Die kirchliche Dogmatik*, II/2, Zürich 1974⁵.

BERTI, E., «L'analogia dell'essere nella tradizione aristotelico-tomistica», in
*Metafore dell'invisibile. Ricerche sull'analogia contributi al XXXIII
Convegno del Centro di Studi filosofici di Gallarate. Aprile 1983*, Bre-
scia 1984, 13-33.

BOCHENSKI, J.M., *La logica della religione*, Roma 1969 (= *The Logic of Religion*, New York 1965).

BONHOEFFER, D., *Cristologia*, Brescia 1984 (= *Christologie*, München 1960).

BONTADINI, G., *Metafisica e deellenizzazione*, Milano 1975.

BOUYER, L., *Il Figlio eterno*, Alba 1977 (= Le Fils éternel, Paris 1974).

BRENA, G. L., *La Teologia di Pannenberg. Cristianesimo e modernità*, Casale Monferrato 1993.

BRETON, S., «Sur la *causa sui*», in *RSPT*, (1986), 349-364.

BRUGGER, W., *Summe einer philosophischen Gotteslehre*, München 1979.

BRUNNER, A., *Der Stufenbau der Welt. Ontologische Untersuchungen*, München 1950.

CANNISTRÀ, S., «La posizione di E. Jüngel nel dibattito sull'analogia», in *ScC*, 122 (1994), 413-446.

CARTESIO, *Discorso sul metodo*, 70s (= DESCARTES, «Discours de la Méthode», in *Oeuvres de Descartes*, Paris 1973).

ID., *Meditazioni metafisiche*, Bari 1982 (= DESCARTES, «Meditations de philosophia prima», in *Oeuvres de Descartes*, Paris 1973).

CASSIANO, «Conlatio Abbatis Isaac Secunda. De Oratione», X/3, in *SC*, n.54, Paris 1958.

CISLAGHI, A., *Interruzione e corrispondenza*. Il pensiero teologico di Eberhard Jüngel, Brescia 1994.

CONGAR, Y., «Regards et réflections sur la christologie de Luther», in A. GRILLMEIER -H. BACHT (HRSG.), *Das Konzil von Chalcedon*, Würzburg 1954, 457-486.

CORETH, E. – PRZYWARA, E., «Analogia entis (Analogie)», in *LThK*, Bd. 1, Freiburg 1957, 468-476.

DESCATES, R., (vedi CARTESIO)

DIONIGI AREOPAGITA, *Opere*. Versione e interpretazione di E. Turolla, Padova 1956.

DUNS SCOTUS, «Ordinatio II, dist. 2, n. 261», in *Opera omnia*, ed. C. Balic, Civitas Vaticana 1973.

EBELING, G., *Wort und Glaube*. Beiträge zur Fundamentaltheologie, Soteriologie und Ekklesiologie, Bd. 3, Tübingen 1975.

ID., *Dogmatica della fede cristiana*, Genova 1990. (= *Dogmatik des christlichen Glaubens*, Tübingen 1979).

ELERT, W., *Der christliche Glaube*, Hamburg 1960.

EVDOKIMOV, P. N., *La conoscenza di Dio secondo la tradizione orientale*, Roma 1983 (= *La connaissance de Dieu selon la tradition orientale, l'enseignement patristique, liturgique et iconographique*, Lyon 1969).

FREYER, T., *Theologische Rationalität im Kontext postmoderner Vernunftkritik*, in *Catholica*, 47 (1993), 241-276.

FRIES, H., «Gott als Geheimnis der Welt. Zum neuesten Werk von Eberhard Jüngel», in *HerKorr*, 31 (1977), 523-529.

FUCHS, E., *Ermeneutica*, Milano 1974 (= *Hermeneutik*, Tübingen 1979[4]).

GADAMER, H. G., *Verità e metodo*, Milano 1972 (= *Wahrheit und Methode*, Tübingen 1965[2]).

ID., «L'homme et le langage», in *RTP*, 118 (1986), 11-19.

ID, «Qu'est-ce que la vérité?», in *RTP*, 118 (1986), 21-34.

GARAVENTA, R., «L'esito della teologia: Dio è altro dall'uomo. (Intervista con il teologo protestante Eberhard Jüngel)», in *Il Regno*, 32 (1987), 38-41.

GREINER, S., «Gott ist Liebe. Ein Beitrag zum Gespräch mit Eberhard Jüngel», in *ThGl*, 80 (1990), 432-443.

GREISCH, J., «*Analogia entis* et *analogia fidei*: une controverse théologique et ses enjeux philosophiques (K. Barth et E. Przywara)», in *EPh*, juillet-décembre 1989, 475-496.

GUARDINI, R., *L'inizio*. Un commento ai primi cinque capitoli delle *Confessioni* di Agostino, Milano 1975² (= *Der Anfang*, München 1953).

ID., «Il movimento di Dio», in *Com(I)*, 132 (1993), 16-30.

GUZZO, A. – MATHIEU, V., «Analogia», in *Enciclopedia filosofica*, Firenze 1967, 247-257.

HEGEL, G. W. F., *Fenomenologia dello spirito*, Firenze 1973⁴, vol. II, (= *Phänomenologie des Geistes*, Stuttgart 1964).

ID., «Fede e Sapere», in *Primi Scritti critici*, Milano 1971 (= «Glauben und Wissen», in *Aufsätze aus dem kritischen Journal der Philosophie*, Stuttgart 1965).

ID., *Lezioni sulla Filosofia della Religione. III. La Religione assoluta*, Bari 1983 (= *Vorlesungen über die Philosophie der Religion*, Teil 3. Die absolute Religion, Stuttgart 1965).

ID., *Scienza della logica*, vol. 2, Roma 1974 (= *Wissenschaft der Logik*, Bd. II, Frankfurt am Main 1969).

HEIDEGGER, M., *Vorträge und Aufsätze*, Pfüllingen 1954.

ID., «Identità e differenza», in *Aut- Aut*, 187-188, 1982, 2-37 (= *Identität und Differenz*, Pfullingen 1986⁸).

ID., *Vom Wesen der Wahrheit*, Frankfurt am Main 1988.

ID., *Beiträge zur Philosophie*, Frankfurt am Main 1989.

HESCHEL, A. J., *Il Messaggio dei profeti*, Borla, Roma 1981 (= *The Prophets*, New York 1969).

HIMHOF, P. – BIALLOWONS, H. (HRSG.), *Im Gespräch mit K.Rahner*, Bd. 1, München 1982.

KANT, I., *Critica della ragion pura*, vol. 2, Bari 1975 (= «Kritik der reinen Vernunft», in A. GÖLAND (HRSG.), *Immanuel Kants Werke*, Bd. III, Berlin 1973).

ID., *Prolegomeni ad ogni futura metafisica che si presenterà come scienza*, Bari 1979 (= «Prolegomena zu einer jeden künftigen Metaphysik, die als Wissenschaft wird auftreten können», in A. BUDAUER – E. CASSIRER, *Immanuel Kants Werke*, Berlin 1973).

KASPER, W., *Gesù il Cristo*, Brescia 1975 (= *Jesus der Christus*, Mainz 1974).

ID., «Abschied vom Gott der Philosophen», in *EK* 10 (1977), 622s.

ID., «Neuansätze gegenwärtiger Christologie», in ID. (HRSG.), *Christologische Schwerpunkte*, Düsseldorf 1980, 17-36.

ID., «Natur – Gnade – Kultur», in *ThQ*, 170 (1990), 81-97.

KNAEBEL, K., «Vrai Dieu et Vrai homme», in *RSR*, 65 (1991), 109-133.

KRENSKI, T. R., *Passio Caritatis*. Trinitarische Passiologie im Werk Hans Urs von Balthasar, Einsiedeln 1990.

KRINGS, H., «Freiheit», in H. KRINGS – H. M. BAUMGARTNER – C. WILD (HRSG), *Handbuch philosophischer Grundbegriffe*, Bd. II, München 1973, 493-510.

LAFONT, G., *Dieu, le temps et l'être*, Paris 1986.

LUTERO, M., «Disputa di Heidelberg» (1518), in V. VINAY (ED.), *Scritti religiosi di Martin Lutero*, Torino 1967 (= *WA* 1, 365, 1-5).

LUTHER, M., *Werke. Kritische Gesamtausgabe*. Weimarer Ausgabe (= *WA*), Bdd. 18; 19; 26; 39/II; 40/III.

MARION, J. – L., «Au-delà de l'onto-théologie...», in *L'être et Dieu*, Paris 1986, 103-130.

MARTÍNEZ CAMINO, J. A., *Recibir la libertad. Dos propuestas de fundamentación de la teología en la modernidad: W. Pannenberg y E. Jüngel*, Madrid 1992.

MARTINICH, A. P., «Causa sui», in H. BURKHARDT – B. SMITH, *Handbook of Metaphysics and Ontology*, vol. 1, München 1991, 136.

MAUSER, U., *Gottesbild und Menschwerdung*. Eine Untersuchung zur Einheit des Alten und des Neuen Testaments, Tübingen 1971.

MAY, G., *Schöpfung aus dem Nichts*, Berlin 1978.

MEESSEN, F., *Unveränderlichkeit und Menschwerdung Gottes*. Eine theologiegeschichtlich-systematische Untersuchung, Freiburg/Basel/Wien 1989.

MELCHIORRE, V., *Essere e parola*, Milano 1990[3].

ID., «L'analogia chiave di lettura della creazione», in *RFNS*, 84 (1992), 563-584.

MILANO, A., «Alétheia. La "concentrazione cristologica" della verità», in *FilTeo* 4 (1990), 13-45.

ID., «Analogia Christi. Sul parlare intorno a Dio in una teologia cristiana», in *RT*, 1 (1990), 29-73.

MORRONE, F., *Cristo il Figlio di Dio fatto uomo. L'incarnazione del Verbo nel pensiero cristologico di J. H. Newman*, Milano 1990.

NIETZSCHE, F., «L'Anticristo». Maledizione del Cristianesimo, in G. COLLI – M. MONTINARI, *Opere di Friedrich Nietzsche*, vol. VI, tomo III, Milano 1970 (= «Der Antichrist», in G. COLLI – M. MONTINARI (HRSG.), *Nietzsche Werke. Kritische Gesamtausgabe*, Berin 1969).

OTTO, W. F., *Il mito*, Genova 1993 (= *Der Mythos*, Stuttgart 1962).

PANNENBERG, W., «L'assunzione del concetto filosofico di Dio», in ID., *Questioni fondamentali di teologia sistematica*, Brescia 1975, 330-385 [= *Grundfragen systematischer Theologie. Gesammelte Aufsätze*, Göttingen 1967].

ID., *Teologia sistematica*, vol.1, Brescia 1990 (= *Systematische Theologie*, Bd. 1, Göttingen 1988).

ID., *Metafisica e idea di Dio*, Casale Monferrato 1991 (= *Metaphysik und Gottesgedanke*, Göttingen 1988).

PARMENIDES, *Text, Übersetzung, Einführung und Interpretation von Kurt Riezler*, Frankfurt/M 1970[2].

PLATONE, «Sofista», in *Opere complete*, vol. 2, Bari 1980.

ID., «Timeo», «Repubblica», in *Opere complete*, vol. 6, Bari 1981.

PRZYWARA, E., *Schriften*, Bd. 3, Einsiedeln 1962.

RAHNER, K., «Teologia dell'incarnazione», in ID., *Saggi di cristologia e mariologia*, Roma 1965, 93-121 (= «Zur Theologie der Menschwerdung», in ID., *Schriften zur Theologie*, Bd. IV, Einsiedeln 1960).

ID., «Questioni di teologia controversiale sulla giustificazione», in ID., *Saggi di antropologia soprannaturale*, Roma 1965, 339-393 (= «Fragen der Kontroverstheologie über die Rechtfertigung», in ID., *Schriften zur Theologie*, Bd. IV, Einsiedeln 1960).

ID., «Problemi riguardanti l'incomprensibilità di Dio secondo Tommaso d'Aquino», in ID., *Teologia dall'esperienza dello Spirito. Nuovi saggi VI*, Roma 1977, 375-390 («Fragen zur Unbegreiflichkeit Gottes nach Thomas von Aquin», in ID., *Schriften zur Theologie*, Bd. XII, Einsiedeln 1975).

ID., *«A proposito del nascondimento di Dio»*, in ID., *Teologia dall'esperienza dello Spirito. Nuovi saggi VI*, Roma 1977, 368 (= «Über die Verborgenheit Gottes», in ID. *Schriften zur Theologie*, Bd. XII, Einsielden 1975).

ID., *Corso fondamentale sulla fede*. Introduzione al concetto di cristianesimo, Cinisello Balsamo 1990[5] (= *Grundkurs des Glaubens. Einführung in den Begriff des Christentums*, Freiburg i. Breisgau 1976).

ID., «Sulla specificità del concetto cristiano di Dio», in ID., *Scienza e fede cristiana. Nuovi saggi IX*, Roma 1984, 257-271 (= «Über die Eigenart des christlichen Gottesbegriffs», in ID., *Schriften zur Theologie*, Bd. XIII, Einsiedeln 1978).

ID., «La questione del senso come questione di Dio», in ID., *Scienza e fede cristiana. Nuovi saggi IX*, 272-287 (= «Die menschliche Sinnfrage vor dem absoluten Geheimnis Gottes», in ID., *Schriften zur Theologie*, Bd. XIII, Einsiedeln 1978).

ID., «Gesù Cristo, senso della vita», in ID., *Scienza e fede cristiana. Nuovi saggi IX*, 288-303 (= «Jesus Christus – Sinn des Lebens», in ID., *Schriften zur Theologie*, Bd. XV, Einsiedeln 1983).

RATZINGER, J., *Introduzione al cristianesimo*, Brescia 1969 [= *Einführung in das Christentums*, München 1968]).

ID., *Dogma e predicazione*, Brescia 1974. (= *Dogma und Verkündigung*, München 1973).

RÉMY, G., «L'analogie selon E. Jüngel remarques critiques. L'enjeu d'un débat», in *RHPR*, 66 (1986), 147-177.

ROCCA, G. P., «Aquinas on God-talk: hovering over the abyss», in *TS*, 54 (1993), 639-661.

SCHEFFCZYK, L., *Schöpfung und Versöhnung* (HDG, II/2a), Freiburg i.Br 1962.

SCHOONENBERG, P., Der Christus «von oben» und die Christologie «von unten», in *TThZ*, 99 (1990), 95-104.

SCHMAUS, M., *Dogmatica cattolica*, vol.1, Casale 1959. (= *Katholische Dogmatik*, Bd. I, München 1956).

SEQUERI, P., «Analogia», in *Dizionario Teologico Interdisciplinare*, vol. 1, Torino 1977, 341-351.

SIEWERTH, G., *Analogie des Seienden*, Einsiedeln 1965.

SÖHNGEN, G., «Analogia fidei: Die Einheit in der Glaubenswissenschaft», in *Catholica*, 4 (1934), 176-208.

SPINOZA, B., *Epistolario*, Torino 1974.

TILLICH, P., *Théologie systematique*, vol.2, Paris 1970 (= *Systematic Theology*, Chicago 1951).

TOMMASO, (SAN), *La Somma Teologica* [= *STh*], traduzione e commento a cura dei domenicani italiani. Testo latino dell'edizione leonina, Roma 1950-1972.

ID., *Somma contro i Gentili*. A cura di Tito S. Centi, Torino 1975.

ID., «De Potentia», q.7, a.7, in R. BUSA (ED.), *Aquinatis Opera Omnia*. Indicis Thomistici Supplementum, vol. 3, Stuttgart 1980.

TRACK, J., «Analogie», in *Theologische Realenzyklopädie*, Bd.2, Berlin/ New York 1978, 625-650.

TRESMONTANT, C., *La métaphisique du christianisme et la naissance de la philosophie chrétienne*, Paris 1961.

VANNI ROVIGHI, S., «L'ontologia di Nicolai Hartmann», in *RFNS*, 31 (1939), 174-192.

ID., *Elementi di filosofia*, vol. 2, Brescia 1964.

VATTIMO, G., *La fine della modernità. Nichilismo ed ermeneutica nella cultura contemporanea*, Milano 1985.

WEBSTER, J. B., *Eberhard Jüngel. An introduction to his theology*, Cambridge 1986.

WEGER, K. H., *Karl Rahner. Eine Einführung in sein theologisches Denken*, Freiburg-Basel-Wien 1978.

WELTE, B., *La luce del nulla*. Sulla possibilità di una nuova esperienza religiosa, Brescia 1983 (= *Das Licht des Nichts. Von der Möglichkeit neuer religiösen Erfahrung*, Düsseldorf 1980).

ZIMMER, C., «Negation und via negationis», in *LingBib*, 64 (1990), 53-91.

INDICE DEGLI AUTORI

ALOISIANA

MARIO GIOIA (Ed.)

PER VIA
DI ANNICHILAZIONE

**Un testo inedito di Isabella Cristina Berinzaga
redatto da Achille Gagliardi S.J.
Edizione critica, introduzione e note**

L'esperienza spirituale di una mistica del '500 raccolta da A. Gagliardi, suo direttore spirituale, è ora pubblicata per la prima volta. Si tratta di un testo fondamentale per comprendere il valore del *Breve compendio di perfezione cristiana*, dello stesso Gagliardi, che tanto influsso ha esercitato sulla *Scuola spirituale francese* del sec. XVII.

GREGORIAN UNIVERSITY PRESS   MORCELLIANA

*Finito di stampare il 30 settembre 1994
nelle officine grafiche napoletane Francesco Giannini & Figli*